JN290660

クロード・レヴィ=ストロース
ディディエ・エリボン

遠近の回想

増補新版

竹内信夫訳

みすず書房

DE PRÈS ET DE LOIN

by

Claude Lévi-Strauss
Didier Eribon

First published by Éditions Odile Jacob, Paris, 1988
"entretien inédit *Deux ans après*", 1990

遠近の回想　目次

プロローグ 5

第一部 ドン・キホーテの帰還

第一章 オッフェンバックからマルクスへ 11
第二章 フィールドに立つ民族学者 39
第三章 ニューヨークの放浪生活 52
第四章 旧世界への帰還 92
第五章 数字8の秘密 112
第六章 パリの構造主義 130
第七章 コレージュ・ド・フランスにて 142
第八章 緑の礼服 アカデミー・フランセーズ 154

第九章　「退屈することはありません」　169

第二部　精神の法則

第十章　結婚の掟　183
第十一章　感覚的世界　201
第十二章　スー族、哲学者、科学　211
第十三章　歴史の掃き溜めのなかで　217
第十四章　鳥の卵採りの後を追って　228
第十五章　思考の働き　248

第三部　複数の文化、単一の文化

第十六章　人種と政治　259
第十七章　文　学　294
第十八章　絵画の内容　303
第十九章　音楽と声　313

エピローグ　321

二年後に　327

注　349

訳者あとがき　355

人名索引　i

プロローグ

エリボン（E）　『悲しき熱帯』[1]のなかには、日記とか、手帖とか、「旅行メモ」などが引用されていますが、ああいうものはいつも付けておられたのですか？

レヴィ＝ストロース（L＝S）　調査に行ったときは、もちろん、たくさんノートをとりました。『悲しき熱帯』のなかにはそういうノートからそのまま写した箇所がいくらかあります。

E　しかし、マリノフスキーのように、「厳密な意味での日記」を付けたことはないのですね[2]？

L＝S　自分の精神状態をマリノフスキーのように、『悲しき熱帯』ほど重要だとは思っていませんからね。

E　こういう質問をしたのは、『悲しき熱帯』のなかで、あなたが記憶力にはまったく自信がない、と書いておられるから……

L＝S　私の記憶は破壊的、というか自己破壊的なのですよ。個人生活や研究生活で起きたことをそのつど抑圧してしまうのです。ですから、後になってそれらの事実を再構成しようとしても、もうだめなのです。

E　その欠陥、あなたがそれを欠陥だと考えておられるとしての話ですが、それを償うために……

L＝S　とにかく、実生活でとても困ることは確かです。

E　……自分のしたことを毎日記録しようとしたことはないのですか？

L＝S　まったくありません。自分がすること、自分のあり方に、私は一種の本能的な不信感をもっているのでしょうね。

E　不信感ですって？

L＝S　これは『悲しき熱帯』のなかでも書いたことですが、私の知性は新石器時代の知性なのです。私は、自分が獲得したものを資本化したり、そこから利益を引き出すような人間ではないのです。むしろ、たえず動いてやまないフロンティアの上を移動するのが好きな人間です。その時々の仕事、それだけが重要なのです。それはすぐに消滅してしまいます。しかし、その痕跡を保存するという趣味を私は持たないし、必要も感じませんね。

E　あなたがそんなふうに、その瞬間、その時の出来事、それだけが自分にとっては重要なのだとおっしゃるのを聞くと、ほとんど逆説ではないかという感じがします。

L＝S　私の主観から言えば、まちがいなく、そうなのです。しかし、研究をするときにはカードをたくさんとって、その主観から脱却しようとするのです。そのときに浮かんだ考え、読んだ本の要約、文献への参照、文献からの引用、等々、まずすべてのことについてカードを作ります。そして何かを書こうと思い立ったときには、私は棚からカードの包みを取り出し、それらのカードをトランプ占いをするときのように並べ直すのです。これは偶然が重要な役割を演じる一種のゲームなのですが、このゲームが私の消えてしまいそうな記憶を回復する助けにもなってくれるのです。

第一部　ドン・キホーテの帰還

第一章　オッフェンバックからマルクスへ

エリボン　一九〇八年、ブリュッセルのお生まれ、ですね。

レヴィ＝ストロース　たまたまそうなっただけのことです。私の父は絵描きでした。とくに肖像を描いていました。若い頃にベルギーに友だちがいて、彼らがいくつか注文をとってくれたのです。そこで父は若い妻を伴ってブリュッセルに移住したのです。その間に私が生まれました。私が生まれて二カ月過ぎたときに、両親はまたパリに戻りました。

E　御両親はパリに住んでおられたのですか？

L＝S　父はパリ生まれ、パリ育ちです。母はヴェルダン〔フランス東北部の都市〕の生まれですが、バイヨンヌ〔フランス南西部、ボルドー南方の都市〕で育ちました。

E　つまり、あなたはパリで子供時代を過ごされた、ということですね。お住まいは確か、十六区。

L＝S　今でもその頃の建物は残っています。ポルト・ドートゥーユ〔パリ市内からブローニュの森の南端部に出る出口〕の近くのプーサン街二十六番地です。そこの六階にあるアパルトマンで私はわが人生の最初の二十年を送ったのですが、今でもそこを通れば昔のままのバルコニーが見えますよ。

E 現在も、同じ十六区に住んでおられますよね。十六区がお好きなのですか?

L＝S 子供の頃は好きだったですね。方々に綺麗な場所が残っていましたから。プーサン街のとっかかりの、ラ・フォンテーヌ街との交差点に、今でも覚えていますが、当時まだ農家のような建物が建っていました。レヌアール街などは半分は畑でしたよ。それなのに、画家のアトリエがあったり、小さな骨董屋があったりで、いい所でした……。今は単調で退屈な地区ですがね。

E あなたの御家族は芸術に強い関心を持っておられたようですね。

L＝S 隔世遺伝というやつなんですよ。私の曽祖父、つまり私の父の母のそのまた父は、イザーク・ストロースという名でした。一八〇六年にストラスブールに生まれ、よく言われる言い方をすれば、花の都パリに上京して来たのです。彼はヴァイオリン弾きで、小さな楽団を組織していました。ベートーヴェンやメンデルスゾーンなどの音楽をフランスに紹介するのに一定の役割を演じた人物です。パリではベルリオーズの協力者でした。ベルリオーズは『回想録』のなかで曽祖父のことを書いています。オッフェンバックと仕事をしたこともあって、彼の有名なカドリーユのいくつかは曽祖父が作曲したものです。私の家ではオッフェンバックはよく知られた人でした。私は彼の音楽を子守歌にして育ちました。

曽祖父のストロースは、ルイ＝フィリップの治世の終り頃に、宮廷舞踏会のオーケストラの指揮者になっています。ナポレオン三世の時代にはカジノ・ド・ヴィシーの企画責任者で、長くそこを取り仕切っていました。その後、ミュザールの後をついで、オペラ座の舞踏会の指揮者になっています。彼はまた一種の「従兄ポンス」〔バルザックの小説の主人公〕のようなところがあって、骨董が大好きで、それを商売にもしていました。

E　その骨董品で、何か今でもお手元に残っているものがありますか？

L＝S　確かユダヤの骨董の、かなりのコレクションがありました。今はパリのクリュニー美術館にあります。彼の扱った骨董品は美術愛好家たちに買い取られ、彼らはそれをルーヴルに寄付しました。手元に残ったものは、曽祖父の死後、売りに出されたものもあるし、娘たちが分けあったものもあります。それ以外のものはドイツ占領軍に接収されました。私の手元にも、その断片のようなものが残っています。たとえば、ナポレオン三世がヴィシーのヴィッラ・ストロースに泊めてもらった礼として、私の曽祖母に贈ったブレスレットなどがそれです。皇帝が泊まったこのヴィッラ・ストロースは、今でも残っていますよ。バーだかレストランになっているはずですが、名前だけは昔のままです。

E　その頃の昔話は、家族のなかの伝承として、言い伝えられてきたのですか？

L＝S　そうです。なんと言っても、それが一族のもっとも華やかな時代だったのですからね。私の曽祖父は皇女マチルドの家に出入りしておりました。私の父方の者たちは第二帝政の思い出のなかに生きていたのです。というより、その帝陛下の玉座のそば近くにわが一族がいたわけですからね。皇の身辺にいたのです。子供の頃、私は、自分の目でウージェニー皇后を見たことがありましたからね。

E 先ほど、父は絵描きだった、とおっしゃいましたが。

L＝S そうです。それに叔父のうちに、画家が二人いました。私の父方の祖父は初めこそ景気がよかったのですが、死ぬときは破産同然におちぶれていました。そのために、彼の息子のうち——子供は男四人、女一人でしたが——の一人は、ごく若い頃から家族を助けるために働かなければならないほどでした。

私の父は高等商業学院に入れられました。社会に出てすぐの頃、父はまず証券取引所で下手間のような仕事をしていました。そこでカーンワイラーと知り合いになり、二人は友人になったのです。少し余裕ができると、父は子供の頃から好きだった絵画に転身したのです。

ところで、私の父と母は実はまたいとこ同士の関係だったのです。バイヨンヌで私の母のいちばん上の姉が、一時期有名になったこともある、アンリ・カロ＝デルヴァーユという画家と結婚していました。もう一人の姉も、やはり、ガブリエル・ロビという画家と結婚しました。この方はバスクの男でした。この男は病弱で若死にしています。私の父以上に生活に苦労したようです。

私の父と母が知り合ったのは、親戚同士という関係からか、あるいは画家同士のつながりからか、私には判りません。いずれにしろ、母は結婚する前にはパリに住んでいて、カロ＝デルヴァーユの家にやっかいになったこともあるようです。母は当時、秘書の仕事を見つけるために、速記を習っていました。

E　お父さまは画家の仕事ではあまり稼ぎがおありではなかったのですか。

L=S　世間の好みが変わっていくにつれて、だんだん少なくなっていきました。

E　あなたの子供時代はパリ・ブルジョワのおぼっちゃまというわけにはいかなかった、ということですね？

L=S　いや文化的な側面ではそうでしたよ。芸術家仲間に囲まれての生活でしたから。精神的にはとても豊かな生活でした。しかし物質的には悪戦苦闘の生活でしたね。

E　何か具体的な記憶がありますか？

L=S　絵の注文がないときなどは、家中の者が不安になったことを今でも覚えています。そういう時には、父は、手先が器用だったものですから、あらゆる手間仕事を考えだしたものです。しばらくの間ですが、布地にプリント模様を付ける仕事を家でやっていたことがありました。リノリュームの板に模様を彫って、その出っ張りに糊を塗って、ビロードの上に押しつけるのです。そうしておいて、いろいろに色づけした金属の粉をその上に振りかけると、それが布地にくっつくという仕掛けなのです。

E　そういう仕事の手伝いをしたことはあるのですか？

L=S　型を作ったこともありますよ。父は模造漆を使った中国風のテーブルを作っていたこともあります。あるいは、安物の日本の版画をガラスの上に貼りつけて、ランプを作ったこともあります。月末に家計の帳尻が合えば何でもよかったのです。

E　お父さまが描いた絵は今でもお持ちですか？

L＝S　ほとんど残っていません。と言いますのも、戦争中に巻き上げられて、戦争が終わった時には、両親の手元には何もなかったからです。ベッドひとつなかったのですからね……

E　おじいさまが集めたユダヤの骨董品のコレクションがあったというお話でしたが、御両親はユダヤ教への信仰はお持ちでしたか？

L＝S　両親はまったく信仰を持っていませんでした。しかし、母はラビの娘でしたので、父とは違った環境のなかで育ったはずです。

E　ラビであったおじいさまのことは御存じでしたか？

L＝S　よく知っていました。第一次大戦の間、私は彼の家にいました。夫が動員されている間、私の母もその姉たちも、祖父の家に移っていましたから。

E　おじいさまの家で暮らした時期を除けば、あなたは信仰とは無縁の家庭環境のなかで育てられた、ということですね。しかし、そうは言っても、ユダヤ的伝統は家のなかに感じられたのではありませんか？

L＝S　ありました。しかし、それで問題が生じたこともあったのです。父方の祖母はまだ熱心な信者でした。それはともかく、父方には狂気の種が眠っていて、それが時には悲劇的な形で、時には滑稽な喜劇の形で姿を現わすのです。私の父の兄弟の一人に、聖書解釈に取り憑かれた、頭の少々弱い男がいて、彼は自殺しました。私が三歳の時のことです。それからこれは私が生まれるよりもだいぶ前のことなのですが、父のもう一人の兄弟が、両親との喧嘩の腹いせに、自分から進んでカトリックの司祭になったということもありました。だから、しばらくの間、一族のなかにレヴィ神父と呼ばれる人物もいたのです。ずっと後になって彼に会ったことがあります。今でも覚えていますが、フランス・ガス会社の下っ端の従業員で、いつもめかしこんで、ブロンドのカイゼル髭を生やした、馬鹿みたいに自足した男でした。

母方のほうの祖父はユダヤ教会のラビでしたが、控えめな性格の、聖人のような人でした。彼の家ではユダヤの儀礼が厳格に守られていました。三年か四年続けて、私はユダヤのすべての祭礼に立ち会いました。彼の妻に関しては、実の娘でさえ母親が信仰を持っているとは思っていませんでした。バイヨンヌで、その母親は、それが土地でいちばんいい学校だという理由で、カトリックの女子修道会が経営する学校に娘たちを入れたものです。いちばん上の娘はパリの女子師範の受験勉強をしていました。もう覚えていませんが、入学したかもしれません。田舎の良識ある階層の人々にとっては、女子師範の学生と言えば魔女同然に考えられていた頃の話ですよ。つまり、ラビの妻は寛大な思想の持ち主だったというわけです。

私の両親は信仰は持っていませんでしたが、子供の頃には、とにかくユダヤ的伝統に近いところにいたことになります。両親がユダヤの祭日を祝うことはありませんでしたが、話題にはしていました。ヴェルサーユで、両親は私のためにバルミツヴァ〔ユダヤ教の成人式〕の祝いをしたことがあります。しかし、私にうんと言わせるために、これはただおじいさまを悲しませないためだからね、という以外の理由は聞かされませんでした。

E　宗教心というものが気になることはありませんでしたか？

L＝S　宗教、という言葉で、ある人格神との関係ということをあなたが考えておられるのなら、そういうことは決してありませんでした。

E　その「無信仰」は、あなたのその後の知的生活において、なんらかの役割を演じたのでしょうか？

L＝S　わかりません。青年時代、宗教ということに関して私はひどく不寛容でした。しかし、宗教史、つまりあらゆる種類の宗教の歴史を学び、教えてきた今となっては、私は、十八や二十歳の時よりも、ずっと謙虚になっています。今でも宗教の与える解答を聞く耳は持ち合わせていませんが、宇宙とか、宇宙の中での人間の位置という問題はわれわれ人間の理解を超えたものであり、これからもそれは変わらないだろう、という気持ちはますます深くなっています。時には、根っからの合理主義者よりも、信仰を持つ人間の方が、自分に近いと思えることもあります。少なくとも、信仰を持つ人間は神秘の感覚を持っています。その神秘というのは、私の考えでは、人間の思考が原理的に解決することのできないもののことです。科学的認識はその神秘の周縁で、飽くことなき浸食を試みているのですが、人間にできることはそれだけなのです。しかし、科学的認識の道筋を辿ること、それも非宗教的人間としてそうすること以上に、精神にとって刺激的な、またためになることも、私は知りません。非宗教的人間として、と断わったのは、新しい認識の歩みが新しい問題を生み出し、認識の歩みは終わることがない、ということを自覚しておかなければならないからです。

E　第一次大戦中は、ずっとヴェルサーユのおじいさまの家ですごされたのですか？

L＝S　一九一四年から一八年まで、です。そこで学校に通い始めました。最初はヴェルサーユの小学校、それからオッシュ高等中学校に進みました。パリに戻ってからは、私はジャンソン＝ド＝サイー高等中学校〔パリ十六区にあるリセ〕の第六学級に入りました。

E　戦争では、だいぶご苦労なさったのですか？

L＝S　苦労するということはありませんでした。父は丈夫な方ではなかったので、補助的な軍務に回されて、ヴェルサーユ陸軍病院の看護人の任務についていました。私よりずっと上の従兄は、師範学校でよくできる生徒だったのですが、彼だけですね、近親者で戦死したのは。モーリス・バレスが『フランスの精神的家族の群像』で、その従兄の手紙を引用し、それについて論評しています。

E　つまり、大戦後に、あなたはジャンソン＝ド＝サイー高等中学校に入った、ということですね？

L＝S　バカロレア〔大学入学資格試験〕を受ける年まで、そこにいました。

E　先生たちには注目されていましたか？

L＝S　とは思いませんね。先生たちは皆、大体において、いい先生でしたが、しかし、何か精神的先達という役割を演じてくれる先生はいませんでした。

E　そうすると、マルクスの思想には、別の通路を通って触れることになるわけですね？

L＝S　さっきもちょっと言いましたが、私の父は、ベルギーのある家族と知り合いでした。親友と言ってもいいぐらいの関係でした。ヴァカンスも一緒に過ごしていました。ある夏に、彼らは友人を一人誘ってきたのです。ベルギー社会党の若い闘士で、ベルギーではすでに知られた人でした。その彼に、私は、中等教育の教育範囲ではほとんど聞くこともない著作家たちについて、あれこれ質問を試みたのです。マルクスとか、プルードンとか。彼は私にその人たちの本を読めと言って貸してくれました。

E　何歳でしたか？

L＝S　十六歳でした。マルクスには、すぐに惹きつけられました。

E　何から読み始めたのですか？

L＝S　もう覚えていませんが、すぐにも『資本論』を読み始めたと思います。

E　難しくありませんでしたか？

L＝S　全部は理解できませんでした。本当のことを言えば、私がマルクスに見出したものは、マルクス当人もさることながら、私がまだ知らなかった新しい思想の形でした。カントとか、ヘーゲルとか……

E　マルクスを読んだことが原因で、あなたは哲学の勉強を志されたのでしょうね、多分。

L＝S　さあ、それはどうでしょうか。いずれにしろ、哲学クラス〔リセの最終学年〕に進んだときは、私は成績があまりよくなかったのです。追いついたのは、その学年の途中でした。

E　哲学クラスの先生は、どういう哲学者を教えてくれましたか？

L＝S　先生はベルクソン主義者でした。社会主義者であり、かつベルクソン主義者でした。

E　ベルクソンの哲学に興味を感じることは、まったくなかったのですか？

L＝S　そうです。むしろベルクソンの思想には、当時の私は、反感を感じていました。あまりにも現象とか、直観とかを持ち上げすぎていると思ったのです。もう少し後になってから、ベルクソンのことはもっとよく理解できるようになりました。そこで私は、『今日のトーテミスム』のなかでベルクソンに賛辞を呈しておきました(3)。

E　そのベルギーの友だちの仲立ちで、あなたは、マルクス主義者になられた。そればかりか、あなたは闘士にさえなられたのですね。

L＝S　彼が私を改宗させたのです。あるいは、私の方から自発的に、改宗に向かって進んでいったのかもしれません。どっちであったか、はっきりとはわかりません。しばらくの間、彼は私を、ベルギー労働党の保護孤児のようなものにしたのです。私が書いたものが最初に印刷されて世に出たのは、ベルギー労働党の出版局からでした。題名は『野バラ』といって、グラックス・バブーフについての仮綴じ本でした。それについては私はむしろ忘れたいのですがね。それから私は、当時SFIO〔Section française de l'Internationale ouvrière の略〕と呼ばれていた、フランス社会党の内部で活動するようになりました。

E　あなたの御家族の政治的立場はどのようなものでしたか？

L＝S　両親は政治に関与していませんでした。母方のヴェルサーユのラビの家では、政治的関心はまったくありませんでしたし、もう一方の父方の家系は、昔に比べれば落ち目になった良きブルジョワ家庭で、保守的な気風が強かったですね。ただ、父と父の兄弟たちの若かりしときに起きたドレフュス事件だけは例外でしょう。ドレフュス派のデモに参加したらジョレスが演説していた、と父が話していましたから。演説が終わったとき、そばに行って一言感謝の意を表明したところ、ジョレスは父に対して、「いつかこのことを思い出してくださることを希望しています」というような、曖昧な返事をしたということです。つまり、「今はあなた方は社会党に近付いてきているけれども、すぐに離れてゆくだろう」という意味だったのです。

E 社会党の活動家としては、かなりなところまで行かれたのですか?

L＝S ノルマリアン〔高等師範学校の生徒〕ではなかったのですが、「五つの高等師範学校の社会主義研究グループ」という組織の書記局員をやっていました。それに、社会主義学生連盟の書記長をやったこともありますよ。

E 当時知り合った人で、今も付き合っている人はいますか?

L＝S もっとも親しかった人はたいてい死にました。たとえば、ピエール・ボワヴァン、少し遅れてですがジョルジュ・ルフラン。ルフランはその後どうなったか知りません。マルセル・デアもよく知っています。

E デアとは付き合いがあったのですか?

L＝S 付き合い、というのではありません。アルバイトのために、アグレガシオン〔リセの教授になるための資格試験」の試験を受ける前の数年間、社会党の代議士の秘書をやったことがあるのですが、その頃、彼と知り合いました。代議士はジョルジュ・モネという名前でした。ですから、私はよく議場に出入りしていたのですが、その当時、マルセル・デアは社会党グループの幹事役だったのです。

E　何年のことですか？

L＝S　一九二八年から三〇年までです。アグレガシオンの年にはやめました。もうそんなのんきなことは言ってられませんでしたから。

E　話をもう一度学校のことに戻しますが、哲学クラスが終わったときにジャンソン＝ド＝サイー高等中学校をやめて、哲学の勉強を始められたのですね。

L＝S　ほかに思いつきませんでしたからね。

E　消極的な選択だったのですか？

L＝S　そうです。ジャンソン＝ド＝サイー高等中学校をやめた後、私はまずコンドルセ高等中学校の高等師範受験クラスの一年に入りました。しかしギリシア語か数学、どちらかを選ばなければならない羽目に陥り、結局、法律をやることにしたのです。

E　その高等師範受験クラスのときの哲学の教師は誰でしたか？

L＝S　アンドレ・クレッソンでした。受験クラスをやめるときに、彼が私に、「君は哲学には向いていないから、何か別のものを選んだ方がいいだろう」と言って、法科はどうかと薦めてくれたのです。私に向いていたのは、実際は、民族学だったのですが、しかし、彼はいい線をついていたわけです。

E　法律はどこで勉強したのですか？

L＝S　パリ大学法学部です。パンテオン広場に面した所にありました。その後、パリ大学に統合されたと思います。パリ第一〔パリ大学第一、統合後のパリ大学は第一から第十まで〕、でしたかね。

E　何年ぐらい、法学部に通ったのですか？

L＝S　学部を卒業して、法学士になるまでです。それと同時に、哲学の学士号の方も取りました。

E　どこで？

L＝S　ソルボンヌ〔パリ大学文学部。現在パリ大学第四〕です。

E　二つ、同時にやったのですか？

L＝S　その頃は法学部の学生はよく授業をさぼったものです。代りにアンチョコを丸暗記していました。しかし、法律の勉強にはうんざりしていたので、もう一度哲学をやることにしたのです。御覧のとおり、理由はいつも消極的なのです。

E　今度は、哲学の教授から、何か影響を受けましたか？

L＝S　いや今度も、ノーと答えざるをえませんね。教授たちを批判するという意味においてではなくて、むしろ自分自身を批判するという意味においてです。私はブランシュヴィックの講義を聴講していたのですが、何も解りませんでした。

E　どのぐらいの期間、ブランシュヴィックの講義を聴講したのですか？

L＝S　数年間、アグレガシオン受験の時までです。

E　最後まで、何も解らずじまいだったのですか？

L＝S　最後まで、本当に理解できた、という感じになったことはなかったですね。他に、教えを受けた先生は、ギリシア哲学のアルベール・リヴォー、ジャン・ラポルト、ルイ・ブレイエ、レオン・ロバン、社会学のフォコネとブーグレ、科学史のアベル・レー、というような人です。要するに、私はゾンビのごとく、そういう人たちの講義室を通り過ぎた、ということです。しかし自分はその圏外にいる人間だ、という感覚が常につきまとっていました。

当時、私がどのぐらい積極的関心を欠いていたか、その例としてお話するのですが、アグレガシオンの試験結果が発表されるその当日、私は、占星術の本を借りに、専門の図書館に行っていました。占星術を信じていたからではなくて、意趣がえしのためでした。自分自身に対して、自分は精神の独立を失っていないことを証明してみせたかったのですね。

E　自分のしている勉強に、そんなに一生懸命になれなかったのですか？

L＝S　全然。当時の私は政治に熱中していました。政治問題を考えることに、です。どうやってアグレガシオンに合格できたのでしょうね。今でも不思議でなりません。とにかく、とくにどうということもなくアグレガシオンは通りました。最初の試験で三番の席次で合格でした。奇跡みたいなものですが、それには二つの理由しか思い当たりません。とてもよくできる、しかも熱心なカトリックの信者だった友人がいたのです。彼は、多分、私を改宗させようとひそかに企んでいたのだと思いますが、その友人に結果的には守られたのだと思いますね。彼はギリシア語が得意で、私に試験の課題テクストを準備させたのです。彼がその後どうなったか知りませんが、私は、大いに彼のおかげを蒙っているのです。二つ目の理由というのはかなり傑作です。私の家と家族ぐるみのつきあいをしていた医者がいたのですが、その人が、私に何かアンプルに入った飲み薬をくれたのです。モルフィネかコカインだったのでしょうかねえ？　——とにかく、彼が言うには、それを口述試験の前に飲むと元気が出る、というのです。当時は、最終の口述試験の準備のために、受験生はソルボンヌの図書館に七時間缶詰にされたものでした。私は急いで例のアンプルの中身をコップに移して飲みました。すると、ひどく気分が悪くなって、口述試験準備のための時間をずっと、二つの椅子を並べた上にひっくり返って過ごしたのです。七時間、船酔いしたようなものでした。その上、私が籤で引いた課題が、またとてつもなくわけのわからない代物でした。「応用心理学なるものは存在するか？」というのです。アンリ・ワロンが試験官の一人でしたが、きっと彼が出した課題にちがいありません。ひどい顔つきをして試験官たちの前に出たときには、私には何の準備もできていませんでした。その場で即興で答案をでっち上げたのですが、それにいい点がついたのです。スピノザのことしか話さなかったように思うのですけれどもね。要するに、あの薬が効き目を発揮した、ということなのでしょう……

E　その年には、どういう人が受験していましたか？

L＝S　フェルディナン・アルキエがいました。彼は一番でした。そのほか、シモーヌ・ヴェーユもいましたね。

E　彼女のことは、よく御存じでしたか？

L＝S　よく知っていた、というほどではありません。ソルボンヌの通路でよく立ち話をしました。彼女の剃刀の刃のような考え方にはついていけませんでした。彼女にとっては、ものごとはいつもオール・オア・ナッシングでした。

後になってアメリカ合衆国でもう一度、彼女に会いました。イギリスに渡る前に彼女が合衆国に短期間滞在していた時のことです。彼女はその後、イギリスで亡くなりました。その時には彼女の方から連絡してきて、大きな建物の前の庭で会いました。それがコロンビア大学の図書館だったか、市立図書館の前だったか、もう覚えていません。石段に座って話しました。我々の世代の女性知識人には過激な人がまま見かけられるのですが、彼女はそのなかに入ると思いますね。ただ、シモーヌ・ヴェーユという人は、その厳しい考え方を、自己破壊に至るまで貫徹した人でした。

E　アグレガシオンの実習は、シモーヌ・ド・ボーヴォワールとかモーリス・メルロ＝ポンティなどと一緒になさったのでしたね。

L＝S　当時は、実習を試験の前にしていたのです。三週間の教育実習でした。ジャンソン＝ド＝サイーの恩師のところで実習をすることになったのですが、そこでたまたま、シモーヌ・ド・ボーヴォワール、そしてメルロ＝ポンティとも一緒になったのです。三人交替で授業しました。

E　その二人と出会ったのは、その時が最初ですか？

L＝S　そうです。それから数年間、互いに会うこともありませんでした。

E　シモーヌ・ド・ボーヴォワールが回想録のなかでそのことに触れています。あなたについては、こんなふうに書いています。「彼の沈着さが私に気後れを感じさせた。しかし彼はそれを巧みに演じており、私は、彼がその抑揚のない声と表情のない顔つきで、情熱というものがはらむ狂気について生徒たちに話しているのを見ると、何か奇妙な感じがした……[4]」

L＝S　全然、覚えていません。

E　彼女との関係は良かったのですか？

L＝S　と、思います。今でもシモーヌ・ド・ボーヴォワールの当時の姿を覚えていますよ。とても若い感じで、田舎娘のように白い肌が鮮やかに色づいていました。彼女にはアピ林檎〔半分が白く、半分が赤い林檎〕のようなところがありました。

E　メルロ＝ポンティは？

L＝S　後になって非常に親しくなったので、以前の記憶はみな消えてしまいました。

E　後から振り返って見て、その三週間の出会いはあなたには不思議な、未来の予兆のように思えるのではありませんか？

L＝S　それ以上にそれは遠い、ほとんどまぼろしのようなものです。

E　シモーヌ・ド・ボーヴォワールとは、友だち付き合いをするようにはならなかったのですか？

L＝S　ありません。しかし、反感があったからではありませんよ。

E　気が合わなかった、ということですか？

L＝S　それでもありません。サルトルと彼女はすぐ有名になりました。知的世界においては、彼らは私よりずっと上の方の位置を占めていました。彼らには私の方こそ気後れを感じたし、彼らの方は私を必要としなかった。戦後になって一九四九年だったと思いますが、マーガレット・ミードがパリに来たとき、私は、アメリカ・インテリ界のファースト・レディと、フランス・インテリ界のファースト・レディとを引き合わせるということをやったことがあります。彼女たち二人のために、ちょっとしたパーティを開いたのです。ところが、二人は互いに口もききませんでしたよ！

E　言葉の障壁があったからではありませんか？

L＝S　そうかもしれません。二人とも部屋の隅っこにいて、それぞれの取り巻きに取り囲まれていましたね。

E　あなたとボーヴォワールは実習は同じときにしたのに、試験の方は、彼女の回想録に書いてあることが正しいとして、ボーヴォワールが一九二九年に合格しているのに対して、あなたは三一年です。

L＝S　法律の学士号は一年よけいにかかるのです。それに家計を助けるために、私にはしなければならないことが外にあったのです。しかし、二十三歳になる前には合格していますよ。

試験の結果を知ったとき、私は大急ぎでタクシーをつかまえて、その朗報を両親に知らせにいきました。しかし、家には暗い空気が立ちこめていました。父の兄弟でまだ一人だけ生き残っていた人がいたのですが、その人が来ていました。株で大儲けをして裕福な生活をしていたので、だいぶ以前から母親の面倒を見、苦しいときには私の両親を援助したりもしてくれていたのです。家に戻ってみると、ちょうどその叔父が、経済危機のせいで破産したことを両親に話しているところでした。職にありつけることがわかったのと相前後して、これからは両親の面倒をみなければならないのだ、ということを私は知ったというわけです。

E　アグレガシオンに合格して、あなたは、モン＝ド＝マルサン〔フランス南西部大西洋岸のランド県の県庁所在地〕のリセの教官に任命されました。

L＝S　直後、ではありません。その前に兵役がありました。ストラスブールに四カ月いた後、知り合いの政治家の口利きで、他の何人かの人と一緒に陸軍省に移りました。陸軍省に召還された者のなかには、ポール・ガデンヌもいました。

E　彼とは親しかったのですか？

L＝S　いいえ。彼はとても丁重な青年でしたが、控えめで進んで話しかけてくるという人ではありませんでした。

E　陸軍省では、何をしていたのですか？

L＝S　我々は陸軍省のプレス担当の仕事をしていました。新聞を読み、関係のありそうな記事を切り抜く仕事です。あまり重要でないと判断すると、大臣官房は、通信文書も我々のほうへ回してきました。

E　その頃はもう政治的な活動はやめていたのですか？

L＝S　もちろんです。そんなことは許されなかったでしょうね。もし廊下でヴェガン将軍に出会って、最敬礼の姿勢を取らなかったとしたら、すぐさま駐屯地送りでしたよ。

E　その頃のことに関して、何か思い出すことがありますか？

L＝S　ストラスブールの思い出は悪くありません。私は二等兵でしたが、そこで面白い人たちと知り合いになることができました。それに、私のそれまで会ったこともない親族の人にも会うことができました。出かけて行くと、彼らは、私のポケットに食べ物を詰め込んでくれたものです。パリの陸軍省では仕事がほとんどなかったので、我々のうちの誰か一人がいれば十分で、そのあいだに他の者は自分の用事をすることができました。

E　その兵役の後で、モン＝ド＝マルサンのリセの教官に任命された、ということですか。

L＝S　オービュッソンかモン＝ド＝マルサン、どちらかを選べということでした。そこでモン＝ド＝マルサンの方を選んだわけです。それが私の最初の赴任先で、かつまた私の新婚旅行でもありました。赴任地に出発する前に結婚しましたので。

E　そしてモン＝ド＝マルサンに新居を構えられた。

L＝S　一九三二年十月一日に赴任しました。そしてすぐその土地での政治に手を出しました。ランド県の県会議員の選挙に立候補したのです。しかし、その件はすぐ沙汰止みになりました。と言いますのも、私が交通事故を起こしたからです。しかも無免許運転。車は、シトロエンのサンク・シュヴォー〔「五馬力」の意味。シトロエンの代表的小型乗用車〕の中古で、その中古車の持ち主は、私の竹馬の友であり、かつまた社会党の同志でもあったピエール・ドレフュスでした。彼はその後、ルノー社の社長になり〔一九五五-七五の期間〕、それからミッテラン大統領の工業大臣〔一九八一-八二。第二次モーロワ内閣〕にもなりました。モン＝ド＝マルサンまで彼がその車を運転してもってきていたので、それに乗って一緒に選挙運動に出かけたのです。ところが一時間後には、私が車を溝に落としてしまったというわけです。その日が選挙運動の初日で、また最後の日となりました。

E　その年の学校での授業はどうでしたか？

L＝S　非常にうまくいきました。最初の年でしたし、面白かったですね。

E　あなたの政治的立場が教科の題目を選択するときに考慮されるということはありましたか？

L＝S　いえ、いえ、それはまったくありません。教育の現場では、私は完全に中立の立場を守りました。私にとっては、政治と教育とは、別々の領域でした。私の生徒たちを社会党のシンパにしようなどとは考えませんでした。私はただ所定の指導要領に従い、所定の教科内容を教えました。

E　ランド地方について何か思い出がありますか？

L＝S　学校の思い出よりも、社会党関係の思い出の方が多いですね。そこでは、政治集会の後には、しばしば宴会が開かれました。それについては、今でもはっきり覚えています。アカデミー・フランセーズに選ばれたときに、学校の方の思い出も復活することになりました。その地方の小さな新聞が、私の昔の生徒たちを捜し出してきて、彼らの思い出話を記事にしたのです。そのうち何人かは私に手紙をくれました。

E　モン＝ド＝マルサンにいたのは、一年だけでしたか？

L＝S　ラン〔パリ北東エーヌ県の県庁所在地〕への転任辞令がきたのです。私の妻もアグレガシオンに合格していたのですが、彼女の方はアミアン〔パリ北西ソンム県の県庁所在地〕に任命されました。我々はパリの両親の家に住むことにしたのですが、できるだけ一週間の同じ曜日に二人の授業が重なるようにしました。

E　その頃からですか、教育への興味が失われていくのは？

L＝S　二年目には、確かに、私は退屈し始めていましたね。それにとくに、自分の体を動かしたくなったのです。世界を見たいと思うようになったのです。

E　ランでも政治活動は続けたのですか？

L＝S　ランでよりもむしろ、パリでやっていました。ランには長くいることはありませんでしたから。いかめしく厳しい感じの町なのですが、ランの町に魅力がなかったわけではありません。ランの聖堂はもっこりしていて、まるでかがみこんだような感じに見えるのですが、それなりになかなか魅力的なところがあります。

E　モン＝ド＝マルサンと同じように、ランにも一年しかおられませんでしたね？

L＝S　一年と数カ月です。一九三五年の初めにブラジルに出かけましたからね。

E　『悲しき熱帯』のなかでブラジル行きのことを書いておられますが……

L＝S　そうです。セレスタン・ブーグレが、ジョルジュ・デュマに会いに行け、と言ってきたのです。デュマは、サンタンヌ〔パリの精神病院〕で講義を聴いたことがあるので知っていました。デュマは当時、ブラジル派遣教授の人選を任されていて、そこに私の名を加えることを承諾してくれたのです。

E　ブーグレとはずっと連絡がとれていたのですか?

L＝S　ブーグレは私の卒業論文の指導教官でした……

E　その論文の題目は何についてのものでしたか?

L＝S　たしか、「史的唯物論の哲学的公準」というような題でした。哲学的見地から見たマルクス論でした。

E　その題目はご自分で選んだものでしたか?

L＝S　もちろん。

E　卒業論文にマルクスを扱うのは当時普通のことでしたか?

L＝S　むしろ珍しかったでしょうね。しかし私はマルクスのおかげでひとつの世界を見出していましたし、当時の私は、その啓示の影響下にありましたからね。

E　それを論文の主題にしたい、と思われたのですね?

L＝S　正直に言いますと、当時、私は自分がやがて社会党の哲学者になるのだと本気で思っていましたよ。

E　いまの時点で考えると、おかしいですか?

L＝S　いいえ、皮肉なことだ、などという感想はとても持てません。社会党は、当時、とても活気のある場所でしたし、社会党のなかにいると、これこそ本当の自分なのだ、と感じることができたのです。哲学の偉大な伝統、と私が言う場合には、デカルト、ライプニッツ、カントなどの哲学の伝統を考えているのですが、それとマルクスが具現しているような政治思想との間に、橋を渡すという考えは非常に魅力的なことだったのです。今でも、よくぞそれを考えたものだと、自分をほめてやりたい気がします。

E　ブーグレは何も言わないであなたの題目を承諾しましたか？

L＝S　認めてくれました。しかし、彼はもう一つの題目でバランスをとりました。論文とは別に、指定された主題に関して、口頭の試験があったのです。ブーグレはサン＝シモン思想についての題目を選んだのです。それは私の論文の内容に関係ないわけではないのですが、しかし、それを彼の指導基準に適合する方向に屈折させる結果になりました。

E　指導教官に、なぜ、ブーグレを選んだのですか？

L＝S　当時、この種の題目を提出できる先生は、実際的にはブーグレぐらいしかいなかったのです。もちろんフォコネもいましたが、しかし彼はデュルケームの線に方向転換していて、それには私は反発を感じていましたから。ブーグレは当時エコール・ノルマルの校長でノルマリアンでない人に対してはちょっと優越感をもって対処していました。とにかく彼は引き受けてくれたのです。そういうわけですから、アグレガシオンに合格した後、彼に外国行きの希望を伝えていたことも、おわかりいただけるでしょう。

E　ブーグレが外務省で公務を担っていたからですか？

L＝S　そうではありません。そうではなくて、彼は、若い世代の社会学者たちの保護者という感じだったのです。

E　あなたは社会学者になろうと思っていたのですか？

L＝S　民族学者になろうと思っていました。その当時は社会学と民族学の間の境界はあいまいなものでした。

E　もうその当時から、哲学アグレガシオンの合格者が、他の学問分野、つまり今日「人間科学」と呼ばれているところの学問分野に、転身するということはよくあったことなのですか？　第二次大戦後にはよく見られる現象なのですが。

L＝S　その現象は、ずっと小さい範囲でしたが、もう始まっていました。

E　なぜ民族学者になろうと決められたのですか？

L＝S　まあ、いろんな条件が重なったためだとしておきましょう。子供の頃から、異国の珍しいものにはとても関心がありましたから。私のわずかな貯金は皆、骨董屋に行きましたよ。

その生来の性向に加えて、一九三〇年頃、若い哲学徒たちの間では、民族学という名の学問があって、学問として市民権を得つつあるらしい、ということが知られ始めていました。フランスの大学には民族学の講座はありませんでしたが、民族学研究所が設立されていましたし、それまでのトロカデロの民族博物館は人類博物館（ミュゼ・ド・ロム）に衣替えしていました。その方面では、事態は変化していたのです。ジャック・スーステルが、哲学のアグレジェ〔アグレガシオン合格者で教授資格を有する者〕で民族学に移った最初の人でした。

それに加えて、私は当時、英語で書かれた民族学の著作を一、二冊読んでいました。とくに、ロバート・ローウィーの『原始社会』〔一九二一年刊〕に、私は圧倒されました。そこでは理論家とフィールドワーカーが渾然一体を成していたからです。その本のなかに、私は今まで自分が受けてきた専門教育と、生来の冒険心を調和させる道がある、と予感しました。と、言いますのもね、私は子供の頃から青年時代にかけて、何度もフランスの田舎とかパリ近郊を対象にして、「フィールドワーク」を計画実行していたからなのです。

それから、ポール・ニザン。彼には、何か家の集まりの折に、二、三度会っていたのですが（彼は私のいとこと結婚していたのです）、そのニザンが私に、自分は民族学に関心を持っている、という話をしたことがありました。励まされる思いでしたね。

E　どういう人だったのですか、ニザンは？

L＝S　私の記憶にある限りでは、少々冷たい感じのする人物で、結婚した相手のおかげで、ときどきブルジョワ社会に交わらなければならないということで、何か警戒している様子でした。もちろん『アデン・アラビア』〔一九三一年刊〕は読みましたよ。すばらしい本だと思いました。

E　ニザンの他の本は読みましたか？

L＝S　読みました。後になってですが、『アントワーヌ・ブロワイェ』、『番犬』などですね……

E　『番犬』のような本は、若い哲学研究者には強い印象を与えたにちがいありませんが、あなたの場合はいかがでしたか？

L＝S　社会制度を支える哲学思想のマルクス主義的批判ということであれば、その限りで、影響を受けました。しかし、ニザンが激しく攻撃した先生たちを、私は尊敬していました。実は、数年の間隔をおいて、私とニザンは、同じ先生に教わったのです。その先生であるブランシュヴィックやラポルト、ロバン、等々の人たちを、私は尊敬していました。

E　もっとニザンを知ろうとしなかったのはなぜですか？　多くのことが二人を近づけたように思うのですが。

L＝S　彼は私より年長でしたが、自分の方から親しくなろうという努力は何もしませんでした。それに、彼に対しても、他の人に対するのと同じで、自分は相手にかなわないという意識が、私にはありました。その一例を挙げますとね、その頃の私には、コレージュ・ド・フランスの講義を聴きに行くなどということは想像もできないことでした。私から見れば、コレージュ・ド・フランスは、私よりは優れた人たちだけが出入りできる特権的な場所だったのです。

第二章　フィールドに立つ民族学者

エリボン　一九三五年の二月、あなたはマルセーユを出航される。目的地はサン・パウロ。サン・パウロの大学にポストを得られたのはジョルジュ・デュマの紹介によるということですが、この偉大な心理学者とブラジルとの関係はどういうものでしたか？

レヴィ＝ストロース　オーギュスト・コントの時代から、フランスの影響はブラジルでは非常に大きいものがありました。ブラジルの知識階級にとってフランス語は第二の言語でしたし、デュマはブラジルに何度か滞在したことがあって、現地の上流階級、とくにサン・パウロの上流階級のなかに知り合いが大勢いました。そういうわけで、サン・パウロに大学を創ろうということになったとき、当然のように、デュマのところに相談があって、フランスから教授団を送ってもらいたいということになったのです。

E　大学はいつできたのですか？

L＝S　私がブラジルに行った年の前年です。私は派遣第二団のメンバーだったわけです。

E　フランス以外の国から派遣された人もいましたか？

L＝S　イタリアから来ていました。そのなかにウンガレッティが入っていました。サン・パウロにはイタリア人が多かったですよ。町の人口の半数近くもいたでしょうか。そのほかに、ドイツから来た教授も何人かいました。しかし彼らは個人の資格で来ていました。当時はもうヒトラーの時代になっていましたからね。

E　あなたが向こうに着かれたとき、大学の雰囲気はいかがでしたか？

L＝S　大学はサン・パウロの上流階級が創ったものでしたが、当時はまだ、サン・パウロの支配層とブラジル連邦政府との間に非常な対立関係が残っていました。サン・パウロの分離独立という方向に動きそうな気配もありました。植民地的無気力のなかにまどろむ国民の先導部隊だという自覚を、サン・パウロの人たちは持っていました。サン・パウロのブルジョワ特権階級が大学を創ろうと思い立ったのも、自分たちの若い世代をヨーロッパの水準にまで引き上げようという目論見があったからです。

しかし一種のパラドクスでしょうが、入学してきた学生たちは中下層階級の出身だったのです。サン・パウロの社会を構成するエリートと大衆との間には大きな格差があり、後者は貧しく、また視野も狭いという状態でした。学生たちの中には、男女を問わず、すでに実社会に出て働いていた者も多くいましたが、彼らは大学を創設した上流階級の人間を信用していませんでした。そういうわけで、我々は両者の板挟みという状況に置かれたのです。学生たちは、一方では我々を高く評価しながら、他方では我々を支配階級の奉仕者と見做すということもありました。

E　しかしいずれにしろ、あなたが「ブルジョワの番犬」であったわけではないのでしょう？

L=S　それはそうです。しかし、そのように見られないように気をつける必要はあったのです。

E　講義はどんなふうに行なわれましたか？

L=S　学生たちの勉学意欲はものすごいものがありました。もっとも、ある意味では、彼らの方が我々よりもいろんなことをよく知っていました。しかし彼らの読んでいた本は概説書のまた概説書という類のものでしたがね。独学者流に、彼らは何でも読み、何でも呑みこんでいたからです。しかし彼らの読んでいた本は概説書のまた概説書という類のものでしたがね。したがって我々の任務は彼らに何か新しいことを教えるよりも、彼らに知的訓練を施すということにあったのです。

E　大学はどのあたりにあったのですか？

L=S　サン・パウロの中心部にありました。古い建物で、そこにはまだ植民地時代の空気が漂っていましたよ。しかし現在のサン・パウロ大学は、現代流行の巨大趣味に影響されて、はげっちょろけの広大なキャンパスに移転して、ジュシウやナンテール〔ジュシウはパリ中心部にあるパリ大学第七、ナンテールはパリ郊外にあるパリ大学第十のキャンパス〕風の建物が建っていますがね。

E　〔あなたの講義を聴きにくる〕学生はどのぐらいいましたか？

L=S　四、五十人といったところでしょうかね。

E　多いですね。

L＝S　そうですね。大学にはサン・パウロの若者がみんな集まったという感じでした。みんな、と言っても、学資が出せるぐらいの余裕を持った若者がみんな、ということですが。フランス文学を教えていた私の同僚たちは、私よりもっと多くの学生を集めていました。そちらには上流階級の人間が聴きにきていましたから。

E　社会学の講義ですか、あなたが担当なさったのは？

L＝S　講座の名称はそうでした。

E　社会学と民族学とは、その頃まだ区別がはっきりしていなかった。そのせいでしょうか、社会学講座であなたが民族学を教えることができたのは？

L＝S　上流階級のブラジル人は、オーギュスト・コントにまで遡る長い知的伝統を持っていたということを忘れてはいけませんよ。コントの思想は十九世紀のブラジルに巨大な影響を与えていたのです。ブラジルの国旗にコントの標語「秩序と進歩」が書き込まれているのはそのためです。

E　そのコントの影響は、当時、まだ残っていましたか？

L＝S　当時はまだ、コント流の実証主義の学派が活発に活動していましたが、ブラジルの知識階級はコントからデュルケームに宗旨替えしていました。彼らの眼から見れば、デュルケームは近代化された実証主義とでも言うべきものだったのです。ですから、彼らが欲していたのは社会学なのです。

E　となると、あなたには少々具合いが悪いということになりますね？

L＝S　私がブラジルに行く気になったのは民族学をやるためでした。そして、私が民族学に惹かれたのは、フィールドに出ないデュルケームに反抗する気があったからです。私がフィールド民族学を発見したのは、イギリスとアメリカの学者を通じてでした。

そういうわけで私は奇妙な立場にいたのです。私が呼ばれたのは、一方ではフランスの影響力を維持するため、もう一方ではコント＝デュルケームの伝統を維持するためでした。ところが、当の私は、もうすっかりアングロ＝サクソンの民族学にいかれていたのです。そのために難しい問題が起きてしまいました。

E　どういう問題ですか？

L＝S　ジョルジュ・デュマは、発足当初からサン・パウロ大学に自分の親類筋の青年を送り込んでいたのですが、彼が社会学者だったのです。いわば二人目の社会学者として私が到着したとき、彼は私を自分の部下にすると言い出したのです。そんなことは私の性分に合いませんから、私は抵抗しましたが、そうすると彼は、自分はコント的伝統を受け継ぐ者であり、その伝統に従わない者は要らないという理由で、私を追い出そうとしたのです。大学の理事たち、彼らは《オ・エスタド・デ・サン・パウロ》という大新聞の出資者でもあったのですが、その連中が彼の味方につきました。私が大学に残れたのは、何人かの私の同僚、ピエール・モンベーグやフェルナン・ブローデルたちのおかげでした。二人はもう死んでしまいましたが、ブローデルの方は当時もうすでに相当の発言力を持っていました。その彼らが私を支持してくれたのです。一九八五年、ブローデルがアカデミー・フランセーズの会員に選ばれたとき、私が歓迎演説をしたのですが、そのなかでそのことを言っておきました。[5]

E　つまり、あなたはブラジルに残ることができた、というわけですね。しかし、すぐにフィールドワークには行きませんでしたね？

L＝S　調査は最初の学年が終わってからでした。フランスに帰国する代わりに、私は妻と一緒にマト・グロッソのカドゥヴェオ族とボロロ族のところに行きました。[6] しかしそれより前に、実は、私は学生たちと一緒に民族学調査を始めていたのです。ほかでもないサン・パウロ市の調査、それに周辺のフォルクロアの調査です。後の方はむしろ妻がやったことですが。

E　その時の調査の記録は何か残っていますか？

L＝S　学生たちにやらせた調査記録という形でなら残っています。数日前のことですが、驚いたことに、当時我々が田舎のお祭か何かを映した記録フィルムが上映されるのを見ました。ブラジル人のグループがボーブール〔パリのポンピドゥー・センター〕で、私がカドゥヴェオ族とボロロ族のところで撮った記録フィルムの残っていたのと一緒に、それを上映したのです。

E　はじめてフィールドワークをしたときの印象はどんなものでしたか？

L＝S　強い知的興奮状態のなかにいました。まるで十六世紀の最初の航海者たちの冒険旅行をいま自分が再現しているのだ、という感じでした。私もまた自分の新世界を発見したのだ、とね。すべてが私にはすばらしく思えました。風景も、動物も、植物も……

E　数カ月のフィールドワークの後、ふたたび一年間の講義……

L＝S　それから、次の年のヴァカンスにはフランスに一時帰国しました。一九三六年から一九三七年にかけての、ブラジルでは夏、フランスでは冬の間、ということになります。

E　その時でしたね、あなたが最初の発表展示会を開いたのは。あれは人類博物館でしたか？

L＝S　正確に言えば人類博物館ではありません。当時、一九三七年の博覧会のために古いトロカデロ宮殿を改築中でしたから、そこはすっかりひっくりかえされていました。ジョルジュ＝アンリ・リヴィエール、彼にはその頃はじめて会ったのですが、彼がちょうどフォブール＝サントノレ街とラ＝ボエシ街の角にあったヴィルデンシュタイン画廊と掛け合ってくれて、その場所を借りることができたのです。

E　奥様と一緒に収集されたものでしたね、展示品は。どんなものがありましたか？

L＝S　なかなか立派な民族学資料でしたよ。今になってみればほかのものと比べることができますので、自信をもって言うことができます。カドゥヴェオ族のところでは、彩画陶器やアメリカ大陸にしかない独特なモチーフが描かれている革工芸品。ボロロ族のものでは、とくに、鳥の羽根や動物の歯とか爪で作った装飾品。ボロロ族は武器や日用品にまで華麗な装飾を施すのです。実にみごとなものがありましたよ。

E　評判はどうでしたか？

L＝S　専門家には評価されました。いずれにしろ注目されたとは思います。

E　それで、ジョルジュ＝アンリ・リヴィエールの友人になられた。

L=S　その時ではありません。その時は、ヴァカンスが終わるとすぐにブラジルに戻りましたから。最終的にフランスに帰国したときには、すぐに動員だ、戦争だという騒ぎでしたし、私もアメリカに行きましたから、リヴィエールと本当に友だちになったのは、戦後になって一九四九年か五〇年頃のことです。

E　三六年から三七年の冬のヴァカンスの後、ブラジルに戻ったというお話でしたが、そのときはもう講義はなさらなかったのですか？

L=S　私は自分が民族学者であることを証明しなければなりませんでした。私は民族学の教育を全然受けていませんでしたからね。三六年の展示会を開いたおかげで、私は人類博物館と、科学研究院、というよりその前身に当たるものから、研究費を得ることができたのです。その金でナンビクワラ族の調査を組織しました。

E　その調査は一年以上続きましたね。

L=S　フランスに戻ったのは一九三九年の初めでした。

E　調査旅行の期間を持ちこたえるためには、気力があって、その上、体が丈夫でないといけません。『悲しき熱帯』のなかに書かれていることですが、車で行けないところは馬で行った話とか、河を渡る話とか、カヌーで移動した話とか……

L=S　若いときには、それぐらいのことは誰にでもできます。

E　そうかもしれませんが、あなたの書かれたものを読んでいると、どうしてもあなたは人並はずれた体力にめぐまれているという印象を受けるのですが。

L＝S　それは違います。しかし病気をしなかったというのは本当です。私にはよくあることなのですが、想像力の欠如に守られたという側面が大きいのですよ。

E　危険を危険と感じない？

L＝S　その通り。

E　しかし、場合によっては、ひどく恐がるところも出てきますね。

L＝S　それは後になって恐くなるんですよ。その場ではわからないんです。とにかく、あまり話を大きくしないでください。命の危険というような場面がそう多くあったわけではありません。

＊

E　先ほどおっしゃったことですが、あなたはブラジルでフェルナン・ブローデルと知り合いになられたのですね。

L＝S　そうです。ブローデルは私より一年遅れでブラジルに来ました。

E　すぐに会う機会があったのですか？

L＝S　もちろんです。フランス人教師が作っていた社会は狭いものでしたからね。

E　ブローデルと出会ったときのことを話してください。

L＝S　ブローデルは自信に満ちていました。年の差もあったし、大学での地位から言っても我々よりは高いところにいましたから。

E　しかしまだ有名になってはいなかったのでしょう？

L＝S　なり始めていました。もっと上の方で教えることになるはずだということは、我々もすでに知っていましたからね。私より年長者であったし、経歴から言っても論文の進み具合いから言っても、我々よりはずっと先を行っていました。論文の方はまだでき上がっていませんでしたが、その材料は持ってきていました。家を借りる前のことだったのですが、その論文の資料を収めるのにホテルの部屋を一つ余計にとらなきゃいけなかったんですからね。

E　ブローデルはどうしてブラジルに来たのですか？

L＝S　これは私の想像ですが、地中海とかイベリア世界を扱っている人間にとっては、ラテン・アメリカを知ることはかなり重要なことなのでしょうね。ラテン・アメリカはイベリアの一地方でしたから。

E　ブローデルとはあまり親しくはなかったのですか？

L＝S　彼は我々を少し見下すところがありました。それにもかかわらず、先ほどお話した問題が持ち上ったときには、彼は全力で私を支援してくれたのです。

E　お互いに仕事の話をすることはありましたか？

L＝S　さっきも言ったことですが、フランス教授団は確かに小人数のグループでした。しかし、非常に遠心力の強いグループでした。我々の一人一人がブラジルでの成功、不成功は一生の問題だというふうに感じていました。ですから、みんなが自分だけの支持者を作ろうと努力し、その自分の支持者の輪を仲間のそれよりも大きくすることに腐心していました。とてもフランス人的なことだし、またとても大学人的なことですが、熱帯に舞台を移すと、それも少し滑稽だし、あまり健全なことではありません。

E　先ほどウンガレッティの話が出ましたが、彼とはお知り合いだったのですか？

L＝S　ほとんど知りませんでした。それぞれの派遣教授団のなかで言えることは、教授団相互の間ではもっと真実だったのです。互いに競争関係にあると感じていましたし、互いの交際も気心を許すというものではありませんでした。

E　ブラジルを離れたのは一九三九年ですね。

L＝S　その年の初めです。調査旅行で集めた資料を持ってフランスに戻り、どこかの大学で教え、博士論文を準備する、それが私の望みでした……

E　その後ブラジルに行ったことはないのですか？

L＝S　ありません。一九八五年までは……

E　フランソワ・ミッテランと一緒でしたね。

L＝S　一緒だったのは数日間だけです。

E　ブラジル再訪の前に、あなたが大好きだったブラジルに郷愁は感じなかったのですか？

L＝S　もちろん感じましたよ。しかし、一方では、ブラジルでは何もかもがものすごい勢いで変わっていましたから、ブラジルへ戻っても、昔のことを思い出して悲しむことしかできまいということはわかっていました。事実、五〇年の期間をおいてブラジルに行ってみると、その通りの結果でした。

E　一九三五年から三九年の間のブラジル滞在中、論文は書きましたか？

L＝S　ボロロ族に関する大論文を一つ書きました。アメリカ研究学会の機関誌に載りました。他にもつまらない論文をいろんな雑誌に発表しました。

E　フィールドでの経験に基づいて本を書いてやろうという気はなかったのですか？

L＝S　その当時は本など書く力はないと思っていました。

E　どちらにしろ、フランスに戻った時点で、もういくつかの論文は発表しておられたのですね。

L＝S　そうです。しかしボロロ族に関する論文を別にすれば、つまらないものばかりです。民族学の論文というよりジャーナリズム向けの雑文ですよ。

E　それらの論文の反響はいかがでしたか？

L＝S　ボロロ族の論文のおかげで私は合衆国に行く機会ができたのです。その論文がアルフレッド・メトローとロバート・ローウィーの注意を惹いたのですが、アメリカ行きに関してはそれが決定的でした。

E　つまり、最初の仕事から、あなたは一定の評価を得ていたということですね。

L＝S　そうですね。しかしそれは私の力というよりも、幸運であったというだけのことです。アメリカの民族学者はちょうどその頃、北アメリカのインディアンは一通り研究し終わって、そろそろほかのものをやらなければならないと考え始めていたのです。彼らは南半球に眼を向け始めていました。私の研究はうまい時期に重なったのです。

E　フランスに戻られたとき、大学でのポストがない、ということはなかったのですか？

L＝S　私はまだデタッシェ〔海外派遣教員〕の任期が残っていました。ですからその年の新学期からのポストを申請しました。

E　すぐにポストを得ようとはしなかったのですか？

L＝S　人類博物館に収集した資料を収めなければならなかったし、一つ一つカードを作る仕事が残っていました。それは辛抱と根気のいる仕事でした。

E　そのコレクションはどういうものでしたか？

L＝S　量はたくさんありました。しかし、前のものに比べると見劣りしましたね。それに今回は展示会はやりませんでした。それを分類し、分析しているうちに戦争になりましたから。やはりその頃でした、最初の妻のディナと別れたのは。

第三章　ニューヨークの放浪生活

エリボン　動員はされたのですか？

レヴィ＝ストロース　輜重隊で兵役は終えていました。それで最初はＰＴＴ〔旧フランス郵政省〕に配属されました。電報の検閲が仕事でしたよ。そこに数カ月いました。しかし退屈したので、イギリス派遣部隊との連絡係になりたいと申し出たのです。するとまず連絡係養成の学校に入れられました。ソンム県のどこかにあった学校です。最後に試験を受けるのです。私の英語力はごく初歩的な段階でしたが、それでもなんとかパスすることができました。それが終わるとルクセンブルク国境地方に送られました。マジノ線のこちら側です。そのあたりにはイギリス軍はいなかったのですが、いるかもしれないということでした。仲間が三、四人いましたが、そこでイギリス軍が現われたら迎え入れるという任務でした。実際は何もすることがないのです。そのあたりを散歩して時間を過ごしました。

そこでいよいよドイツ軍の攻撃が始まったのですが、そうなってやっとスコットランドの連隊がやってきました。しかしその部隊は自前の連絡係を持っていましたし、戦線に加わるようにとの命令を受けていたので、我々は丁重に厄介払いされましたよ。連絡係が重複しては面倒だったでしょうからね。そのおかげで命拾いをしたのですよ、我々は。その連隊は数日後に全滅しましたからね。

放り出された我々は、原隊に復帰するよりしかたないというわけで、方々探して、サルト県のとある村で合流することができました。ドイツ軍の進撃が伝えられたので、我々はみな列車に乗せられてボルドー方面に移送されることになりました。その列車はフランス中をジグザグに進んで行きました。後で知ったのですが、部隊内に意見の違いがあったためらしいのです。ボルドーにはすでにドイツ軍が進軍していました。たとえ部下をドイツ軍に渡すような結果になっても、部隊長は最初の命令通りに行動しようとしたのですが、将校たちが彼に反対したのです。まあそういうわけで、カオス的行軍ということになったのです。結局、列車はベジエ〔南仏モンプリエ西方の町〕で停ってしまいました。

E　戦闘の経験はないのですね？

L＝S　ありません。しかし戦闘機の機銃の洗礼は受けました。頭の上で屋根の瓦が砕け飛びましたよ。それを除けば危ない目にあったことはありません。

E　ベジエに着いた後はどうしたのですか？

L＝S　ラルザック〔フランス中央山塊南部の石灰岩台地の南端部〕の石灰岩の丘の上に駐屯していました。私はほとんど自分の家にいるような感じでした。と言いますのもね、十年あまり前から私の両親はセヴェンヌ〔フランス中央山塊の南東部でローヌ河西側に位置する山地〕に小さな家を一軒持っていたからです。そこからモンプリエ〔南仏ラングドック地方の中心都市〕に移りました。

E　そこで何をしたのですか？

L＝S　それからそこの大学区本部に行き、何か役に立つことがあれば手伝いたいと申し出ました。バカロレアの試験が始まっていたのですが、哲学部門の試験官が必要かな、と考えたのです。うまい具合いに予想が当たって、数日早く私は除隊になりました。

E　モンプリエにそのまま居残ったのですか？

L＝S　いやそうではありません。両親のところに戻りました。両親は例のセヴェンヌの家に避難していました。そこでアメリカ合衆国から、ロックフェラー財団が行なっているヨーロッパの学者の救援計画を利用してはどうかという内容の手紙を受け取ったのです。それより前、一九四〇年の九月にまったく何も考えないで、私はヴィシー〔フランス中央部オーベルニュ地方の保養地。ドイツ占領期間中、フランスの政府がおかれていた〕に行って、以前に任命されていたアンリ四世校〔パリにある名門のリセ〕のポストに復帰したい旨の申請を出していたのです。当時、文部省はある学校の校舎を庁舎に使っていたのですが、その学校の教室で、そこを事務所代わりに使っていた中等教育局長に面会しました。局長が言うには、お前さんの名前ではパリへやるわけにはいかない、ということでした。

E　今から考えてみれば、あなたの行動は驚きですよね。同時代の人間には、状況はそれほどわかりにくいものだったのですか？

L＝S　だからさっきも言ったでしょう、私には想像力が欠如しているのです。調査旅行のときにはそれが私を助けてくれました。危険を知らないですみますからね。この場合も同じことなのです。しかし、考えてみれば、その時に私の運命は決まったのでしょうね。

E　ユダヤ人の置かれている状況が深刻であるということは誰も知らなかったのですか？

L＝S　幾人かの人、少なくとも私と会ってくれた局長は、多分、知っていたのでしょう。私はパリに戻りたかった。教師としての責任を果たすため、というのがその唯一の理由でした。

E　それで、パリに戻ることは許可できないと言ったその局長さんは、どうしろといったのですか？

L＝S　セヴェンヌに戻って待っていろ、そのうち別のところに赴任させるから、ということでした。実際、数日すると、私はペルピニャン〔南仏、スペイン国境に近い都市〕の、当時はコレージュでしたが現在ではリセになっている学校の教員に任命されました。

E　で、そこに行ったのですか？

L＝S　もちろん、行きましたとも。私もようやく事態が悪い方に転じているということがわかり始めていました。人種法の噂が流れていましたからね。新しい赴任先の私の同僚たちの態度でわかったのです。彼らは私とその話をするのを避けていました。ただ体育の教師だけは別でした。彼は私にはっきりと好意を表明していました。多分、レジスタンスの闘士になる男だったのでしょう。

二週間ぐらいしてから私はモンプリエに配置替えになりました。私は哲学クラス〔フランスのリセの最終学年〕と「もぐらクラス」〔理工系グランドゼコール進学クラス〕を、それぞれ一つ受け持っていたのですが、「もぐら」の方はなかなか面白いクラスでした。彼らエコール・ポリテクニックを目指す高校生たちは、押しつけられていた週二時間の哲学の授業を完全に馬鹿にしていましたし、教師である私をまったく無視していました。私も覚悟を決めて、授業をやっていました。ざわざわしたなかで……

E　……彼らの存在をまったく無視して、というわけですね？

L＝S　……おっしゃる通り。このゲームは三週間しか続きませんでした。人種法に引っかかって、馘になったからです。仕方なくセヴェンヌに戻りました。

E　そういう場合、免職というのはどんなふうに行なわれるのですか？

L＝S　手紙が来るんですよ。今までの勤務期間に応じて一定期間給料を受け取る権利はありました。私がアメリカに行ってしまった後、私の両親はその給料のおかげで生き延びられたのです。こうして私はセヴェンヌに戻ったのですが、そこはアメリカとつながっていたのです。

E　その時にはもうアメリカの民族学者とコンタクトがあったのですか？

L＝S　ありました。アルフレッド・メトローとか、ロバート・ローウィーなどです。メトローはスイス人ですがアメリカに住んでいましたし、ローウィーは私のボロロ族に関する研究に関心を持ってくれていました。それに私にはアメリカに叔母が一人いたのです。アンリ・カロ＝デルヴァーユ〔本書の一四頁、参照〕の未亡人です。彼女がずいぶんと骨を折ってくれたのです。そういう人たちの努力が重なり合って「ニュー・スクール・フォー・ソーシャル・リサーチ」から招待状を貰うことができました。

E　その「ニュー・スクール・フォー・ソーシャル・リサーチ」というのは、どんな団体なのですか？

L＝S　左寄りの組織でした。左寄りと言っても、当時のアメリカでそういう言い方が持っていた意味でのことですがね。成人のための市民大学のようなものになっていました。仕事が終わった後、若い頃の勉強の補いをしようというような人たちが通っていました。イタリアでファシストが政権を取り、それに続いてドイツでナチスが権力を握ったときから、ロックフェラー財団が危険な状態に置かれた知識人救済の計画を立てていました。それを今度はフランスにも広げようとしたのです。「ニュー・スクール」はその受け入れ窓口であったし、また操車場の役割も引き受けていました。新規に到着する者が他の研究機関に居場所を見つけるまでの間、そこで引き受けようということなのです。ニュー・スクールにそのまま留まる方を選んだ人も何人かいますがね。

E　招待状が届いたとき、あなたはすぐ決心なさいましたか？

L＝S　最初ブラジルに戻ろうとしたのですが、それがうまくいかないとわかった段階で決心しました。私にビザを出そうとして、〔ブラジルの〕大使がある参事官にそれを妨害されたことの顚末は、『悲しき熱帯』のなかにも書いておきました。

E　どうしてブラジルを優先させたのですか？

L＝S　優先したわけではありません。それはアメリカから招待状が来る前の話ですから。

E　アメリカのビザは簡単に取れたのですか？

L＝S　アメリカで移民許可を取ることぐらい面倒なことはありません。手続きが山ほどあるのですからね。職業証明をしなければならない。受け入れ機関から実際にそこで働くことになるという証明書を貰わなければならない。かなりな金額の保証金を払い込む人を見つけなければならない、などなどです。

E　あなたの保証金は誰が払ってくれたのですか？

L＝S　さるアメリカの金持ちの御婦人です。たまたま私の叔母の知り合いだったのですが。

E　アメリカ側の手続きの前には？

L＝S　フランス当局から出国ビザを取らなければなりませんでした。しかしそれはごく簡単なことなのです。厄介なお荷物を厄介払いできるのですから、むしろ喜んでいましたよ。ビザは問題ないとして、難しいのは船を見つけることでした。

L＝S　で、その船の上で……

L＝S　「キャプテン・ポール・ルメルル号」という名の船でしたがね。その船には、アンナ・セゲルス、アンドレ・ブルトン、ヴィクトル・セルジュなどが乗っていました。

E　航海中に彼らと知り合ったのですか？

L＝S　少しずつですね。アンドレ・ブルトンが乗っていることは、私は知りませんでした。モロッコに寄港したときに、フランス人だけが上陸を許されたのですが、パスポートを見せるために並んでいると、すぐ前で彼が自分の名を言っているのを聞いたのです。

E　ブルトンは当時すでに有名でしたよね？

L＝S　そうです。ですから、私がそのとき感じた驚きを想像していただけるでしょう。私は自己紹介して、互いに好感を持ったという次第なのです。

E　彼は情の厚い人間でしたか？

L＝S　情が厚いというのではないですね。ものすごく礼儀正しい人でした。その礼儀作法というのも、いつもどこか「大世紀」風なところがありましたねえ。

E　そんな場合でも、ですか？

L＝S　そうです。どんな場合でも威儀を失うということはなかったですね。

E　ヴィクトル・セルジュはどうでしたか？

L＝S　彼とは少し話をしましたが、友だちになるというほどではありませんでした。数年前にメキシコで彼の息子に会いましたが、当時はまだ子供で、やはりその船に乗っていました。

E　豪華メンバーが乗っていたのですね。

L＝S　他にも、後で有名になる人たちが乗っていました。『悲しき熱帯』にも書いたことですが、乗客は船倉に詰め込まれていたのです。私はブラジルへ行くときにこの船の乗客だったということもあって、二つしかないキャビンのベッドを使わせてもらえました。もう一つのベッドはチュニジア人だという不思議な人物が占めていました。ある日、彼はトランクのなかからドガの絵を一枚出してきて私に見せたこともあります。特別自由に振舞っていましたね。と言いますのもね、どこかの港に着くたびに、何の問題もなく上陸していましたから。自由に往来していました。名前は知っていましたよ。スマジャというのです。私には謎の人物でした。《コンバ》〔フランスの新聞。レジスタンスで重要な役割を演じる。カミュが長い間編集長をしていたことでも有名。スマジャは一九五三年以来編集長を務めた〕の創刊者が死んだとき、方々の新聞にその写真が載ったでしょう。それでわかったのですが、その人物が彼だったのです。当時は何か秘密の任務を帯びていたのでしょう。それが誰のための任務だったかはわかりませんがね。

E　スーステルと知り合ったのもそのときのことですか？

L＝S　スーステルとは一九三六年に知り合いになっていたのです。ブラジルから最初の民族学資料を持って帰るときのことです。マルティニック島を後にして、スウェーデンのバナナ船でプエルト・リコに着いたとき、アメリカの現地当局者は私の書類が不備であるという決定を下しました。そこで私をかなりあやしげな宿屋に入れて監視下に置きました。その費用は船会社持ちでしたがね。私がそういう不愉快な状態に置かれているときに、ちょうど、スーステルがプエルト・リコに、ド・ゴール将軍の密使としてやってきたのです。フランス植民地を糾合しようという密命を帯びていました。私は監視人に頼んでスーステルの所へ連れて行ってもらいました。彼はアメリカ人たちに、実に丁寧なもの腰で、私がスパイではないということを説明してくれました。おかげで私は何事もなく必要な書類が届くのを待ってから、定期航路の船でニューヨークに行くことができたのです。

E　『はるかなる視線』の再版の方で、ニューヨークの住居のことを書かれていますね？(7)

L＝S　グリニッチ・ヴィレッジ十一番通りと六番街とが交差する角に近いワン・ルームでした。ずっと後になって知ったことですが、サイバネティックスの創始者であるクロード・シャノンが同じ建物に住んでいたそうですよ。

E　顔を合わせたことはないのですか？

L＝S　一度もありません。ベルギーから逃げてきた若い女性が、当時やはりこの赤レンガの建物に住んでいました。建物は一九七二年に見に行ったときにはまだありましたよ。ところで、いつだったか、彼女が、ここには「人工頭脳を作っている人」が住んでいるのよという話をしていましたっけ。何年も後になってやっとそれがシャノンだとわかったのです。

E　当時シャノンに会われなかったのはとても残念ですね。

L＝S　そうですね。でも会ったところで、私にはさっぱり理解できなかったでしょうがね。

E　英語の方はその後上達していたのですか？　講義をなさったのでしょう？

L＝S　いいえ、相変わらず初歩的な段階に留まっていました。うまい具合いに、私が着いたのが春で、授業はもう終わっていました。私はまずニュー・スクールに出頭したのですが、そこでいきなりこう言われました。「名前が Lévi-Strauss じゃだめです。これからは Claude L. Strauss ということにしましょう。」私はその理由を訊ねました。「学生に笑われますよ」という答えでした。ブルージーンズの商標と同じ名前ですからね。そういうわけで、私はアメリカで暮らした数年間、姓の前半分を切除されていたのです。

それからというもの、このジーンズ会社の名前は私につきまとっています。幽霊みたいなものですね。毎年のように、私のところにジーンズの注文が来るようになりました。たいていアフリカからですがね。一九五〇年を回った頃、パリで実際にあったことですが、服地屋となのる男が私のところにやってきました。会ったこともない男です。電話帳で私の名前を見つけたというのです。ついては、今、パンタロンだかズボンの縫製会社を始めようと思っているのだが、お宅の名前を会社の名前に使わせてもらえないだろうか、という話なのです。私は教師だし、研究者なのだから、その種の企業とは両立しがたいと言ったんです。するとその男は、心配するには及びません、実際に会社ができるわけじゃない、ただ話だけでいいんです、と言うんです。「自分のところの商標の独占を守るために、しにせを誇るさる会社が我々の計画を中止させるために大金を払ってくれやすよ。そいつを山分けするというだけの話でさ」というわけです。丁重にお断り申し上げましたがね。

数年前、カリフォルニア大学のバークレー校に招聘教授ということで滞在したことがあります。そのバークレーで、ある日、妻と一緒にレストランで夕食を取ろうということになったのですが、あいにく予約をしていなかった。客の列ができていて、ボーイが番が来たら呼びますと言って、私も名前を訊かれたのです。我々の名前を聞くと、とっさに彼はこう訊いてきました。“The pants or the books?” その簡潔な言い方にはとても妙味があって、他の言語に訳す気がしません。

カリフォルニアのボーイさんたちはなかなかの教養人ですよ。感心しました。パリで私の妻がどこかの店で何か注文するとき、ああ、あの有名なレヴィ＝ストロースですね、というのは決まってズボンの方で、本であったためしはありませんからね……

E それで、その姓が削られた後、どうなったのですか？

L＝S　援助費の月額を渡されて、家に帰って待っていろ、と。それで夏の間、英語で「ナンビクワラの家族生活と社会生活」という論文を書いていました。英語の勉強になると思って……

E　それはすぐには発表されなかった。

L＝S　そうです。それが出たのは、フランスで、一九四八年のことです。私の副論文でした。(8)

E　ニューヨークに着いた頃から、亡命シュールレアリスト・グループとの交際は始まっていたのですか？

L＝S　ブルトンとの友人関係は続いていました。ブルトンはシュールレアリストの亡命グループにそこで合流したのですが、その彼が私をグループに紹介してくれたのです。

E　あなたは当時若い大学の教師で、まだ無名だった。そのあなたが超有名人の芸術家グループに加わった。スターでしたよね、彼らは。ブルトンとか、タンギー、デュシャン、それに……

L＝S　それから、レオノーラ・カリントン、マックス・エルンスト、ドロテア・タニング、ロベルト・マッタ、ウィルフレード・ラム……。マッソンとカルダーは田舎に住んでいました。週末に彼らのところに遊びに行きましたよ。

E　グループのメンバーとは気が合いましたか？

L＝S　人によって、ですね。マックス・エルンストとはすぐに意気投合しました。彼とはその後もいちばん親しくしています。タンギーの絵は私はたいへん素晴らしいと思っていたのですが、本人はつきあいにくい男でした。デュシャンはとても親切でしたし、一時期ですが、マッソンとはとても親しくつきあいました。パトリック・ヴァルドベルグとも友だちになって、それは戦後も続きました。

E　ペギー・グッゲンハイムがこのグループに資金的な援助をしていたのですか？

L＝S　彼女は確かに、あれこれの人に個別的に経済的な援助をしていました。なかでも結婚相手だったマックス・エルンストは他の人よりは羽振りがよかったですね。彼ら二人はグリニッチ・ヴィレッジでボヘミアンのような生活をしていました。マックス・エルンストが彼女と別れるまでそうだったですね。ある日ブルトンが私のところに電話をかけてきて、少し金を用立ててくれないか、と言うのです。一文無しになったマックス・エルンストから、彼が持っているインディアン関係の物を買い取ってやってくれ、というのです。その時の歴史的記念品は今はパリの人類博物館に入っています。

E　そのシュールレアリストの小世界はグループとしてのまとまりを持っていたのですか？

L＝S　互いに互いの家に出入りしていた、ということです。「真実ゲーム」が流行っていましたね。我々はみんなでニューヨークのエスニック・レストランを探検したものです。

E　ブルトンのような人間と「真実ゲーム」をやるのはそう簡単ではなかったでしょうね。

L＝S　彼らは外来民族に一目置いていましたから。私のほかにも、ピエール・ラザレフもときどき来ていましたね。ドゥニ・ド・ルージュモンもいました。

E　ラザレフとはどうして交際があったのですか？

L＝S　ブルトンとデュテュイ、それに私の三人で、収入を補うためにラジオ放送の仕事をしていたのですが、そのOWI、つまりOffice of War Informationのボスがラザレフだったのです。フランス向けの放送でした。そこには違った分野の人たちが集まっていましたし、外でもときどき行き来していたのです。そこでドロレス・ヴァネッティと友だちになりました。数年後にサルトルが熱を上げた相手ですよ。

E　その放送局ではどんな仕事をなさっていたのですか？

L＝S　放送には実は昔から経験があったんです。学生の頃、食費稼ぎのために、グラン＝パレの地下にあったラジオ・トゥール＝エッフェルのマイクを前にして、毎日国際労働機関事務局の報告書を読んでいたのです。植民地博覧会が開催されたとき、私の父がマダガスカル館の装飾を引き受けたのですが（父はマダガスカルには一度も行ったことはありません）、三〇メートル×五メートルの大きな絵のなかに私を「アナウンサー」の姿で描いているのも、そういうことがあったからです。

ニューヨークでは週に二、三度の割りで、アンドレ・ブルトン、ジョルジュ・デュテュイ、ロベール・ルベルそして私の四人で、ラザレフのところで作られる情報宣伝のための台本を討論形式で読む、という仕事でした。私の分担はルーズヴェルト演説でしたが、それというのも私の声が妨害電波の雑音に影響されにくいという理由だったようです。

E　その放送の仕事はどうやって見つけられたのですか？

L＝S　さっきも話したパトリック・ヴァルドベルグの仲介です。彼もそこで働いていました。彼は詩人で、同時に美術批評などもやっていました。後のことですが、マックス・エルンスト論を書いていますし、一九〇〇年代に関するいい本を出しています。当時は誰も、彼が将来パリで学士院の通信会員になろうとは思っていませんでした。彼は酒のみで、乱れた生活をしていましたからね。ハーレムの小さな酒場の常連で、私もときどき連れて行ってもらったことがあります。

E　あなたがニューヨーク生活に関して書かれているのを見ますと、当時は盛んに美術品を蒐集されていたようですね。

L＝S　マックス・エルンストはプリミティヴ・アートに熱中していました。今ではもうすっかり様子が変わってしまいましたが、当時の三番街でドイツ人のやっていた小さな骨董屋を見つけていましてね、そこでインディアン関係のものを買っていたのです。当時はまだほとんど店で売られていませんでした。それをマックス・エルンストが見つけて我々に知らせてくるのです。我々はまず金など持ち合わせていませんでしたが、数ドルばかり余裕のある者がそいつを買い取るのです。自分に金がないときには彼は他の人間に知らせるのです。買い手が付いたものだから、品物の数も徐々に増えてきました。実際はですね――これはもう公表されていることだから話してもいいと思うのですが、実際には、それらの物はさる大美術館が、重複しているものを片付けるというのでその骨董屋に回って来ていたのです。しかし、重複しているもの、とはね。同じ物などあるものですか。この種の物が売れるとわかったときから、その骨董屋がその美術館と我々の仲介を買って出たというだけなんです。

E　ご存じだったのですか、そのことは？

L＝S　すぐにわかりました。そのうちに、美術館の守衛を抱き込んで、彼は我々をニューヨーク郊外の別館にあった、その美術館の保存室に連れて行くことまでしましたよ。我々があれこれ選んでおくと、数日後にはそれが骨董屋の店先に現われるという仕組みです。

E　その骨董屋で買った物はどうなりましたか？

L＝S　フランスに持って帰りました。しかし不如意な時期があって一九五〇年にドゥルオー〔パリの競売所〕で売ってしまいました。人類博物館とライデン美術館がその一部を買い取りました。個人で買った人もいます。そのなかにラカンと、マルローも入っていたように思います。私の手元には二つ、三つ残っています。

E　戦後もシュールレアリストとの関係は続いたのですか？

L＝S　エルンスト、ブルトン、ヴァルドベルグとは続きました。他の人たちとは連絡がとれなくなりました。

アンドレ・ブルトンは私より前にフランスに戻りました。一九四五年に私はもう一度文化参事官としてニューヨークに派遣されたものですから、彼と再会したのはそれから三年してからです。彼の何人かの取り巻きを従えて、毎週土曜日には、まるで儀式のようにして、蚤の市に出かけたものです。そのようなときにブルトンのお供をできるというのはたいへんな幸運だったのです。

E　グループから排斥されるということはなかったのですか？

L＝S　事件がなかったわけではありません。意図したことではなかったのですが、責任は私にあります。ブルトンはある本の執筆を頼まれていたのですが、それに「呪術芸術」というタイトルを付ける予定でした。しかしどう書いていいかわからない。そういう場合によくやることですが、彼は質問状を回したのです。他の人同様、私のところにも来ました。私はブルトンを尊敬していました。骨董屋回りをするときの彼の眼の確かさには感服していました。選択を間違うということはけっしてなかったし、判断を迷うということもなかったですね。ところで私にとっては、「呪術」というのは明確に定義された学術用語でした。民族学の術語です。それが何にでも引っ張り出されるというのは、私はあまり好きではなかった。そこで、原則問題でブルトンに反対するよりも、質問状に答えない方がいいだろうと思ったのです。ブルトンはもう一度それを送ってよこしました。そのとき私はセヴェンヌで息子と一緒に夏休みを過ごしていました。二度目の結婚で生まれた息子で、当時七歳になっていました。その質問状には美術品の写真が添えられていて、「呪術性の大小」によって分類しろ、ということなのです。私はその企画には反対でしたが、子供の反応はどうだろうか、それを見てみたいと思ったのです。私と同じように、ブルトンも興味を抱くだろうと考えたのが悪かったのです。息子があまりあっさりと分類をやってのけたものだから、余計にその感は強かったのです。それをブルトンに送ったところが、なにか恨みがましい手紙をよこしましたよ。本が出版されて、見ると息子の返事がそこに載っていました。しかし私が受け取った献本には、ただ息子への献辞しか書かれていませんでしたが……

E それで彼とは切れたのですか？

L＝S また仲直りはしましたが、以前とは違っていました。

E マックス・エルンストとは？

L＝S　エルンストとの友情はニューヨークの後も続いていますし、何か問題がおきたということもありません。コレージュ・ド・フランスがルバ基金に基づく連続講演会に私を呼んだとき――当時私はまだそこにいませんでしたし、ちょうど沈んでいた時期でした――、マックス・エルンストが聴きに来てくれました。あるとき、ホピ族〔アリゾナ州北部に住むインディアンの一部族〕の神のことを話したのですが、その姿をスライドで見せられないのが残念であるというようなことを言ったのです。そうすると彼は、次の週にその神のデッサンをかなり大きな紙に描いて持ってきてくれたのです。私はそれを黒板に貼って説明しました。その絵はまだ持っていますよ。民族学に対するエルンストの態度はブルトンとちょうど正反対でした。ブルトンは民族学を信用していませんでした。対象と自分との間に学問的なものが介入するのを嫌っていました。マックス・エルンストはいろいろと物を集めていましたが、集めると同時に彼はそれらの物について何でも知りたがっていました。

E　シュールレアリストたちとの交際で何か影響を受けていますか？　一九八四年に《タイムズ・リテラリー・サプルメント》に出た論評のなかで、ロドニー・ニーダムはあなたの著作とシュールレアリストたちの探求を比較していますね。つまり、あなたの作品にそれが現われていますか？

L＝S　ある意味では、彼の言うことは正しいと思います。シュールレアリストも私も同じ伝統、つまり十九世紀末の伝統につながっています。ブルトンはギュスターヴ・モローが大好きでしたし、サンボリスムとネオサンボリスムの全部に深い共感を抱いていました。シュールレアリストたちは非理性的なものに注意を払いました。彼らはそれを美学的観点から探求したのです。私もシュールレアリストたちも扱う材料はほぼ同じ物です。しかし私はそれを分析しようとするわけです。その美は感じるけれども同時にそれを理解しようとする。

もう一つ言っておきたいのは、彼らシュールレアリストのグループには知的なものを大切にしようという空気があって、それは私にはずいぶん役立ったと思います。彼らと接触して、私の美的センスは豊かになったし、洗練されました。ひょっとしたら無意味なものとして放置したかもしれない多くのものが、ブルトンや彼の友人たちのおかげで、私には違った意味をもって見えるようになったのです。

E　『はるかなる視線』のなかで、『神話論理』はエルンストのコラージュのように構成されている、とおっしゃっていますね。

L＝S　およそ関係なさそうなものを比べてみることを恐れなくなったのはシュールレアリストから学んだことです。エルンストがコラージュで好んでやったこともそれです。『野生の思考』を読んでくだされば、その影響がおわかりいただけるでしょう。エルンストは他の文化、つまり十九世紀の古い本のなかにある文化から借りたイマージュを用いて、彼個人の神話を構成しました。そして、普通の目に見える意味以上のものを彼はそれらのイマージュに語らせたのです。『神話論理』では私も、神話的な材料を切り取り、その切り取った断片を繋ぎ合わせて、より多くの意味を産みだしたのです。

*

E　話はニュー・スクールに戻りますが、九月からは講義を始められたのですね。

L＝S　夏の間に私は何人かのアメリカ人の同僚とコンタクトをとりました。メトローには、もちろん、到着早々に会いに行きました。それからローウィー。アメリカに行けたのはまったく彼のおかげですからね。彼はバークレーに住んでいたのですが、ときどきニューヨークにも来ていました。それからボアズにも会いに行きました。アメリカでは、退職後も教授は大学に研究室を持ち続けるというのが普通なのです。それで、ボアズは退職してから三〇年になっていましたが、コロンビア大学に研究室を持っていたので、そこに会いに行きました。

E　メトローとは気が合いましたか？

L＝S　はい。その後非常に親しい友人になりました。

E　彼とはいつ知り合ったのですか？

L＝S　ナンビクワラ族の調査旅行から帰ったときです。私がフランスに戻ろうとしていた時期です。ときどき手紙のやりとりはしていたのですが、メトローから手紙が来て、アルゼンチンからの帰りに、サントスに、サントスというのはサン・パウロの港ですが、寄港するので何時間かとれるというのです。会えないか、という内容でした。半日ほど、十六世紀の旅行者たちの思い出が漂っている無人の浜辺を二人で歩き回りました。

E　メトローはニューヨークに住んでいたのですか？

L＝S　ワシントンです。しかしニューヨークにはよく来ていました。その時には私の家に泊まりました。ベッドを分けあった仲、というわけです。

E　熱血漢でしたか？

L=S　たいへんな熱血漢でした。と同時に、非常に神経質なところもあって、躁の状態からどうにもならないぐらいの鬱状態に急変するのです。彼はまた仕事の鬼でした。ものを書いていないとつまらないと言っていました。

E　どういう仕事をしていたのですか？

L=S　アメリカ民族学会事務局で仕事をしていたのですが、そこでちょうど『南アメリカ原住民に関するハンドブック』を準備していたので、すぐにそれを手伝うように要請されました。

E　あなたの民族学者としての自己形成の方面で、彼は何か重要な意味を持っていましたか？

L=S　その方面では、ノーですね。彼は理論家ではなくて、たいへんな物知りであり、また素晴らしいフィールドワーカーでした。その一方で、彼は他の分野に旺盛な知的好奇心を持っていました。彼には実にいろんな情報を貰いました。彼自身、一つ前の時代にシュールレアリストと交友関係を持っていました。彼はバタイユやレリスに近かったですね。後のことですが、パリではしょっちゅう彼と会っていました。彼が死ぬまでそれは続きました。私にとっても、私以外の彼の友人にとっても、彼の死はたいへんなショックでした。しかし今になって考えてみれば、彼の個人生活は徐々に進行する自殺への順応だったように思えます。

E　さっきフランツ・ボアズに会いに行かれた、というお話でしたが。

L＝S　ニューヨークに着くとすぐ、彼に会いたいと申し出たのです。彼はアメリカ民族学の指導者でしたし、名声も高かったですからね。十九世紀的巨人の一人ですよ。ああいう人物はもう出ないでしょう。多くの研究を積み上げていましたが、その量ばかりか、その関心領域の広さにおいてもたいへんなものでした。自然人類学、言語学、民族誌、考古学、神話学、民俗学、何でも手当り次第でした……。民族学の全領域をカヴァーしていますよ。アメリカ民族学はすべて彼から出ていますね。

E　ボアズはヨーロッパの学者・芸術家救済計画にも参加していました。マックス・エルンストの息子のジミー・エルンストが回想録のなかで、ボアズのおかげでアメリカに渡れたということを書いています[9]。

L＝S　ボアズの生活も平穏無事というものではありませんでした。第一次世界大戦のとき、彼は心情的にドイツ人のままでしたから、アメリカの参戦には反対でした。戦後すぐの頃は、彼のこの立場が同僚たちの敵意を引き起こす原因になります。第二次大戦では、彼はもうだいぶ年をとっていましたし、もうずっと以前から引退していたので、彼の影響力も精神的なものでした。個人の資格で彼はドイツ人のために働いていました。もちろん、人種差別的観念に最初に、かつまた本心から反対した人でしたから、祖国に起きていることを非常に悲しんでいました。

E　アメリカに着いたときには、もうボアズの著作は読んでいましたか？

L＝S　全部は読んでいません。いくつかの著作は知っていました。会いに行くと、ボアズは愛想よく迎えてくれましたが、それ以上のことはありませんでした。もちろん私を知っていたわけではありませんからね。

その後でまた会う機会がありました。最初はヤーコブソンと一緒でした。ボアズとヤーコブソンは言語学の領域で共通の関心事を多く持っていましたし、それをしょっちゅう議論していました。一度ヤーコブソンと一緒に、ハドソン川の向こう岸の、グラントウッドの彼の家に夕食に招待されたことがあります。食堂には、クワキウトル族の木箱が置いてありました。彫物の装飾と彩色のある素晴らしい木箱です。クワキウトル・インディアンは彼が研究の大きな部分を捧げた部族です。私はこの木箱を賞賛し、ついうっかり言ってしまったのです。「こんな素晴らしいものを作ることができるインディアンと暮らすのは、あなたにとっても特別のことだったでしょうね」ってね。すると彼はそっけなくこう答えました、「なに、普通のインディアンですよ」。彼の持論である文化相対主義から言えば、部族の間に価値の上下を置くということはできなかったのだと思います。彼の知的禁欲主義は厳しかったですからね。

それから数週間して、コロンビアに亡命していたリヴェ博士が、メキシコに行く途中ニューヨークに立ち寄りました。ボアズは彼のために昼食会を組織しました。

E　リヴェはその時も人類博物館の館長でしたか？

L=S　そうです。彼は一九二八年から自然博物館の教授でした。一九三七年の万国博覧会の機会にシャイヨ宮殿が建てられたのですが、彼はそのなかにトロカデロの民族博物館を移して、人類博物館を作りました。人類博物館のレジスタンス組織がドイツ軍につぶされた後、彼は亡命せざるを得ませんでした。彼の協力者の何人かは処刑され、あるいは強制収容所に送られました。彼自身も危ないところだったのです。

その昼食会はコロンビア大学のファカルティ・クラブで開かれました。冬のことで、おそろしく寒かったですね。ボアズは古い毛皮のボンネットを被ってやって来ました。あれはエスキモー調査のときに被ったやつに違いありません。六十年前の代物です。ボアズのお嬢さんや、コロンビア大学の同僚、といってもみな彼の昔の教え子ですが、それも何人か来ていました。ルース・ベネディクト、ラルフ・リントン、などです。ボアズはとても嬉しそうでした。誰かと話している最中に、机を激しく押したものだから、彼は仰向けにひっくりかえってしまいました。私は隣りに座っていたのですが、急いで助け起こしました。リヴェは、最初の経歴が軍医だったものですから、何とか彼を元に戻そうとしたのですが、駄目でした。ボアズはもうすでに死んでいました。

E　ボアズの著作はあなたにとって重要な意味を持っていましたか？

L＝S　きわめて重要でした。北西部海岸地帯のインディアンに私はずっと関心を持っていたのですが、そのことについて彼は総合的な著作活動をしています。今はボアズを批判するのが流行っています。全体をシステムとして捉える意識が欠如しているとか、理論嫌いであったとか、著作に統一性が欠けているとかが批判されています。しかしながら、ボアズは自分が集めた、あるいは文字の読み書きができるインディアンに集めさせた膨大な量の資料を相手にしていたのです。彼はいくつかの異なった部族語で書かれた報告書を受け取り、それを全部自分で翻訳したのです。また、研究領域によって、いろいろ雑多な見地を採用したということも批判されています。

しかし私に言わせれば逆なのであって、ボアズのこの多様な関心あったればこそ、アメリカ民族学の最盛期の豊かさがあるのだと思いますよ。つまり、ローウィーの批判的経験主義から始まってルース・ベネディクトの文化類型論、それにマーガレット・ミードの個人心理と文化との関係に関する考察に至るまでのあの豊かさ……。それらのすべてがすでにボアズのなかにありました。彼が育てた次の世代、というより次の数世代の者が彼の教育から、また彼の著作から一つの側面を引き出し、それを展開したのです。クローバーは別です。彼はそれらすべての面の統合を維持しようと努力したからです。

E　ボアズのような人と出会ったということは、あなたにとっては感動的なことだったでしょうね。あなたは、当時まだ、自己形成の時期にいたわけですから。

L＝S　いくつかの基本的な考えはボアズによって与えられたものです。たとえば、ボアズは彼の自然人類学的研究において、頭示数〔頭の形状を示す数値〕は環境によって変化するということを示していますが、それまでの人類学者はそれを人種を定義する恒常的な特性値だと考えていたのです。アメリカの移民を数世代にわたって分析した結果、異なった民族間において最初は明確に存在した解剖学的な違いが、世代とともに消えていくことをボアズは見出したのです。子供の成長のリズムの分化についても同じことです。人種差別に対する批判はボアズに始まるのです。

言語学の分野においても、ボアズは大きな仕事を残しています。原住民の言語に関しては、ボアズ一人でも、他のどの言語学者よりも多くの文法の本を彼は書いています。十指に余る数ですよ。彼のおかげで、異質の言語の文法を印欧語族のモデルに還元することが無意味であることがわかったのです。

また、人間の科学にとっては基本的な事実、つまり言語行為に関する法則は無意識レベルにおいて、すなわち話す主体の意図の外で働いているのであって、そうであればこそ他の社会的事象を形象化する客観的な現象として、言語法則を考察することができるという事実、それをはじめて主張したのもボアズでした。私はこの考えをはじめて述べたのはソシュールであると書いてきましたが、ソシュールはそれを明確に述べているわけではなくて、彼の著作から間接的に出てくるというだけのことです。それに対して、ボアズは一九一一年に書いた『アメリカ・インディアンの言語』のあの余りにも有名な序文のなかで、この重要な原理を明確に述べています。

それから民俗学や神話学という分野においても、彼は実に多くの事実を集めているのですが、どういうわけか、人々はそれを無視しています。あるときボアズは情報提供者の一人に、その人の所属する部族の料理の作り方をすべて書いてよこすように依頼しているのですが、彼はそれをすべて翻訳し出版しています。全部訳したというのは、重要なものとそうでないものとを予断することはできない、という考えからです。ほとんど、あるいはまったく未知の文化を研究するときには、一見したところ無意味な事実が事の真相をもっともよく表わしているというのはよくあることなのです。

こういう細かい点にこだわることをひとは馬鹿にしてきましたが、しかし、クワキウトルの料理法は、私が神話に関するいくつかの問題を解く場合、その鍵を提供してくれたのです。なぜなら、それによって、二つの食物の、同時に用いてよいかいけないかという関係、それは単に好みの問題に帰することのできない関係なのですが、それが明らかになったからです。

ただ、ボアズの著作は使うのが容易ではない。読むのに苦労します。しかし、今までにない豊かさを持っていることは確かです。

E　一九四一年から四四年まであなたはそういうアメリカ民族学者たちのグループと交際したわけですね。

L＝S　そうです。ですから、たとえばラルフ・リントンとルース・ベネディクトは両方ともよく知っています。互いに私を夕食に招待しては、相手の悪口を言っていましたね。コロンビア大学の語り草ですよ、二人の仲が悪かったことは。

E　クローバーはどうでしたか？

L＝S　彼はローウィーと同じでカリフォルニアに住んでいました。それでときどきニューヨークに出て来るのです。不思議な因縁なのですが、私はボアズの死に立ち会い、クローバーの死にもほとんど立ち会ったと言ってもいいぐらいなのです。彼が奥さんと一緒にパリに来たときのことなのですが、二人で私の家に食事にくることになっていたのです。ところがその日の朝になって、奥さんが電話をかけてきて、昨夜のうちに夫が死にました、と言うのです。彼女はパリでは知り合いが誰もいませんでしたから、私は奥さんを助けるために、ヴォルテール河岸のホテルに駆けつけましたよ。

E　アメリカの人類学はとくに活発でしたね。

L＝S　イギリスもそうですよ。しかしアメリカは巨大な国ですから、何でもたくさんあるのですが、民族学者もたくさんいました。

E　一九四一年の秋の時点に戻りましょう。あなたがニュー・スクールで講義を始めたときの様子を聞かせてください。

L＝S　私が頼まれたのは、当時ちょうど善隣外交政策が始まったということもあって、ラテン・アメリカに関する現代の社会学について、という講義でした。ブラジル以外のことは私はまったく知りませんでしたので、毎日ニューヨーク公共図書館にかよって、ラテン・アメリカの国々の社会的事実や政治の実態の勉強をしました。アルゼンチン、ペルー、その他の国々……

E　聴衆はどういう人たちだったのですか？

L＝S　私の同僚たちについてもこれは同じことなのですが、聴衆の一部は亡命者でした。彼らの英語の力は私たちと同じ程度です。それから、ニューヨークの住民。彼らは教養のために講義を聴きに来るわけです。市民大学という趣でしたね。私は数年間講義を続けたわけですが、いつも現代ラテン・アメリカが講義題目でした。一九四一年から四二年にかけての冬に、ニューヨーク自由高等研究院が創設されまして、そこでは私はフランス語で教えました。講義内容は民族学的主題から私が自由に選びました。

E　つまり同時に二カ所で教えたわけですね？

L＝S　そうです。

E　その自由高等研究院創立の経過を話してくれませんか？

L＝S　最初にそれを思いついたのはボリス・マルキン＝ゲツェヴィッチだったと思います。ロシア出身の法律家で、ロシア革命のときには自由派の闘士として一定の役割を演じた人物らしい。まもなくロシアを逃れてフランスに亡命、やがて帰化しました。彼の娘、ヴィティア・ヘッセルは、私のニューヨークでの友人でしたが、物書きでした。最近亡くなりましたね。《レ・タン・モデルヌ》がこの間彼女の短編小説を載せていますよ。

マルキン＝ゲツェヴィッチはアイディアの豊かな人で、誰か有名人をつかまえてきては、その援助を得て、何か新しい組織を作っていました。彼は作った組織のナンバーツーの地位につくだけなのですが、実質的にはそれを取り仕切っていました。人を集めるのが誰よりもうまいのです。英語にはこの種の人間を言うgo-betweenという言葉があります。賞賛の意味と同時にいくらか皮肉も込められていて、フランス語には訳せません。マルキン＝ゲツェヴィッチは自分の計画に著名な人物を糾合していました。ジャック・マリタン、アンリ・フォシヨン、ジャン・ペラン、ベルギーのビザンティン研究家のアンリ・グレゴワール、他にもまだいますが忘れました。

E　どこでその資金を見つけていたのですか？

L＝S　援助者がいたようです。それから「自由フランス」からも出ていたようですね。アメリカ人は組織の運営とかの実際的な問題で手助けをしていました。

E　場所はどこにあったのですか？

L=S　ニュー・スクールのすぐそばです。十二番通りと交差する近くの五番街です。

E　できてすぐに参加を求められたのですか？

L=S　マルキン＝ゲツェヴィッチ本人から頼まれました。彼は私を新しい研究院の事務長にするつもりだったのです。しかしアレクサンドル・コイレがそのポストを欲しがっていたのです。彼とは親しい友人だったので譲りました。

E　あなたをヤーコブソンに紹介したのは、確か、コイレでしたか？　ヤーコブソンも講義を頼まれていたのでしたね。

L=S　コイレは予感していたのです。ヤーコブソンと私とが同じような精神の持ち主であることを。

E　ヤーコブソンとの出会いはあなたにとって決定的でしたか？

L=S　決定的ですって？　それどころではありません。当時の私は、言ってみれば素朴構造主義者でした。それと知らないで構造主義的なことをやっていたのです。ヤーコブソンは、ある学問領域、つまり私が今まで勉強したことのない言語学には、すでにでき上がった一つのしっかりした学説が存在するのだということを教えてくれたのです。私にとっては、啓示のようなものでしたよ。

E　……そしてまた大いなる友情の始まりでもあったわけですね。

L=S　そうです、おっしゃるとおり。二人は学問的に近い、とすぐに感じ合いました。これはもう友だちになるしかないと。最初は互いに行き違いがあったかもしれません。ヤーコブソンの話では、彼は私を見て「やっと一晩でも飲み明かせる人間に出会った」と考えたそうです。ところが、私は酒と夜更しは我慢できないし、きらいだ。それはともかく、これが兄弟的な友情の始まりでした。兄弟と言っても、彼は私より十二も上でしたがね。

E　その友情が破れることはなかった。

L＝S　無傷の友情です。四十年間続きました。疎遠になるということもなかったですね。私の方からすれば、それはけっして止むことのない尊敬だったのですが。

彼が死ぬ何日か前に、彼から一編の論文の抜き刷りが送られてきました。そこには「わが弟なるクロードへ」という献辞が書きこまれていました。

E　どういう人だったのですか？

L＝S　知的能力の強大な思想家でした。自分の周りの世界を支配する、というような人でした。彼は十以上の外国語を自由に使いこなしました。ものすごく博識の人で、その知識たるや、古代インドの言語学者からフッサールにまで及んでいました。何にでも関心を持っていました。絵画、前衛の詩、民族学、情報工学、生物学……

E　若いときは彼は民族学者でした。

L＝S　彼はまだ若いときに、ボガトイリョフと一緒にモスクワ周辺の民俗調査をやっています。それが彼の学者としての最初の仕事でした。ボガトイリョフはロシアの大民族学者です。

彼はまたロシアのモダニズムの画家・詩人たちの運動にも参加しています。

E　パリに戻られてからもヤーコブソンにはよく会われましたか？

L＝S　彼がフランスに来るときはいつも会っていました。それに彼はよく旅行をする人でしたからね。五〇年代の頃には、私は三番目の妻であるモニックと、サン＝ラザール街の始まるあたりの小さなアパルトマンに住んでいました。ノートル＝ダム・ド・ロレット教会の近くです。我々のところにはヤーコブソンを泊める部屋がありませんでした。そこで近くのホテルに部屋を取るようにしていました。彼がパリに来るたびに、それは私の大きな喜びでした。と同時に、少し恐い、という感じもありました。我々には、彼ほどの体力はなかったし、彼の知力にもとてもかないませんでしたからね。彼は朝の八時にやってきて朝食を取り、夕方までわが家にいました。時によって夜中まで議論することもありました。

その後問題はうまく片づきました。私はラカンともたいへん親しかったのですが、彼にヤーコブソンを引き合わせたのです。予想通り、ラカンはすぐに彼を気にいりました。奥さんのシルヴィアも同じです。彼らはリール街に共有のアパルトマンを所有していたのですが、ヤーコブソンがパリに来たときはそこに泊めることにしてはどうかという私の意見を容れてくれたのです。そういうわけで、何年間か、ヤーコブソンはシルヴィア・ラカンのところに「自分の部屋」を持っていたのです。

E　ニューヨークの自由高等研究院でヤーコブソンも教えていたのですね。

L＝S　彼の講義は実に素晴らしかったですよ。彼は自由にフランス語で話し、ノートもほとんど見ませんでした。ただポケットから小さなカードの束を取り出して、ときどきそれを見るだけでした。彼は類稀な役者の才能を持っていました。彼は聴衆を熱狂させ、そして今自分は人類の思想の歴史の決定的瞬間を生きているのだという感覚、間違っているわけではないその感覚を与えることができたのです。

E　講義の主題は何でしたか？

L＝S　その講義録は数年前に出版されました。タイトルは『音と意味についての六章』[10]です。彼に頼まれて、というのも私はその聴講生でしたから、その序文を書きました。

E　彼の方はあなたの講義を聴きに来ましたか？

L＝S　私は親族関係についての講義をしていました。私が彼の講義を聴きに行ったように、ヤーコブソンも私の講義を聴きに来ていました。ある日彼が「それを本に書きたまえ」と言うのですよ。私はそんなこと夢にも思っていなかったのですが、彼に刺激されて、一九四三年に『親族の基本構造』を書き始めました[11]。書き終わったのは一九四七年でした。

*

E　講義もする。執筆もなさる。どういう一日の時間の配分でしたか？

L＝S　毎朝、まず、ニューヨーク公共図書館に行きます。民族学について私が知っていることはみんなそこで勉強したことです。開館と同時にそこに入り、正午か一時までいます。どこかのビストロで昼食をとり、家に帰って原稿を書きます。

E　ニューヨークの公共図書館というのは立派な施設なのですか？

L＝S　たくさんの人がいました。しかし大学人はほとんどいません。彼らはコロンビア大学の図書館の方に行きますから。私は四十二番通りの方が好きでした。家から近かったからです。豪壮な建築でした。少し時代遅れの印象がありましたが、ニューヨークの古い施設はたいていそうですからね。しかし魅力的でした。

E　とにかくそこに民族学関係の本はたくさんあったわけですね？

L＝S　かなりありました。この図書館は一般向けの施設でしたが、蔵書は多く、しかもたえず更新されているのです。私が『親族の基本構造』で用いた文献の多くは、ほとんどそこで見つけたものです。

E　その点がよくあなたに対して向けられる非難ですね。あなたは本はたくさん読むが、フィールドはほとんどやらない、と。

L＝S　状況のせいでそうなったのです。一九四〇年にブラジル行きのビザが出ていれば、私は戦前の現地調査の場所に戻ってフィールドをやっていたでしょう。戦争が起こらなければ、調査団の一員として多分そこに戻っていたでしょう。しかし、運命が私をアメリカ合衆国に連れてきたのですが、そこでは現地調査を組織する手段を私は持ち合わせていなかったし、国際情勢もそれを許さなかった。その代わり、私はそこで思いっきり理論的な仕事をすることができたのです。その面での可能性は、自信をもって言えますが、無限にあったのです。

同時に私は、最近二、三十年の間にそのための資料の蓄積は飛躍的に増大したけれども、それをどう整理し、どう利用すればいいのかはわからないままだ、ということに気付いていました。これらの膨大な資料の山から引き出せるものを明らかにすることが急務であると私には思われたのです。それにですよ、本当を言えば、私は自分がフィールドの人間であるよりは書斎の人間であるとすぐにわかったのです。別に馬鹿にするわけではありませんし、むしろその反対なのですが、フィールドの作業はいくらか「手芸」〔文字通りには、「婦人のする仕事」〕という気がするのです（多分それだから女の人の方がフィールドでは成功するのだろうと思います）。私にはそれをするだけの、注意力と忍耐力が欠けています。

E　それにしても、あなたはすでに指摘されたような危険があるにもかかわらず、フィールドワークを大いに楽しんでいらっしゃるように見えましたが。

L＝S　それは事実です。しかし何しろそれは私のはじめてのフィールドワークでしたからね。もし他の場合だったら、使い得る時間と失われる時間との比率の悪さに、だんだん苛立ってきただろうと思いますね。

当時は楽しかった、というのは本当ですが、それ以来事態は悪化する一方です。数日前のことですが、カナダから興味がおありならと言って送ってきた質問状があります。ブリティッシュ・コロンビアのインディアンの「群れ」（この「群れ」というのが正式の名称なのです）に入って調査を行なう許可を得るために、記入しなければならない、書式やらなにやらの文書です。しかも同じものを数部作らなければならない。そこから当然起こりうる法律的結果を含めて、情報提供者は自分が話したことの著作権を持っているという内容の保証書を彼に手渡さない限り、たった一つの神話も聞かせてもらうわけにはいかないというのです。どうです、こういう繁文縟礼が、と言ってもそれは我々ヨーロッパ流のやり方の戯画なのですが、フィールドワークが以前に持っていた魅力を奪っていると思いませんか？

E　あなたはマリノフスキーが日記のなかで書いている印象をお持ちになったことがありますか？原住民に対する苛立ちとか、嫌悪感のことですが。

L＝S　感じました。民族学者たちはこの日記が出版されたとき、マリノフスキーは自分の仕事を裏切っていると言って非難しましたが、それは偽善です。自分が嫌になるという瞬間を、誰が経験しなかったというのでしょう？　メトローは数多くのフィールドを経験していますが、そのことをはっきり書いています。原住民のなかに半月間もいて、ただ単に先方の気が向かないというだけの理由で、周りに大勢いる人間から何も聞き出せないような時には、彼らを嫌うようになりますよ、誰でも。

E　あなたにもそういう時はありましたか？

L＝S　中部ブラジルのあのいまいましいサヴァンナにいた時は、自分はこんなところで自分の人生を浪費しているという印象を、何度も何度も感じました。さっきあなたがおっしゃったことに戻りますとね、自分をマリノフスキーに比べるわけじゃありませんが、私は言われるよりはずっと多くフィールドをやっていますよ。とにかくフィールドワークがいかなるものであるかを学び、理解する程度にはやっています。これがなければ他人がやったことを正しく判断し、使うことはできません。私のフィールド経験が精神分析家が言うところの「教育的」段階〔精神分析家になる予定の者自身が精神分析を受ける訓練段階〕に留まっていることは確かでしょうがね。と同時に、私も少しは発見もし、新しい事実をもたらしもしたという自信はあります。

*

E　ニューヨークであなたは政治的な活動を続けましたか？　たとえば、ド・ゴール派の人たちと連絡があったとか？

L＝S　私は自由フランス軍に志願するサインは済ませていました。私はずっと合衆国派遣の科学ミッションの一員でした。スーステルがニューヨークに来たとき、彼は親切にも私にロンドンまで来ないかと言ってくれました。だが私は研究をしたかった。そのうち本を書きたくもなりました。ド・ゴール派の集会に参加したことはありますが、そういうわけであまり活発な活動はしませんでした。

E　あなたの政治参加はその時に終わったのですね？

L＝S　と言うより、糸くずのようにほぐれてしまったのです。

E　そしてある日、あなたは連合軍のノルマンディ上陸のニュースを聞く。

L＝S　その日のことは今でも覚えています。私はグリニッチ・ヴィレッジのアパートにいました。目が覚めて、ラジオをかけて、現在進行中のニュースを聞いたのです。私が聞いたことはとても意外だったので、最初は何のことだかよくわからなかった。少しずつ事態がのみこめてきて、私は泣きだしました。

E　解放後、あなたは祖国復帰を希望しましたか？

L＝S　事実はそのように進行しませんでした。その時にはコイレは自由高等研究院の事務長職を辞めていました。意見の対立があったのです。講師の数は徐々に増えていたのですが、その講師たちのあいだに異なった二つの態度の違いが表面化してきたのです。自分は完全にフランス人だと思っている人はただ一つのことしか頭にありませんでした。フランスに帰ること、そこで前の職業に復帰すること、です。彼らにとっては、自由高等研究院など戦争が終わってしまえば何の存在理由もない。解散しろ、というわけです。他方、最近アメリカに帰化したばかりの人たち、あるいは戦前からフランスに亡命していた人たちは、自分たちがどうなるのかはっきりした見通しは持っていませんでした。その人たちは、フランスの今後の情勢がどうなるか見きわめたかったのです。それで研究院を続けさせて、アメリカに安全に留まったままフランスとの関係も継続させておきたいと望んだのです。コイレは心底から自分をフランス人だと感じていましたが、しかしどちらかの立場に立つことを嫌っていました。私は前者の立場を代表する者として、彼が辞めた後、事務長職を引き継ぎました。

フランス本国では、この問題をよく認識してくれていました。と言いますのも、文化交流委員長に任命されたアンリ・ロジエも、彼自身がカナダに亡命していたからです。解決策を見出すために彼は私を呼び戻しました。そういうわけで私はパリに戻ったのですが、アメリカの輸送艦隊を使っての

（戦争はまだ終わっていませんでしたから）たいへんな船旅でした。どこだかわからないイギリスの港に着き、そこからロンドンに行きました。V2が何機か落ちていましたよ。そこからディエップ、パリと、アメリカ軍のトラックでした。一九四五年一月のごく初めの頃でした。文化交流委員会はシャン゠ゼリゼの近くのロード・バイロン街にある建物――と言っても個人の邸宅ではなく、家具付きの古いホテルに入っていたのですが、そこの小さな部屋が私の仕事場でした。

E　どういう役職だったのですか？

L゠S　私にはニューヨーク自由高等研究院の事務長という役職以外は何もありません。

E　ですが、何をなさっていたのですか？

L゠S　私の仕事は合衆国へ行きたい人に会うということでした。二つのことしか正確には覚えていません。一つは、そこでメルロ゠ポンティと再会したことです。

E　アグレガシオンの実習の時以来、彼とは会っていなかったのですか？

L゠S　それ以来初めてのことでした。

E　その再会はどんな具合いに運んだのでしょうか？

L゠S　うまく運びました。私はフランスに何が起きているのかまったく、あるいはほとんど知りませんでしたので、彼に実存主義というのは何だ、と訊ねたのです。デカルト、カント以来の偉大な哲学の復興を目指す試みだ、というのが彼の答えでした。

E　そのことに関して彼と議論なさいましたか？

L＝S　私は事情に通じていませんでした。〔サルトルの〕『存在と無』さえ読んでいなかったのですからね。

E　もう一つのこととおっしゃるのは？

L＝S　ジャニーヌ・ミショーの訪問を受けたことです。彼女は当時有名な歌手でした。香水をプンプンさせ、二匹の大きな犬を紐に繋いでのお出ましでしたよ。

第四章　旧世界への帰還

エリボン　パリには数カ月滞在なさっただけで、ふたたびニューヨークに戻られた……

レヴィ゠ストロース　……今度は文化参事官としてでした。ロジエは私をメキシコにやりたかったようです。しかし私は『親族の基本構造』を書いている途中だった。それでアメリカの図書館が私には必要だったのです。そこでアンリ・セイリグの後任にしてもらいたいと要求したのです。セイリグは私の親友でしたし、彼も私が後任になることを望んでいました。

E　セイリグというのはあの女優の父親の？

L゠S　そうです。デルフィーヌの父親です。両親の家にいた少女の頃のデルフィーヌを知っていますよ。セイリグは著名な考古学者で、その後フランス博物館協会の会長になった人です。二人が同じことを要求したのでロジエも折れて、私をセイリグの後任のポストに任命してくれました。

E　ニューヨークに戻られたのはいつでしたか？

L＝S　一九四五年の春でした。

E　どんなお仕事をしていらっしゃったのですか？

L＝S　主として、建物の造作です。

E　現在の建物ですか？

L＝S　いや、今は総領事館になっている方です。戦争の始まる直前に、フランスは五番街に面した豪壮な邸宅を購入していたのです。さるアメリカの銀行家がローマの宮殿風の様式で建てさせたものでした。ニューヨークの市長がヴィシー政府に強い反感を持つ人だったので、フランスの代表がそこに入るのを許さなかったのです。ド・ゴールが権力を握った時になってはじめて、市長はその許可を出したのです。建物の方はとても文化部の仕事に合うようなものではありませんでした。ジャック・カルリュ、というのはあのシャイヨ宮を作った建築家ですが、彼がアメリカに亡命していて、援助を申し出てくれたので、内部は全部作り替えました。

E　たいへんな工事だったでしょうね？

L＝S　そりゃそうです。しかし私はこの種の仕事を面白がる方なのです。文化参事官の仕事よりはずっと面白い。アイデアを探し、プランを作り、工事現場の活気のなかにいて、時には仕事に手を貸す。みんな楽しいことばかりです。

E　しかし文化参事官としての任務もおありなのでしょう。

L＝S　そうですね。しかし大目に見てもらいました。それというのも、工事中、文化部は大広間のようなところに陣取っていたのです。あれはむしろ舞踏会用の広間だったのでしょうかね。

E　ニューヨークでは昔の友だちにまたお会いになりましたか？

L=S　移住して来た人たちはばらばらに分散し始めていました。戦前、私はいくつかのグループにまたがって暮らしていました。シュールレアリストのグループ、大学の先生のグループ。それに精神分析家のグループとも交際がありました。レーモン・ド・ソシュール（あの大言語学者の息子さんです）のところで私はレーヴェンシュタイン、クリス、ヌンベルクなどによく会っていました。一度ですがマリ・ボナパルトに会ったこともあります。その後、文化参事官という役職のせいで、私は別の種類の人たちに会うようになりました。フランス好きのアメリカの富裕階層の人たちです。今までとは違ったニューヨークの社会が私の前に現われてきたのです。

E　三年間、その職におられた。

L=S　一九四七年の末にパリに戻りました。

E　あなたが文化参事官をやっておられたときにサルトルがアメリカを訪問しましたね。

L=S　そうでした。しかしサルトルはアメリカ滞在中、とくに私などを必要としていませんでした。二人だけで一度昼ご飯を食べたことがありましたが。

E　それまでサルトルをご存じなかったのですか？

L=S　全然知りませんでした。アグレガシオンの準備をしている頃、ちらっと姿を見たことがあります。高等師範の講義を聞いていましたからね。誰かが彼を指差して「あれがサルトルだよ」と教えてくれました。その頃からもうどの人間がサルトルであるかを知っているのは重要なことになっていたのです。

E　ニューヨークでは、シモーヌ・ド・ボーヴォワールにもお会いになりましたか。

L＝S　彼女は少し遅れてやって来ました。彼女も大使館の文化部の手助けを必要とはしませんでした。ボーヴォワールの方は私も少し知っていたので連絡を取りました。私のところで昼食をしようと誘ったのです。今でも思い出しますが——当時息子が生まれたばかりだったのですが——ボーヴォワールは実に嫌な顔をして揺り籠を見ていましたよ。赤ん坊だけはけっして彼女に見せてはいけないものだったのですね。

E　カミュもアメリカに来ましたね？

L＝S　サルトルたちに比べて、彼は文化部の援助をずっと必要としました。町を案内したり、チャイナタウンに案内して夕食を食べたり、あれこれと……。そうそれから、ある日の夜、ロウワー・ブロードウェイのキャバレーに遊びに行きました。そこでは年取った女の歌手を道化の出し物にしていましたっけ。女の道化というのはアメリカ特有のもので、これは一見の価値があります。しかし私は見るたびに気分が悪くなりますがね。

E　他にどういう人が来ましたか？

L＝S　ジュール・ロマンも来ました。その頃、まだ私は原理原則を言う人間でした。戦争の前夜、ジュール・ロマンは何か怪しげな本を出したのです。私は彼の『善意の人々』の愛読者だったのですが、それとは似ても似つかぬ代物です。それにジュール・ロマンの受け入れ先は大使館の文化部ではなく、仏米関係のいくつかの団体でした。それらの団体の戦中の態度もあいまいなものでしたからね。私は招待されて何かスピーチをしろと言われたので、そのなかで、ジュール・ロマンに不愉快なことを言ってやりました。『善意の人々』の素晴らしさを誉め称えたうえで、二人の主人公、ジャレスとジェルファニオン、この二人の人物には我々の世代の人間は当時まだ共感を感じていたのですが、その主人公たちはアカデミー・フランセーズには絶対に入らないと互いに誓っていたはずなのに、ジュール・ロマンは最近アカデミー・フランセーズの会員に選ばれました、ってね。その場にはアンドレ・モーロワもいたのですが、彼が回想録のなかで、文化参事官のこの毒のある演説のことを書いています。

私がいる間に青年医師派遣団も来ました。それには現在コレージュ・ド・フランスの学院長をしているイヴ・ラポルトが加わっていました。ジャン・ドゥレーの世話もしました。私はやがてアカデミーで彼の同僚になります。それからガストン・ベルジェ。後に高等教育局の局長になる人です。

E モーリス・ベジャールの父親ですね。

L＝S そうです。当時、私は彼がエックス＝アン＝プロヴァンスの教授だと思っていました。彼が着いた時にはちょうど私は出発の準備をしていました。十分にお世話ができなくて申し訳ありません、ちょうど出発間際なものですから、と謝ると、「いやわかっています。コレージュに行かれるのでしょう」という答えでした。前にも言ったことですが、私はコレージュ・ド・フランスがどういうものであるかよく知らなかったのです。恐ろしい場所、禁じられた場所、という感じで、学生の頃には私は自分がそこに入ることになろうとは思っていませんでした。ですからガストン・ベルジェの言葉には格別気を止めなかったのです。パリに着くとすぐに、私のことをあれこれ心配してくれていたロジエが、アンリ・ピエロンが私に会いたいと言っているということを知らせてくれました。ピエロンというのがどういう人かはよく御存じだと思いますが、有名な心理学者で、共産党員、そしてコレージュ・ド・フランスの教授です。そこで、私は彼に連絡して、会う約束をしました。彼は私にこう言いました。「我々はあなたをコレージュに迎えようと思っています。」私には、この「我々」というのが誰なのかわかりませんでした。しかし彼は自信たっぷりの様子でしたので、すべては何か目に見えない力によって決められているのだろう、と私は思いました。任せておきなさい、というわけですよ。十三年来、私は海外で暮らしていました。まさかこの私がコレージュ内部の保守派と自由派との間の派閥争いの駒にされようなどとはとても考えることはできませんでした。私は負けました。コレージュ・ド・フランスの慣例を知ってしまえばとても信じられないことでしょうが、何カ月かしてまた席が一つ空いたときに、私はもう一度出るはめになりました。その時にもまた負けました。

E　その二重の敗北はいつのことでしたか？

L＝S　一九四九年と五〇年です。

E　その時ですね、デュメジルが選ばれたのは。彼に対しても学院長のエドモン・ファラルは反対していました。

L＝S　ファラルは私に冷たくこう予言してくれましたよ。「君がコレージュに入ることは絶対にない」、とね。デュメジル、バタイヨン、バンヴェニストという人たちが努力してくれたのですが、全体の空気を変えることはできなかったのです。前にマックス・エルンストの話をしたときに、ルバ講演会のことを話しましたね〔第三章六九頁〕。逆説的な話なのですが、私が落選しそうなときにコレージュは、その私に講演を頼んで来たのです。デュメジルも聴きに来ていました。私が彼を本当に知ったのはその時のことでした。

E　次に立候補するまでに十年あきました。今度はうまく当選なさった。

L＝S　昔は私は世間知らずで、それと知らずに新旧論争のただなかに身を投げ込んでいたわけです。古い伝統主義者の派閥には、精神においても尊大さにおいても、前世紀の遺物というような人がまだまだいましたからね。しかしファラルの後にマルセル・バタイヨンが学院長になってからは、このような派閥争いは少しずつなくなりました。二十年間のコレージュでの生活、その間、学院長はバタイヨンからその後継者たちへと何度か交替しましたが、派閥争いが再燃したことはありません。前の二度の失敗の後で、私は、世間でキャリアと呼ばれているものには自分は無縁な人間なのだと身にしみてわかりました。私は自分の過去と訣別し、自分だけの生活を作りなおし、そして『悲しき熱帯』を書き上げました。もし私がどこか大学のポストを狙うというようなことをしていれば、けっしてこの本は出なかったでしょうね。

E　ニューヨークで『親族の基本構造』は書き終えていたのですか？

L=S　文化交流局でロジエの後任者になるルイ・ジョックスと相談して決めていたことがあるのです。文化参事官の役をハーフタイムで引き受けてくれるという約束でした。朝は参事官の仕事、午後は自分の家に帰って原稿書き、というわけです。うまい具合いに私は二度目の妻と、同じ建物の上のペントハウス〔屋根裏部屋〕に住んでいたので、用事ができれば下に降りるだけで足りたのです。そのおかげで私はその本を書き終えることができました。

E　それをパリに戻られたときに博士論文として提出されたのですね。

L=S　それが主論文でした。副論文は「ナンビクワラ族の家族生活と社会生活」です。

E　審査員はどういう人たちでしたか？

L=S　私は論文の原稿を小脇に抱えて、ソルボンヌの学部長のダヴィに会いに行きました。私の指導教授になってくれるように頼むためです。論文はでき上がっていたのだから指導教授というのも変な話なのですが。彼は愛想よく迎えてくれました。そうしょっちゅうあることではなかったのですよ、それは。彼は気むずかしい人でしたから。いいでしょう、と引き受けてくれました。副論文についても同じことで、こっちはグリオールが引き受けてくれました。そういうわけで私はソルボンヌで私の論文の審査を受けました。審査員のメンバーは、ダヴィ、グリオール、バンヴェニスト、バイエ、そしてエスカラです。最後のエスカラというのは、法律家ですがシナ学者です。一九四八年のことです。

E　バンヴェニストとは知り合いだったのですか？

L＝S　帰国したときすぐに彼とデュメジルの二人には会いに行きました。ヤーコブソンから二人にいろいろと伝言を頼まれていたからです。『親族の基本構造』は地域的に言って世界全体を覆っていたので、主要な地域の専門家の審査員が必要だったのです。インドに関してはバンヴェニストに頼みたいとダヴィにそれとなく言っておいたのです。

E　その後、彼と関係がありますか？

L＝S　この論文審査のときに彼から反論があったのですが、それ以来長い間、手紙のやりとりをしました。それからずっと後になってですが、私がコレージュ・ド・フランスに入ったとき、彼のことはもっとよく知るようになりました。とても控えめな人で、なかなか親しくなろうとはしない人です。一度私の家での夕食に招待したことがありました。彼にウンと言わせるのにあらゆる外交手段を駆使しなければなりませんでした。ヤーコブソンに言わせれば、昔はそんなふうに引っ込んでばかりいる人間ではなかったというのですがね。何かが変わったのです。昔の若い頃は、ヤーコブソンの話では、バンヴェニストは陽気で活発な男だったのです。

E　『親族の基本構造』を出版なさったのは一九四九年でしたか？

L＝S　そうです。PUF（フランス大学出版）が版元でした。

E　しかしその前に「ナンビクワラ族」の方を先に発表していらっしゃいますね。どうしてですか？

L＝S　その方は《アメリカ研究学会誌》に百ページほどの論文として発表したものです。論文審査のためにその抜き刷りを作ったのです。『基本構造』はその直後に出ました。審査はタイプ原稿でやりました。

E あなたの本が出たときにシモーヌ・ド・ボーヴォワールが書評を書いていますね。

L＝S 彼女は『第二の性』を書き終えようとしていたのです。ミシェル・レリスがそのことをいつか人類博物館で話してくれました。そのときレリスに、私も少し似たような主題で本を書いていて、でき上がったところだということを言ったのです。レリスがそれをシモーヌ・ド・ボーヴォワールにしゃべったために、彼女が私のところに来て『基本構造』のゲラを読んでいったのです。自分の本を書き上げる前に、現在の人類学研究の最新の状態を知っておきたい、ということでした。『基本構造』が出たとき彼女は《レ・タン・モデルヌ》にその書評を書いてくれました[12]。

E たいへん誉めてある、ということですが。

L＝S 熱烈、と言った方がいいでしょう。なにしろ当時は《レ・タン・モデルヌ》は、フランスの知的生活の中心になろうと意気ごんでいた頃です。私が実存主義者かどうかにお構いなく私を認めようということでした。

E 『基本構造』の評判はいかがでしたか？　もっと一般的に言って。

L＝S 人類学者たちの間では好意的に迎えられました。しかし専門以外のところでは、それほど興味を持たれたとは思いません。

E 非常に専門的な本ですからね。

L=S　おっしゃるとおりです。もっとも私はその続編を書くつもりでいたのです。そのことについてもう考え始めていましたし、タイトルも『親族関係の複合構造』と決めていたのです。

E　それは放棄なさったのですか？

L=S　問題の複合的システムを手作業でやることは無理だということにまもなく気付いたのですよ。これはコンピューターを使わなければできない。しかし私にはその機械もないし、何より知識がなかったのです。

E　『親族の基本構造』のなかにすでに、アンドレ・ヴェーユの書いた「数学的付録」が載っていますね。

L=S　歴史的観点から言えば、その付録は重要な意味を持っています。親族関係の数学的解析はその後盛んに論じられるようになりますが、出発点はそこにあります。それは今も続いています。

E　アンドレ・ヴェーユはシモーヌ・ヴェーユのお兄さんですが、彼と知り合ったのはアメリカでのことですか？

L=S　シモーヌのお兄さんだし、「ブルバキ」グループ〔フランスの数学者グループ。今では古典的となった公理的『数学体系』の著者名としてブルバキの名を用いたことから、そう呼ばれる〕の創立者の一人でもあります。私はオーストラリアの親族関係の問題を研究していましたが、あんまり込み入っているので、これは数学者の助けを借りなければなるまい、と考えたのです。私は、同じようにアメリカに亡命していたアダマールに会いに行きました。もう相当の年でしたが、有名な数学者です。私は彼に例の問題を説明し、解いてくれるように頼んだのです。ところが——この話はもうどこかでしたように思いますが――彼が言うには、数学者というものは四則計算しかわからないのであって、しかも婚姻というのは四則のどれにも還元できない、と言うのです。そこで、別の亡命数学者アンドレ・ヴェーユに会いに行ったのです。私は彼にアダマールを訪問したときのことを話しました。彼の反応は違っていました。数学的観点から婚姻を定義する必要などない、と彼は言うのです。重要なのは、婚姻形態相互の関係だけだ、とね。私は彼にその問題に関するデータを渡しました。それを分析して、彼は今あなたのおっしゃった論文を書いたのです。

E　それはあなたにとっては、あなたの研究の科学性を印象づける手段だったのでしょうか？

L＝S　この数学的論証のカバーする範囲はもっと広いのですが、しかしそれは、私がもう少しつつましいやり方で、もう少し簡単なシステムについてやろうとしていた論証と調和するものでした。とくに、それは、言語学の分野でヤーコブソンが使っていたのと同じ原理から引き出されたものなのです。つまり、どちらの場合も、対象物それ自体（辞項）ではなく、それよりも重要な辞項相互の関係に関心を移している、ということです。それこそまさに、婚姻の規則が民族学者に課していた問題を解こうとして、私自身が試みていた考え方なのです。

＊

E　あなたがコレージュ・ド・フランスに落選したという話を先ほど伺いました。一九四八年に帰国なさってからの、あなたの教育界における職務は何だったのですか？

L＝S　数カ月はCNRS（国立科学研究センター）の主任研究員でした。それはいわば控えのポストのようなものでした。それから自然博物館の副館長、人類博物館の副館長です。

E　誰があなたを人類博物館に呼んだのですか？

L＝S　リヴェ博士です。定年退職する前に、私を民族学部門担当の副館長として呼んでくれたのです。先史学部門担当の副館長のアンドレ・ルロワ＝グーランはリヨンで教えていて、いつも博物館にいるわけではなかったのです。一年の間、自然博物館が責任ある教授を指名したにもかかわらず、リヴェの後任者が決まるまでは、私がほとんどすべての問題を処理しなければなりませんでした。

E　その時ですね、あなたが、当時人類博物館の館員であったレリスと知り合いになられたのは？

L＝S　彼の著作は知りませんでした。しかし読んだときには非常な満足を覚えました。妻のモニックは（私たちはもう一緒に住んでいましたが、結婚したのは一九五四年です）レリスの家族と知り合っていました。モニックと私が出会ったのはラカンの家でしたけど。

E　ラカンとはどうやって知り合いになったのですか？

L＝S　コイレがある晩私を彼に引き合わせてくれたのです。その頃でした、ジョルジュ＝アンリ・リヴィエールとの親交が始まったのも。彼はサン＝ラザール街の私どもの家に自分専用の食器一揃いを持っていました。一人暮しで気分が重くなると彼は我々の家にやってくるのです。

E　この頃には、あなたは政治活動をすっかりやめていたのですか？

L＝S　ええ、すっかり。

E　ド・ゴールの誘惑を感じませんでしたか？

L＝S　感じませんでした。私はまだ社会主義に染まっていましたから、とてもド・ゴール主義に鞍替えすることはできませんでした。と同時に、どんな政治的立場も矛盾をはらんでいるように私には思われました。ブラジル滞在の数年間、私は政治を離れてしまっていたのです。それはしかし私だけの責任でもないのです。アグレガシオンに先立つ何年間か、覚えておられるでしょうが、私は社会党の代議士のジョルジュ・モネを手伝っていました。一九三六年、私はもうブラジルに行っていましたが、その年、彼は人民戦線政府の大臣になりました。彼が私を呼び戻してくれるものと私は期待していました。しかしどうやら私の昔の同志たちは、自分たちの勝利に酔って、私のことを忘れているようでした。それに、さまざまな出来事があり、私の人生も新しい方向に向かうというようなことがありましたし、あれやこれやで……。

E　しかし政治にはそれからも関心を持ち続けられたのでは？

L＝S　確かにそうです。政治には常に注意を払っていました。

E　人類博物館で数年を過ごした後に、あなたは高等研究院で教えられた。

L＝S　帰国してすぐ私は人類博物館にあった民族学研究所で教えました。その後、モーリス・レーンハルトが定年退職で空いた講座に私が選ばれたのです。レーンハルト自身は私が彼の後任になることを望んでいなかったのですけれどね。彼は自分の教え子を推薦していました。状況は微妙だったのです。高等研究院では退職する教授の意見を尊重するしきたりでしたから。しかし、とにかく私が選ばれた。大きな理由は、デュメジルが私を支持してくれたからです。しかし高等研究院のポストは公募ではなく、むしろ指名されるわけですから、デュメジルがそういうことをしてくれたというのはごく最近になって知ったことです。

E　宗教学部門でしたね？　第五部門、というのですか？

L=S　そうです。

E　場所はソルボンヌのなかですね。

L=S　ずっとそうです。エスカリエE（E階段）です。

E　何の講義をなさいましたか？

L=S　講座名は「未開民族の宗教」でした。モースがいたとき以来のものです。この題目を、私はすぐ変えなければなりませんでした。そのわけはこうです。ある日、私はアフリカの住民の衣装について話していました。一人の見知らぬ黒人の聴講生が立ち上がって、こう言いました。「私はその社会に属する人間ですが、あなたの解釈に同意することはできません。」この種のことが二、三度あって、私は講座名を「無文字民族の宗教」というふうに変えることになりました。ソルボンヌに来て我々と議論するような人たちを、「未開」などとはとても言えませんからね。それに対して、彼らが固有の文字体系を持たないということ、これは確かな事実でしたから。

E　『発された言葉』は、あなたの高等研究院とコレージュ・ド・フランスでの講義の要約を集めたものですが、そのなかの注記の一つに面白いことが書いてあります。一九五三年、パリであなたがタルコット・パーソンズに会われたときのことが書いてあるのですが、彼があなたにハーヴァードのポストを提示したばかりか、すっかり準備された契約書を示したということですが。[13]

L＝S　私が文化参事官をしていた頃、ハーヴァードで講演をしたことがあるのですが、タルコット・パーソンズと知り合ったのはその時だったと……

E　……それからずっと……

L＝S　……いや関係は切れていました。この有名な社会学者が私に会いたいというので、私はむしろ驚いたぐらいです。わけを言わないのですからなおさらです。実際には、それを言い出したのは、ハーヴァードの人類学者のクライド・クラックホーンでした。彼とはずっと親しくしていましたから。『発された言葉』のあの注記は、さるアメリカ人の女性に対して書いたものなのです。彼女が、ある本のなかでいかにも悪意をもって、私がフランスに帰ったのはアメリカでポストが得られなかったからだ、と書いていたものですからね。

アメリカ人から見れば、ヨーロッパに戻るなんてそれ以外の説明のしようがなかったのでしょう。同じような誤解がロバート・レッドフィールドにもありました。我々は仲良くつきあっていたのです。彼のところに泊まったことさえあります。ある文章のなかでレッドフィールドの名は出さずにそのことに触れておきました。その文章というのは、「ニューヨーク・あと追いと予示の町」[14]です。あるアメリカの社会学者がシカゴの郊外に当時まだ所有していた、とても風変わりな、昔の開拓者の家のことを書いてある文章です。レッドフィールドはアメリカに定住するように私にしつこく勧めていました。

私がしらんぷりをしているものだから、彼はメトローに「あいつはヨーロッパ的倦怠の一事例だ」と言ったそうなんです。実際には、私はその気さえあれば、ずっと早くアメリカに居つくことはできたのです。ごく初めの頃、クルト・レヴィンが安定したポストを紹介してくれていたのですからね。私がコレージュ・ド・フランスで失敗したときにも、クローバーがあるところを紹介すると言ってくれました。しかし、今度のパーソンズの示した条件は格別のものでした。契約を見ると、保有権付きの正教授のポストでした。つまり、講座付きの教授で、しかも罷免されることがない、というポストなんです。しかし私はもう亡命者の生活を送りたいとは思いませんでした。

何度か繰り返して私が行なった、フランスに帰国するという、あるいはフランスに留まるという選択は、しかしながら、アメリカ合衆国に対して私が感じている深い感謝の念をいささかも減じるものではありません。アメリカの援助があったればこそ、多分、私は命を永らえることができたのだし、何年間か、私はアメリカの知的雰囲気のなかで暮らすことができたし、研究を続けることもできたわけです。私が今日あるのは、その大部分が、そのアメリカという研究環境のおかげなのです。ただ、私は自分が心底から旧世界の人間だということを知っていました。もうどうにもならないほどにそうだということがわかっていたのです。

E しかし専門的には、あなたはどう見てもアメリカ研究者ということにはなりませんか。

L=S そうなったのは偶然のことです。外国の最初のポストがブラジルでした。当時私は南アメリカに関してごく漠然とした観念しか持っていなかったのですよ。あの時は、どこにだって出かけたでしょうよ。

むしろ、なぜアメリカ研究者であり続けたか、という方が問題でしょうね。まず第一の理由として考えられるのは、新世界と触れたときのあの言い難い印象があります。そこではすべてが、旧世界に比べて、比較にならないぐらい大きかったのです。それに加えて、あの人間の手の加わっていない壮大な自然と向き合ったときの圧倒されるような感覚。私はまだその感覚を忘れてはいません。なにしろ当時私の知っていた自然といえば、つつましい規模のもので、たとえその外観がどれほど「野生的」に見えようとも、よく見ればそこには、人間の、何世紀もの間の、あるいは何千年期もの間の長い努力の後が透けて見えていましたからね。そして最後に――多分、これが最大の理由でしょうが――他のどの大陸を研究対象にしようとも、これほど想像力を要求されるところはないだろう、と思われたからです。アメリカ大陸には、主として、現在のベーリング海峡の場所に昔あった陸地づたいに、アジア大陸からやって来た民族が住み着いたのです。しかし、それはいつのことでしょう？　いろいろ推測はされていますが、それらの間にはどんなに小さく見ても、五万年ほどの違いが見られます。一方、異なった時期に繰り返し行なわれたこの移住の痕跡は、何も残っていないのです。海の水位の変化によって、移住者の通った道筋は海岸沿いの山の上、あるいは海の底に隠されてしまったのでしょう。それればかりか、アメリカ大陸は、技術的・経済的にごく低いレベルの時代から、高度の文化の相隣接する驚くべき光景を展開して見せてくれるのです。しかも、これら相続く高度の文化は、どれも、ごく短い期間しか存続しないのです。どれをとっても、数百年ぐらいの間に誕生し、発展し、滅亡しているのです。そしてスペイン人がやって来たときに滅んでしまっていた文化は、多分、彼らが来た時にはすでにその衰退期に入っていた文化、それでさえスペイン人たちを呆然たらしめたのですが、その文化以上に巧緻で洗練されていたはずなのです。

本当のことを言えば、研究はたくさん積み上げられているのですが、アメリカ大陸の過去が何であったか、ということは相変わらずわからないままなのです。十五世紀、十六世紀の新世界発見者たちにとってと同じように、アメリカ大陸は相変わらず別の惑星のようなものなのです。ほとんど毎年のように、新しい発見がなされ、今まで定説となっていたものが御破算になります。それは十九世紀の自然科学の状態といくらか似ているように思います。すぐ手の届くところに新しい発見がある、という希望が持てるのです。アメリカ大陸が魅力に富んでいるのはそのためでしょう。

E　しかしそれならば、なぜ、コレージュ・ド・フランスに二度も落選した後、タルコット・パーソンズが呼んでくれたにもかかわらず、アメリカに行かれなかったのですか?

L=S　一九四二年以前に新世界に熱中することと、今日祖国を離れて新世界に移り住むということとは、おのずから別のことです。ハーヴァードからの招聘は、もしかしたら、私に後の方の選択肢を選ばせたかも知れないのです。それをお断りする前に私は、実は、当時高等教育局長になっていたガストン・ベルジェに相談したのです。「迷うことはない。引き受け給え」と彼は言いました。そういうことがあったから、なおさら私は引き受けていたかもしれない。しかし、私は当時のささやかなボヘミアンの生活に満足していたし、マサチューセッツのケンブリッジに行って暮らすよりは、毎週土曜日、蚤の市に行く方が好ましく思われたのです。

蚤の市といえば、最後に一つ面白いことをお話しましょう。ピエール・マンデス＝フランスとは私はアメリカで知り合っていたのですが、彼がある日私に、蚤の市に連れて行ってくれ、というのです。彼の家族がアンティル諸島に住み着いた頃の、家族に関する古文書をそこで見つけ出したいと思っていたらしいのです。獲物無しの御帰館となったことは言うまでもありませんがね……。

第五章　数字8の秘密

エリボン　一九五五年に『悲しき熱帯』を出された。そのような本を書こうと思い立たれた理由は何だったのですか?

レヴィ゠ストロース　最初はジャン・マローリからの申し出でした。私はマローリという人は知らなかったのですが、彼は「人間の大地」という叢書を考えていたのです。自分の旅行の話を書こうなんて、私は考えたこともありませんでした。

しかしながら、当時私は大学教育にポストを得る望みはもうないだろうと思っていたようなときでしたから、一度だけ気楽にものを書くというような、頭に思い浮かぶことをみんな言葉にしてみるという計画に気持ちが動かされたのです。

そしてまた時間が過ぎるとともに、私は距離をもって自分自身を見ることができるようになっていました。だから調査旅行の記録を書き写すことにはなるまい、と思ったのです。むしろ私は、昔の私の冒険を考え直すべきなのだ。それについて反省し、その意味を考え、その収支決算をつくっておくべきなのだ、と考えたのです。

E　『悲しき熱帯』はかなり速いスピードで書かれた本だろうと思いますが。

L＝S　四カ月で書きました。ただ親族関係の複合構造に関する例の第二巻目を書く準備が中断されるのが残念に思われました。まだそれを書けると信じていましたからね。だから、自分の仕事をちょっとした幕間狂言で中断するだけなのだ、それもできるだけ短くしよう、というふうに考えていました。学問に対して罪を犯しているような気持ちでした。本にそれが表われていますよ。少なくとも初版にはね。とんでもない誤りがたくさんありますから、初版には。ポルトガル語の綴りを確かめることさえ私はさぼりました。自分の耳に聞こえるように書いたのです。この初版本は化物ですよ。

E　その化物がどちらかと言うと大好評を博しましたね。レリスやブランショの書評が出ましたから……。

L＝S　ジョルジュ・バタイユ、レーモン・アロンもです。そう、確かに評判はよかったのですが、思うようには売れませんでした。御存じですか、アカデミー・ゴンクールが――ちょうどゴンクール賞の選考をしているところだったのですが――小説でないので『悲しき熱帯』を受賞作とできないのが残念であるというコミュニケを発表したのです。

たくさん手紙が来ました。なかに一通、私の感動したのがありました。私が若い頃好きだった作家のピエール・マクオルランからでした。マクオルランのことを思い出しながら『悲しき熱帯』を書いたということは自分でわかっていました。彼がこの本を好んでくれたのは、多分そうと自覚したわけではないでしょうが、そこに自分から出たものがたくさんあることに気付いたからでしょう。

E　文壇では非常に好評を博した、ということですね。しかし民族学の学界の方ではいかがでしたか？

L＝S　もっと控えめなものでしたね。『悲しき熱帯』を開いてみたときから、ポール・リヴェは私を寄せ付けなくなりました。彼は激しやすい性格でした。冒頭第一行目の「私は旅行が、そして探検家が嫌いだ」という文を読んで、そこで停止し、私が裏切ったという結論を出したに違いありません。それ以来、彼の死ぬ間際まで私は彼とは二度と会いませんでした。晩年、彼は病院に入っていました。死の前の平安を得るために私を枕元に呼び寄せたのです。

E　しかしこの本はやはり民族学者の書いた本ですよね？

L＝S　「ナンビクワラ族の家族生活と社会生活」はそのまま取り込んであります。

E　あなたから見て、この本はそれまであなたがなさったことの総まとめというようなものでしたか？

L＝S　それまでに私がしたことの総まとめとおっしゃるなら、そうです。さらに、私の信念、私の夢の総まとめ、でした。

＊

E　あなたがフランスに帰られてから『悲しき熱帯』が出版されるまでの間のフランスの知的状況はどんなものでしたか？　やはり実存主義の全盛期……

L＝S　そうです。しかし私はそれからは遠いところにいました。本は読んでいましたが、その著者たちはほとんど知りませんでした。サルトルに会ったのも二、三度きりです。それもジャン・プイヨンのところで昼を一緒にしたときの一回を別にすれば、偶然出会ったというだけです。

E　しかしメルロ＝ポンティはよく御存じだったのでしょう？

L＝S　彼がコレージュ・ド・フランスの教授に選ばれたのは、私が二度目に落選した直後でした。この偶然が私たちを近付けたのです。御承知のようにコレージュの教授選任は数段階にわたって行なわれます。教授会は講座を新設するためにまず投票を行ない、少し時間を置いてからその講座につく人を選びます。その時同時にもう一人補欠として指名しておくのです。それが終わったところで、アカデミー・フランセーズの担当アカデミーが意見を表明します。普通はコレージュが決めた通りを承認するだけです。最後に大臣の決裁ということになるのです。メルロ＝ポンティの場合は人文科学アカデミーがコレージュの提出した順序を入れ換えて、ガストン・ベルジェを一位においたのです。メルロ＝ポンティはこんなことがあったなど知りませんでしたよ。私が候補になったとき誰かが説明してくれていたので、彼にどう振舞うべきかをおしえてやれたのです。実際には、この予期せぬ出来事は彼に有利に働きました。なぜなら、コレージュとアカデミーの意見が合わないときにはそうすることが以前からのしきたりだったのですが、文部大臣はコレージュの決定通りさっさと決裁してしまったからです。普通は決定はもっと時間がかかるものなのです。

E　彼とは非常に親しくなられましたか？

L＝S　ええ、我々は妻を同伴してよく会いました。それに我々はラカン夫妻、レリス夫妻などともよく会いました。

E　自分が何をしているかを彼はあなたに話しましたか？

L＝S　哲学の話はまずしませんでした。しかし、私にコレージュ・ド・フランスにもう一度立候補するように言い出したのはメルロ＝ポンティでした。一九五四年にはもう言っていましたね。

そのことをよく覚えているのは、その時こういう答えを彼にしたからです。「ぼくは今は本（『悲しき熱帯』）を一冊書いている。ところでその本を君なりコレージュの教授連中なりが読んだとしたまえ。ぼくを推薦しようなどという気はふっとぶだろうよ」、これが私の返答でした。メトローがよく言った言葉遣いをすれば、私は少々「ボタンをはずし」過ぎたということでしょう〔「ボタンをはずす」というフランス語の表現は、「遠慮なく思ったことを言う」という意味である〕。

E　それにもかかわらず、彼は一九五九年にあなたを候補者として推薦した。

L＝S　推薦したばかりか、やがて絶えなんとする彼の命の最後の三カ月をそのために犠牲にしたのです。私を候補とすることに反対する人がいることを彼はよく知っていました。ファラルの派閥の人間はまだ多く残っていました。メルロ＝ポンティはずいぶんと骨を折ってくれました。たくさんの人を訪問し、たくさんの手紙を書いてくれました。その結果、誰も彼に反対して別の講座創設を提案する人はいなくなったのです。

E　選任はスムーズに運んだのですか？

L＝S　反対票はありました。数票というところです。何しろ候補者は私一人でしたから。選挙をする人間というのはいつも選択の自由を確保しておきたいと思うものですよ。

E　コレージュに入ったことで仕事の環境は大いに変わりましたか？

L＝S　確かに変わりました。一つ言い忘れていましたが、一九五三年からこの教授選任の時期までに、私はもう一つ別の仕事をしていたのです。国際社会科学協議会の事務局長の仕事です。この国際社会科学協議会というのは、ユネスコのなかに設置されていた非政府機関です。もちろん、それでだいぶ時間を取られました。

E　どんな仕事だったのですか？

L＝S　目的も持たず、任務も持たない組織にも存在理由があるのだ、ということを印象づける努力をしていたのです。

E　目的なし、任務なし、しかし資金はほどほどにある組織は、でしょう？

L＝S　そうそう、資金は少々。だがそれだって活動の真似ごとをして見せなければなりませんでしたよ。

E　大学の先生方や、研究者たちに会っておられた……

L＝S　たくさんの人が来ました。とくにやらなければならなかったのは、国際会議を組織することと討議のテーマを決めること。

E　そのためだったのですか、あなたが『人種と歴史』というテクスト[15]を一九五二年に提出されたのは？

L＝S　『人種と歴史』は、私が社会科学協議会の役職につく前に、ユネスコが私に依頼してきて書いた冊子です。一九五二年に出たところを見れば、私がそれを書いたのは五一年ということになりますね。だとすれば、協議会の前です。その注文がユネスコから来たのは、当時ユネスコにいたメトローの仲介があったからですよ。

E　コレージュ・ド・フランスの開講講義はどんなふうでしたか？　それをなさったのは一九六〇年一月五日でした。

L＝S　重苦しい過去のことを考えれば予想以上の出来でした。私の講義は専門的知識を持った人にしかわからない部分を含んでいました。たとえば、冒頭に私がやった数字8に関するちょっと場違いな考察などがそれです。メルロ＝ポンティは我々二人が同じ年、つまり一九〇八年に生まれたということを誰かに言われるのが嫌いでした。彼は私の方が彼より年上に見えると思っていたのです。まあ、それは事実ですがね。私と一緒にされてはふける、と思っていたのでしょう。それとは別に、そしてまた彼が私に示してくれた寛大さにもかかわらず、彼は自分があひるの卵を孵したのではないかという恐れから逃れきれなかったのです。彼は私がどんな突拍子もないことでもでっち上げる人間だと思っていたようでした。

私の講座と数字８との間の考えられる限りの関係についてあれこれ法螺を吹きながら、私は彼をじらしていたのです──さらには恐れさせていたのです。今に生まれ年が同じだという話になるぞ、ってね。なにしろその講座は彼のおかげでできたものでしたから。罪もないいたずらでした。

終りの方になって、私がこの講座の開設は遅きに過ぎたと（ブラジルへ渡った航海者の誰かのために、十六世紀には当然、この講座は開かれていてよかったものだとか何とか言いながら）嘆いて見せたとき、私は実は私の新しい同僚たちに向かって、今あなたたちが拍手を送っている開講記念講義は、あなたたちが望んでいれば十年前に行なわれたかもしれないのですよ、ということを思い出させていたのです。

E　本当に、それがコレージュ・ド・フランスで最初の人類学の講座だったのでしょうね？

L＝S　最初というわけではありません。昔、マルセル・モースがいましたからね。彼の講座は社会学の講座でしたが、実際には人類学をやっていたわけですから。

E　あなたの開講講義の評判はどうでしたか？

L＝S　メルロ＝ポンティが私の選任にもっとも反対した人の反応をうかがっていたのです。後で彼が言いましたよ、「我々の勝ちだ」とね。

E　コレージュではブローデルに再会されましたね。

L＝S　ブラジル以来のことです。

E　それからバンヴェニスト……

L＝S　……彼は私の論文の審査員の一人でした。それから、私を高等研究院に入れてくれたデュメジルにも再会しました。

新任教授にとって最初の教授会というのは難しいものです。係りの人に導かれて入っていくと、全員が起立する。歓迎の言葉を聞き、それから席につくように促される。そこで彼は不安な眼差しで五十人の人間が座れるテーブルの周りの空いている席を探す。メルロ＝ポンティが予め注意しておいてくれたのと、教授会室の図面を渡しておいてくれたので、私は躊躇することなく彼の座っている方へ進んで行きました。そこに彼が席を一つ確保しておいてくれているはずでした。こうして私はメルロ＝ポンティとバンヴェニストの間に入り込んだというわけです。

E　ブローデルとの関係はブラジルにいたときより親密になりましたか？

L＝S　彼は自分の研究と他の役職上の仕事で忙殺されていました。コレージュの教授会以外の場所では、あまり顔を合わせたとは言えませんね。彼が高等研究院の第六部門の委員長になったときはそれとは別です。そこには私もいましたから。

E　気は合いましたか？

L＝S　ブローデルは本当は善良で、繊細で、そして寛大な人間でした。いざというときには彼は全面的に信頼できる人でした。それと同時に、彼は人の上に立つのが好きで、彼に会いに来た人を笑いながらからかう楽しみに逆らえなかったようです。彼の声の調子はときどき有無をいわせぬところがありました。気が向けばとても優しくもなるのですよ。その時には彼は素晴らしく魅力的な人間になります。

E　一つはっきりさせてもらえませんか？　ブローデルは高等研究院の第六部門ですよね。そして、あなたがいらっしゃったのは第五部門。どうやって会ってらしたのですか？

L＝S　私は両方に所属していました。実際には第五に所属する前に第六にいたのです。私にはそれ以上はわからないのですが、何かしらはっきりしない身分だったようですね。いずれにしろリュシアン・フェーヴルが第六でゼミをやってくれと言ってきたのです。一九四九年にはもうそうでしたね、確か。

E　第五の方で選ばれたときも第六にはそのまま居続けたのですか？

L＝S　そうです。当時の規則は融通無碍でしたからね。第六の委員長はだいたい好き勝手にやっていましたよ。言ってみれば啓蒙専制君主みたいなものでした。

E　コレージュ・ド・フランスの教授に選任されてからも、両部門に所属したままですか？

L＝S　数年間は第五で続けましたし、第六の方はそれより少し長かったですね。第六部門はその後、社会科学高等研究院に衣替えしました。そこには私は定年までいました。しかし授業はしませんでした。私がそこに留まったのは、社会人類学研究室の指導教授としてです。社会人類学研究室はCNRS、コレージュ・ド・フランス、高等研究院の三つに同時に属する機関でした。

E　コレージュの教授になられてすぐ、あなたはその研究室を創設されたのでしたね。その後、それはある程度大きくなりましたか。

L＝S　最初の頃はイエナ大通りにあるギメ美術館の付属の建物に入っていました。昔エミール・ギメが住んでいた個人邸宅です。三、四人の共同研究者と一緒に一部屋をつかっていたのですが、そこは以前は浴室だったところです。焼物のタイルを張った壁からまだ配管の残骸が飛び出していました。私の足元には浴槽の排水口の跡が残っていましたしね。部屋の中を動くにもこういう残骸があちこちにあって難儀しました。踊り場にこわれそうになった庭用の椅子を二つ置いて、人に会っていましたね。

E　どういうわけで、またギメ美術館の別館に入られたのですか？

L＝S　美術館側が、宗教学研究センターをそこに設置するために、ギメ旧邸宅を高等研究院の第五部門に提供してくれたのです。そのセンターは今でもありますよ。その高等研究院第五部門が出来たてのわが社会人類学研究室を引き取ってくれたのです。二部屋貰ったのですが、大きい方には「ヒューマン・リレイション地域別ファイル」（HRAF）を入れただけで一杯になりました。これはイェール大学がアメリカ合衆国政府の依頼で二五部だけ作った膨大な研究資料です。ユネスコが一部を買い取って、ヨーロッパ全体の研究者に開放するという条件でフランスに寄贈したものです。すったもんだした後で、結局、我々のところに寄託された、という次第です。

E　その時からあなたのもう一つの仕事、つまり研究チームを指導し、研究室を指導するという仕事が始まったわけですね……

L＝S　私はずっと以前から本来の学問的研究というか知的労働というものと並行して事務的な仕事もやってきていました。前にもお話しましたが、学生の頃、私は政治グループの、ついで代議士の秘書をやっていました。それから、これは後の話ですが、ニューヨークの自由高等研究院の事務長をやりましたし、大使館の参事官もやりました。そしてまた人類博物館でも事務的役職を持っていました。国際社会学協議会でもそうでした。

E　この研究室を創設なさったのは、人類学研究が個人の能力を超えたものであると考えられたからですか？

L＝S　いいえ、そうではありません。私は自分の研究を一人で考え、一人で遂行してきました。そうではなくて、私は私が手に入れることのできるスペースや研究費を、若い研究者に提供してその研究に役立てて貰うことができる立場にいたわけです。私に関する限り、秘書の助けが得られるとか、本が買えるとか、コピー機が使えるとかということを除けば、研究室を指導するというのは負担でした。もっともそれは私が進んで引き受けたことでしたがね。

E　その研究室の研究員は誰でしたか？

L＝S　最初はイザック・シヴァとジャン・プイヨンでした。続いて、リュシアン・セバーク、ピエール・クラストル、ロベール・ジョーラン、フランソワーズ・イザールとミシェル・イザール……。何人かの人は私が人類博物館にいた頃からの共同研究者です。たとえば、リュシアン・ベルノです。彼は後にコレージュの教授になりました。

リュシアン・フェーヴルが、ユネスコから出ていた研究費を使って、一つの主題のもとに行なう研究の指導を私に任せてくれていました。最初の主題は、確か、フランスの一村落に関する民族学的方法による研究でした。それを、私は、リュシアン・ベルノに頼むことにしました。その成果が「民族学研究所研究報告」シリーズの一環として本になった『フランスの一村落、ヌヴィル』です。同じユネスコの研究費でシヴァはコルシカの調査をやりました。それが彼とのそれ以後の長い共同研究の始まりでした。彼との共同研究は私の退官まで続きました。社会人類学研究室も私も、彼にはだいぶ借りがあるわけです。

E その研究室創設の直後に、あなたは雑誌を創刊しようとなさいました。《人類》(L'Homme) という雑誌です。

L = S アメリカには《アメリカ人類学雑誌》(American Anthropologist) があり、イギリスには《人類》(Man) があるのに、フランスには同類のものがないことに私はたいへん驚いていました。だから私は《人類》というこの雑誌が……(この雑誌の名前はある男性服飾雑誌に同じものがあった〔フランス語の homme には、英語と同じように「人間」という意味と同時に、「女」に対する「男」という意味もある〕ので抗議を受けましたがね。弁護士に頼む騒ぎにまでなりました)。それはともかく、その《人類》という雑誌が、ある特定のグループではなくフランス民族学全体の機関誌的なものになるように配慮しました。編集委員に名を連ねると同時に、我々は我々の研究室と直接関係のない研究者にも協力を呼びかけました。

E とくに、バンヴェニストとピエール・グルーに協力を求められましたね。

L＝S　フランスの研究の独自性をはっきり表明しておくことは重要なことだと思われたからです。なかでも、ヴィダル・ド＝ラ＝ブラシュ以来の伝統をもつ民族学研究と人文地理学との関係ははっきりさせておきたかったのです。ピエール・グルーを有名にした著作『トンキン・デルタの農民』は、地理学者あるいは歴史学者の著作であると同時に民族学者の著作とも見られますからね。バンヴェニストに協力を呼びかけたのは、言語学、とくに、フランスでは彼が代表していた構造主義言語学、に対する賞賛の意味を含んでいました。私の考えでは、構造主義言語学と構造主義文化人類学は切り離すことはできませんでしたから。それに、バンヴェニストはインド＝ヨーロッパ語族圏での親族関係の問題を深く研究していましたしね。だから私は、事実の解釈の方向は同じではなかったのですが、彼に親近感を持っていました。しかし、バンヴェニスト、グルー、そして私となれば、ちょっと「コレージュ・ド・フランス・クラブ」的な色あいが強く出過ぎます。《人類》誌をフランス民族学を代表する雑誌にしようと思えば、もう少し枠を広げる必要がありました。そこで、アンドレ・ルロワ＝グーラン、ジョルジュ＝アンリ・リヴィエール、それにアンドレ＝ジョルジュ・オドリクールにも協力を求めました。

E　ルロワ＝グーランはまだコレージュ・ド・フランスに入っていませんでしたね。

L＝S　彼が入ったのは一九六九年です。定年になるデュメジルの後任でした。

E　歴史家に協力を求めなかったのはなぜですか？

L＝S　微妙な問題があったのです。一九六〇年には、歴史学と民族学は非常に接近していたのですが、こう言ってよければ、どちらが読者を獲得するかという競争状態にあったわけです。歴史学者は自分たちの陣営の旗を立てていない雑誌に進んで加わっただろうとは、私は思いません。歴史人類学などというものが普通になってからは、事態は非常に変わりましたけれど。

E　オドリクールについてですが、最近出た彼の小さい回想記は多分あなたもお読みになったでしょう。そのなかにルロワ＝グーランとあなたのことが出てくるのですが、あなたが二人にとても「親切だった」と書いています。続けてこう書いているのですね。「レヴィ＝ストロースの方は、哲学的素養が深くて私にはその分だけ近付き難い感じがした。私はジョルジュ・グラネと一緒に、彼が言語学的構造と他の種類の構造とを結び付けていることに関して非難したことがあるが、彼はそれで我々を恨んではいなかった……」[16]

L＝S　その非難に対しては『構造人類学』のなかで答えておきましたが、私はオドリクールをいつも高く評価していました。繊細でユニークな精神の持ち主で、その研究において言語学、技術史、植物学を結び付けることができた人です。非常に奥の深いものの見方を教えてくれた人です。

E　アンドレ・ルロワ＝グーランもある対談集のなかであなたとの関係について話しています。彼はこう言っています。「レヴィ＝ストロースと私は、ある意味で対極的な人間だった。しかしこの対極性は結局最後には一つに結合される。二十年前には我々は互いに異なった人間であり、それぞれ両立できない二つの世界に属しているのだと感じていた。それが数年間続いた。少しずつ私は彼が何をしようとしているのかがわかるようになった。彼の方でも同じだった。疑念をもって互いににらみ合った後に、我々は友情をもって支え合うようになった。あるいは、私が長い間研究してきた過去は、現存する原始というものがあるのならば、その研究によって置き換えうるものであったかもしれない。しかし私が選んだ道は、クロード・レヴィ＝ストロースが空間のなかを辿った道筋を、時間のなかに置き換えたものだと言えなくもない。しかし私の場合には、おそらく、それは逃避ではなかった。なぜなら、私の場合には、十二歳の時から事態は決まっていたからである。[17]」彼の言っていることに賛成なさいますか？

L＝S　大筋は彼の言うとおりです。数カ月前のことですが、彼の弟子たちが彼のための記念討論会を開催しました。私にも何か話すように頼んできました。そこで私は、ルロワ＝グーランと私とは、何年もの間、本当に相手のことを知り合うよりも、すれ違いということの方が多かったけれども、我々二人のものの見方、考え方には多くの共通点があったのだということを力説しておきました。私は彼と私の書いたものを比べてみました。すると、驚くほど似ているのです。両方ともにその研究の目指すところは、不変項を見出す、ということにあったのです。

E　とすると、彼が時間のなかでしたことを、あなたは空間のなかでしたのだ、という感じをお持ちなのですね。

L＝S　彼はそれを過去の空間においても行なっていますよ。そして今あなたが立っておられる観点からしても、ほかにも類似点はありますよ。彼がその著作のなかで展開している考え、つまり、道具や器物、一般に技術の進歩は非個性的な性格を持っており、人間存在のあり様が異なっていても、それを無視して移動するという考えは、私が神話について言っていることと非常によく似ています。フランスの学界には、残念なことに、前の世代から受け継いだ精神風土があります。互いを信用しないという精神風土です。自分の領分だと考えているもののなかに陣取って他の人間をなかなか寄せ付けないのです。長い間、ルロワ゠グーランは私に不信感を抱いていました……

E 彼は先史学者でした。しかし彼の研究は、多くの部分が民族学に関係していますね。

L゠S 二つは切り離せられない、というのが彼の長年の主張でした。しかし、ルロワ゠グーラン、ルイ・デュモン、私自身、それに他にもいますが、互いに研究領域は異なっても非常に近いことをやっていたわけですから、もう少し互いの間に自由な雰囲気があったならば、フランス民族学ももっと力を持っただろうし、影響力も大きくなっていたでしょうね。もっとも我々はこの点では、あまり不平を言えた義理ではないのです。ただ、我々の後に来る人たちがそれを教訓にしてくれれば、と思います。

E あなたにとって民族学は逃避だった、と彼は言っているようですが、その点に関してはいかがですか？

L゠S 私だけではなく、何人かの民族学者にとっても、民族学をやるということは、多分彼の言うとおり、自分たちにとって居心地の悪い文明、あるいは時代からの逃避だったでしょう。しかし、誰にとってもそうだというのではありません。マーガレット・ミードなどは自分の生きている社会と時代との一体感を感じていましたから。彼女は自分と時代を共にしている人たちの役に立ちたいと思っていました。私も政治的判断から彼女と同じ立場を表明したことはありますが、それは口先だけのことです。

E　あなたの考えでは、民族学は役に立たない、と。

L＝S　役に立たないとは言いません。しかしそれは私が民族学に要求するものでもないし、それだから民族学が私を満足させる所以のものでもないのです。

E　先ほどおっしゃった、一九六一年にあなたの創刊なさった雑誌《人類》のことですが、今もそれをやっていらっしゃるのですか？

L＝S　もう手をひいています。私の世代から数えれば、もう一世代ないし二世代の交替があったことをお忘れにならないように。《人類》誌がフランス民族学の機関誌であり続けるべきだということは事実だとしても、若い世代がその責任を担うべきです。だから私は引退しました。今でもときどき、論文や書評を書くことはあります。うまく、しかも熱心に、ジャン・プイヨンが後を引き継いでくれています。

第六章　パリの構造主義

エリボン　一九五八年、ということはコレージュ・ド・フランスに入る一年前のことになりますが、あなたは『構造人類学』を出版なさった。[18] それは一九四五年以後に書いた論文を集めた本でした。

レヴィ＝ストロース　その本はだいぶ前から考えていたものなのです。『悲しき熱帯』を書くよりも前に、私はガリマール書店に一冊の本を、と言うよりも一冊の本の計画を、持ち込んでいました。ブリス・パランが私に会ってくれたのですが、計画は拒否されました。彼が言うには、「あなたの考えはまだ熟していない」というのです。『悲しき熱帯』が出た後で、ガストン・ガリマールがありがたいことに私の計画をとりあげようと言ってくれました。しかしプロン書店が引き受けてくれていたので、プロン書店に頼みました。

E　それから何年か後には、ブリス・パランは今度は〔ミシェル・フーコーの〕『狂気の歴史』を拒否したのですが、ご存じですか？

L＝S　それは知りませんでした。しかし、慰められますね。

E　あなたのご本のタイトルは、はためく戦旗のような響きを持っていました。あなたの方法の宣言書だったのでしょうか？

L＝S　このタイトルは当然そうあるべきものだと思っていました。言語学者が行なっている構造分析に私は自分の姿を認めていたのですから。しかし構造主義と言っても、あとで流行するようなものではまだなかったことを忘れないでください。私が言いたかったことは、ただ一つ、私はソシュールやトルベツコイ、ヤーコブソン、バンヴェニストたちと同じ知的風土の住人である、ということだけだったのです。少なくとも私の意図はそうでした。

E　とにかくこのタイトルは大きな反響を呼び起こしました。

L＝S　いい意味でも悪い意味でも、ですがね。

E　このタイトルにしたことを後悔なさっていますか？

L＝S　いや全然。しかし、構造主義のその後の流行はずいぶんと悪い影響を残しました。構造主義という名称がやたらに使われ、間違った使い方がされました。なかには馬鹿げたものもありました。私のせいではありませんが。

E　この本に集められた論文はどういう基準で選ばれたのですか？　載せなかったものもだいぶありますね。とくに、一九五一年の《レ・タン・モデルヌ》に載った「責苦にあうサンタ・クロース」に関する論文は選ばれていません。

L＝S　同じレベルの考察を行なっている論文だけを選びました。ある均質性が見えるようにしたかったのです。あなたが今挙げられた文章は少し軽い気がしたのです。少しジャーナリスティック、と言いますか。いずれにしろ、全体の調子を破る恐れがありました。しかしそこに書いてあることを否認したわけではありません。

E　よくあなたは論争は好まないとおっしゃいますが、しかし『構造人類学』のなかには徹頭徹尾論争的な文章も採られていますね。[19]

L＝S　当時は私も若かったし、跳ねっ返りやすかったのですね。攻撃されたり批判されたりするとくやしかったですからね。年をとってその熱もだいぶ冷めましたが。一方、たくさんの著作や記事が私を主題にしていまして――非友好的なのも多かったですが、いちいち相手をしていたら、論争だけで時間がなくなってしまいますよ。他に何もできなくなってしまう。

E　あなたに対する批判はお読みになりますか？

L＝S　偶然に読むことはあります。私に関して論争的調子で本を書く人は――とくにイギリス人とアメリカ人に多いケースですが、私に本を送ってきません。本が出てから二、三年後にそれに触れて何か書いたり、あるいはその書評を載せている専門の学術雑誌で、その存在を知ることがありますが、いまさらそれを読んだり、それについて何か言ったりする気にはなりません。

E　自分のことを書いている記事を読まれたときはどういう気分ですか？

L＝S　それが私を攻撃しているときには、腹が立ちますね。事実関係の間違いを正さねばなるまいとか、誤解を解かずんばなるまい、などと思いますからね。彼が言っていることよりも、返事をするために自分の仕事を中断しなければならない、そうさせようとしている彼の意図に対して私は腹が立ちますね。しかしそれも一瞬のことで、すぐ平静になります。たとえそうしても彼にわかって貰えないことはわかっていますから。それでも時には、あからさまな嘘や悪意に対すると、私も一言言いたくもなります。が、しかし、それが何かの役に立ちますか？　この頃では、ますますそう思うようになりました。

E　『構造人類学』のなかのギュルヴィッチ、ロダンソン、ルヴェルに反論する文章は、この本のためにとくに書いたものですか？

L=S　ギュルヴィッチはニューヨークの自由高等研究院で知り合いました。彼もそこにいましたからね。最初は仲良くやっていたのです。『二十世紀社会学』という論文集のなかで彼は私に一章を任せてくれたこともあります[20]。

E　そこで彼のことを書きましたか？

L=S　もちろん。彼を理解しようとしてたいへん努力しましたし、彼も今まで自分に関してこんなによくできた文章は見たことがない、と言っていました。

E　彼は当時社会学のボス的存在でしたか？

L=S　自分で思っているほどではなかったでしょう。

E　しかし影響力は持っていたのでしょう？

L＝S　彼はソルボンヌの教授になりましたからね。それに神経質な性格で、妙に傷つきやすいところがありました。それで時にひどく怒り出すことがあって、恐がられていました。執念深い質だったのかもしれません。自分は社会学の観念を徹頭徹尾革新した、と秘かに自負していましたから余計にそうです。ギュルヴィッチの貢献は無視できないものがあるのは確かですが、それを彼の想像力が増幅していましたね。

E　そして彼はあなたを攻撃する例の文章[21]を書き、それに反論する形で、あなたは『構造人類学』第十六章を書かれた、というわけですね。

L＝S　彼のあの攻撃はまったく予期せぬものでした。諸般の事情からして、私は我々が相互理解の関係、さらには親愛の関係にあると思っていましたからね。気を付けていればもっと早く気付いた予兆があることはあったのです。彼がある時、マルセル・モースの選集に序文を書いて貰いたい、と頼んできたのです。彼が監修している叢書に入れるためのものでした。その時、どうもわざとらしく距離を置くようになりました。明らかに私の書いた文章が気に入らなかったのです。それを読んだ後、彼は校正刷りの上に短い追記を書き込んだのですが[22]、そこには不同意の意図がはっきり読み取れました。その時に事態が悪くなる発端があったのです。

E　一九五八年のあなたの反論に対して彼はどのように反応しましたか？

L＝S　それ以来会っていません。

E　同じ文章（『構造人類学』第十六章）のなかであなたはジャン＝フランソワ・ルヴェルの本『な

ぜ、哲学者か?』にも反論なさっておられる。[23] 一九五七年に彼がほとんど一章全部を使ってあなたを論じているところを見れば、あなたの名前も、専門家の狭い世界を出て広い人たちの間に浸透し始めていたことがわかります。

L＝S　私の名前が広く知られるようになったのは、むしろ、『構造人類学』が出てからのことです。この本が多くの読者を感動させたからではなく、それが哲学者や、社会学者、歴史学者たちに注目され、コメントされたからなのです。

＊

E　『今日のトーテミスム』[24]と『野生の思考』[25]が続いて出たのですが、それらが一九六二年という時点におけるあなたの新しい出発点を印付けています。

L＝S　出発点と言うなら、それはもう少し早く、私が高等研究院第五部門の教授に選任されたところに置くべきでしょう。この第五部門は宗教科学が専門です。私はそれまで主として婚姻規則とか親族体系という問題に関心を集中してきましたが、いきなり私は目的を変えなければならない羽目に立ち至ったのです。その意味であなたのおっしゃったことはその通りです。一九六二年に出たこの二冊の本が私にとって重要な意味を持っているのは、そこで私が私の研究歴の第二の段階、第一の段階に比べてずっと長い、宗教表象にかかわる研究段階に入ったという理由からです。いわば『神話論理』へのプレリュードだったわけです。

E　両方とも否定的テクストとでも言ってよいのでしょうか。垢落しの仕事、とでも言いましょうか。

L＝S　否定的、というのは当たりません。むしろカント的意味で、批判的、と言いたいですね。民族学からある種の幻想、つまり無文字社会における宗教事象の研究を不透明なものにしている幻想を取り除く必要が一方ではあったし、もう一方では、それからの数年、私が考えるべき問題が何であるかをはっきり取り出しておきたいという気持ちもあったのです。

E　『野生の思考』から「構造主義」の流行が始まった……

L＝S　それは私にとっては副次的な現象でした。それに私はそれがどういうものであったか考えてみたこともありません。もし私がこの流行を利用しようと思ってやっていれば、私には、多分、現代思想のなかでもっと大きな場所が与えられていたことでしょう。しかしそうなるとそうなったで、媚びを売る、という代償は払わなければならなかったでしょうが、それは私の性に合わない。

E　しかしその振りはなさいましたよ！　たくさんのインタビューに答えられたし、自分の意見を表明する機会が与えられれば、それを拒みはなさらなかった。

L＝S　最初の何年間かは、あるいはそうだったかもしれません。やがて私は自分の殻に閉じ籠りました。

E　六〇年代、七〇年代にかけて、人々はまるでそれが全体的な現象であるかのようにカッコつきの「構造主義」というものを語り、レヴィ＝ストロース、フーコー、ラカン、バルト、というような名前を挙げつらっていました……

L＝S　私にはそれは不愉快でした。なぜなら、その「構造主義」というものは一つのアマルガムであって、何の根拠も持たないものでしたから。今あなたが列挙された名前の人たちの間に、どんな共通点があるのか私にはわかりませんでした。いや、わかっていたかもしれません。それは、見せかけ、です。私は彼らとは別の知的系譜に属していると感じていました。バンヴェニストやデュメジルが顕揚した系譜です。またジャン＝ピエール・ヴェルナンと彼と一緒に仕事をしている人たちにも親近感を持っていました。フーコーがそのような同一視を拒絶したのはまったく当然のことです。

E　フーコーとあなたの関係はどういうものでしたか？

L＝S　コレージュの教授会で遠くから互いに姿を見るという程度でした。フランソワ・ジャコブが一度一緒の夕食に誘ってくれたことがあります。それがすべてですね。もちろん彼の著作は読んでいます。送ってくれていましたから。

彼の著作は文体がすぐれているので感心しています。彼の開講記念の講義を今でも覚えていますが、文学的に言えばとても見事なものですし、感動がこめられています。その一方で、いろいろな言い方で同じことを繰り返す彼のやりかたには感心できません。同じことを繰り返す、と言っても、普通の意味で考えてもらっては困ります。むしろその逆なので、私の言いたいのは、彼の黒を白で言い、白を黒で言うそのやり方なのです。それを読めば著者が何をどう考えているかはわかるのですが、それ以上のことは何も教えてくれません。写真のネガとポジは情報量としては同じですからね。

またフーコーは時代の前後関係を無視するという——これは単なる印象で、調べてみたわけでないから、具体的に論証はできないのですが——感じがしてなりません。どうも彼には証明すべきことが先にわかっていて、その後でその論証のための材料を集める、というところがあるような気がするのです。思想史家としては、それでは困ると思います。これは私が間違っているのかもしれません。これに関しては専門の歴史学者に判断を任せなければなりません。

それはそれとして、ある世代の人間に哲学に対する信頼を回復させるということで、フーコーが積極的な役割を演じたことは否定できません。彼は彼の学生たちに、哲学は実存主義という病気にかかっているが、しかし具体的なものに明確な方法をもって当たれば、それをもう一度立て直すことはできるということを理解させたのです。

E　それはあなたがご自分でもやろうとなさっていたことではありませんか?

L＝S　それは違います。私は決して哲学的思考を基礎付けようと考えたことはありません。私の個人史ということから見れば、確かに、私が哲学をやめて民族学に志したのは、明らかに、人間というものを理解するためには内省に閉じ籠ってばかりいてはだめだと、たった一つの社会——と言うのは自分たちの社会のことですが——だけを考察するのでは不十分であると、あるいはさらに、西洋の数世紀の歴史を眺め渡してよしとすることはできないのだということが理由になっていたことは間違いありません。私が望んでいたことは、我々西欧の文化とは非常に異なった、またそれから非常に遠い文化的経験を考察してみたい、ということでした。フーコーのやり方が、たとえそこに自分の過去を含めているとしても、西欧文化にしか関心を持っていないというのとは大違いです。

E　バルトとの関係について聞かせてください。数年前にバルトの『S／Z』に関してあなたがバルトに向けて書いた短い文章が再刊されました。

L＝S　それは私がいたずらで書いた文章です。『S／Z』を読んで私は不愉快でした。バルトの解釈はあまりにも、ミュレールとルブーの『ラシーヌ風に』のなかのリベリュール教授のやり方に似すぎています。そこで私はその部分を彼に送ったのです。いくらか皮肉の意図をこめて、それにお世辞を言うことは私にはできない相談だからその代わりの方策として、そこに「少々色を付けて」おきました。それをまともにとったのですね。最近、それをもう一度活字にしたいと言ってきたのです。

E　バルトの他の本は読まれましたか？　結構なことではありませんか？　私は承知しました[26]。

L＝S　もちろんです。しかし親近感を感じたことはありませんね。その後の彼の変化を見て、ますますその感を深くしています。最後のバルトはそれ以前のバルトの対極に立つものですし、以前のバルトは本心からのものではないですね。私は自信をもって言えます。

E　ラカンはよくご存じのようですね。

L＝S　何年間かは非常な親友でした。彼はギトランクール〔パリ西方、イヴリーヌ県マント＝ラ＝ジョリ近辺の小村。セーヌ河岸にある〕に家を一軒持っていたのですが、そこにメルロ＝ポンティと一緒によく昼飯に行ったものです。我々が、と言うのは、妻と私ということですが、田舎に隠居所を見つけたいと思っていた頃、ラカンはDS〔シトロエンの

〔高級車〕を買ったばかりだったのですが、彼はそれを走らせたくてたまらないわけです。そこで、我々四人で方々ドライブして回りました。とても楽しかったですね。ラカンが田舎の町のみすぼらしいホテルに乗り込んで、例の皇帝のような威厳をもって、すぐに風呂の用意をするように、と命令する様を見せたかったですよ。

ラカンとは精神分析や哲学の話はまずしませんでした。むしろ、芸術とか文学の話をしました。彼はいろんなことを実によく知っていましたので。彼は絵とか美術品を買っていましたので、そのことが我々の話題の一部でした。

E 高等研究院の第五部門であなたが講義を始められた頃、彼の方は、かの有名な「セミネール」を始めていました。それに出られたことはありますか？

L＝S 後になって一度だけですが出たことがあります。そのセミネールがユルム街〔高等師範学校のある所〕に移った第一回目の時です。高等師範が彼を締めだしたとき、彼の方が悪いことはよくわかっていましたが、ブローデルに頼んで、高等研究院で引き取ってもらったのです。

E 彼の仕事についてはどうお考えですか？

L＝S それを理解する必要はあるでしょうね。しかし私は常々、彼の熱心な聴講生たちにとっては、「理解する」ということはどうも私が考えるような意味ではなさそうだ、という印象を持っています。彼の書いたものは五回か六回読まないと私には理解できませんでしたね。メルロ＝ポンティとそのことを話したものですが、結論は、我々にはその時間の余裕がないということでした。

E　しかし、ラカンから引用なさっていますね……

L＝S　一度だけだと思いますよ。主として、友情の発露です。

E　その友情にもかかわらず、あなたは、「構造主義」の星座のなかであなたの名前が彼の名前と結び付けられるのを嫌っておられた。

L＝S　そのとおりです。しかし、あの頃、彼は一種の教祖的存在になっていましたし、我々二人の関係もずいぶん疎遠になっていたのです。

E　エリザベート・ルディネスコが『精神分析の歴史』のなかで言っているのですが[27]、ラカンはいつも大学組織にうまく入り込めなかったのを悲しんでいた、とくに、コレージュ・ド・フランスに入れなかったのを残念がっていた、ということですが……

L＝S　それについては彼から聞いたことはありませんが、ありうることですね。

E　彼をコレージュ・ド・フランスに推薦するということを考えられたことはありませんか？

L＝S　ありません。彼の方も、今申し上げたとおり、そのことをおくびにも出しませんでした。メルロ＝ポンティに言っているのを見たこともありません。

第七章　コレージュ・ド・フランスにて

エリボン　コレージュ・ド・フランスは非常に権威のある組織です。大学組織の頂点にあるものです。しかしいつだったか、自分は伝統的な大学の外でずっと今までやってきた、というようなことをおっしゃるのをお聞きしたことがあります。

レヴィ＝ストロース　権威ある組織、というのはおっしゃるとおりです。しかし同時に、それがフランソワ一世によって創設されたときから、コレージュ・ド・フランスが大学組織の外にあり、また外に留まろうとしたことも事実です。その前に、私が教えていたのはブラジル、アメリカ合衆国でした。フランス帰国後は高等研究院です。大学で教えたことはありません。

E　伝統的な大学の外で仕事をなさってきて、何かメリットはありましたか？

L＝S　よりいっそう自由であったということですね。それにある意味では、それはずぼらな精神に妥協した結果です。きちんと規則的に何かをしなければならないということ、たとえば、カリキュラムに従う、試験をする、論文審査をする（これはときどきやらされますが）というような義務的仕事は、私はあまり好きではありませんからね。コレージュ・ド・フランスの教授は、毎年新しいテーマについて講義をするということ以外の義務を負わされていません。これは私にはまったく好都合なわけです。

E　その自由は実り豊かな自由でした。なぜなら、あなたの講義はよくそのまま本になりましたから。『発された言葉』(28)のなかでそのことを書いておられますね。

L＝S　コレージュに入ってからは、講義をするのと本を書くのは同じことでした。形はもちろん違いますよ。しかし、コレージュの講義は私にとっては実験台の役をしてくれました。

E　コレージュ・ド・フランスでは一九六〇年から八二年まで教えておられますが、その長い期間に、これといった事件は何かありましたか？

L＝S　大きな事件と言えば、コレージュの建物のなかに社会人類学研究室が移転したことでしょうか。

今でも覚えていますが、私が推薦候補者としてコレージュを訪問したときに、地理学講座担当の教授に面接したことがあります。彼の研究室は最上階でしたが、シャルグランが建てた十八世紀末の建物の一翼全部を使っていました。教授の研究室といくつかの整理室を除けば、その主要部分は二つの大きな部屋で構成されていて、ごく小人数の人たちが大きな柏の木のテーブルで仕事をしていました。長い壁の隅は付け柱で飾られていましたが、その壁に沿って手の届く高さのマホガニーの棚が並んでいました。スタイルは簡素なものなのですが、デッサンとか寸法の釣合いがとても素晴らしい物でしたね。復古王政の時期には、それらは最近言うところの事務器材の極上品だったに違いありません。その中にはルイ十八世の鉱物標本のコレクションが収められている、ということでした。

講座担当教授はどうやら君主制支持者だったようです。多分そのために、自分の研究室が古い時代の雰囲気を残していることを彼は気に入っていたのでしょう。彼に向かい合う形で、研究室の奥には、黒大理石でできたアンリ四世の等身大の胸像が置かれていました。窓の外には百年以上も経っていそうな巨木の葉群が見えていました。

私は衝撃を受けました。毎日、このような広々とした、静かで、奥まった場所で研究生活を送れたらどんなにいいだろう。十九世紀そのままの共同研究室というのがあるとすればまさにここだと思いました。私にとっては、それが、コレージュ・ド・フランスでしたし、そのようなコレージュ・ド・フランスに入りたいと思ったわけです。クロード・ベルナールや、ルナンがいた建物です……。

その直後に、たまたま、その地中海地理学の講座が空席になったのです。教授会でそこを天文学講座に振り変えることが決まりました。ところが、最上階で屋根のすぐ下にいたわけですが、地理学研究室は天文学にふさわしい場所を提供するほどには空に近くなかったのです。当時院長はマルセル・バタイヨンでしたが、彼の発案で我々をそこに入れようということになって、教授会でも承認されました。私が最初にあの夢の空間に入り込んだ時には夢にすら考えられなかった奇跡が、こうして、現実のものになったのです。

我々が仮住いをしていたイエナ大通りのギメ旧邸宅から、その場所に移ったときには、あのすばらしいマホガニーの棚や鉱物標本は、マルスラン・ベルトロからコレージュ・ド・フランスに遺贈されていたムドンの城館に移されていました。二つあった大部屋の一つに図書を入れ、比較民族学資料センター（イェール大学から来た例の「地域別ファイル」の何百万というカードに我々はそういう名前を付けていました）をもう一つの部屋に入れました。残念なことなのですが、屋根裏の最上階でしたから個人用の研究室を作るために壁で仕切らなければなりませんでした。共同の部屋では、タイプライターの音や人の話声で研究ができなくなりますからね。しかし私は教授研究室だけは、昔の戸棚式本棚と柏の木目を描き付けている木の内装をそのままに変えないで残してもらいました。職人技を必要としましたので、見積書の額が少し張りましたがね。しかし全体に手を加えることは無駄ではなかったのです。もう八十年も塗り変えてなかったのですから。

E　あなたが教えている間は人類学研究室は「旧」コレージュにずっとあったのですか？

L＝S　そうです。しかしそのうちすぐに困ったことがもちあがりました。技官と研究員を合わせると、研究室の人員は三十人を超えていました。部屋の数が足りないので、所属研究員の半数は自宅で仕事をするか、あるいは研究費の潤沢にある研究員がどこかに調査に行くのを待って、数カ月間だけその空いた机を使うかしかなかったのです。図書も増えていました。もう本の置き場もなくなっていたのです。とくにイェール大学からは、契約者である我々のところにキロ単位でカードが送られてくるんです。すでに人の背を超えて積み上げていたカード・ボックスにそれを収めようにも、古い床が抜けそうな気配でした。開けてない小包が部屋の方々に転がっていました。ところでそのカードですが、それを何も知らないで馬鹿にする人もいますけれども、実は図書館みたいなものなのです。何千という本とか論文が頁ごとに、あるいは各行ごとにインデックスを付けられてそこに収められているのです。しかも全文コピー付き、なのですよ。この文献の宝庫を誰でもが使えるようにと我々は努力したのですが、それ以後だんだんと制限されるようになっていました。

ちょうどその頃、もう一つの奇跡が起きたのです。一九七七年のことなのですが、フランス共和国大統領がサント＝ジュヌヴィエーヴの丘〔パリ第六区、パンテオンの立っている丘〕にある理工科学校の旧い建物の一部をコレージュ・ド・フランスの所属に変えてくれたのです。コレージュ側はそこに人文科学の研究室を集めることを決めました。我々の研究室もそこに含まれていました。この移転で我々のスペースは倍になりました。予算を獲得し移転工事を行なうまでに七年かかりましたが、それでも私は一九八二年に退官するまで、その移転の監督をすることができました。その建物もやはり歴史の栄光を担っているものでしたから、私はその鉄の構造体と伝統あるアラゴ大教室の装飾を保存したいと思っていたのです。その大教室が我々の研究室の図書室になり、その周りに研究室を配置するようにしたのです。

アフリカ社会の比較研究の講座の教授であったフランソワーズ・エリチエ＝オジェが、私の後の研究室主任になったのですが、さらに増員された研究室スタッフとともに、一九八五年の春に、新しい研究室に引っ越しました。彼らの要請で私はそのまま研究室の一員として残ることになりました。社会人類学研究室は一九六〇年に創設されたのですが、そこに引越した時から、第三の世代に入ったのです。

E　教授職をお辞めになった後は社会人類学研究室の責任者ではなくなったのですか？

L＝S　もちろん。私はむしろ研究室のメンバーの一人になりきろうと努力しました。そればかりか、今は退官した身なのですから、現役の同僚よりは一歩下がったところにいようと努めました。若い頃に私は、古い人間が必死に今までの地位を守ろうとした例をたくさん見ていました。私は自分だけはそうなるまいと心に決めていましたから。しかし、求められれば、自分の意見は言いました。

E　あなたの研究室、と言ってよろしいでしょうね、当時は実際、文字通りあなたの研究室だったわけですから。そのあなたの研究室は、六八年の出来事をどう乗り切ったのですか？

L＝S　コレージュ・ド・フランスもだいぶ動揺しましたが、大したことはありませんでした。立場が他とは違っていましたからね。その構成からいって、コレージュ・ド・フランスは、大学というよりもむしろアカデミーに近いものでした。五十人ばかりの教授で構成され、自治権を持っていました。制服もあったようなのですよ。私の知る限り一度も着られたことはなかったようですがね。その制服がやはり大学の教授用トーガとは違って、学士院の服に似ていました。縁飾りが紫、という違いはありましたが。

いずれにしろ、研究というものの環境が変化していました。とくに自然科学者の場合にそうです。彼らにはどうしても研究室が必要でしたから、たいていはCNRS〔国立科学研究センター〕とかコレージュの外の組織に行って、研究室を確保するというのが普通でした。研究者は研究室を作り、そこに大勢の研究員を置くという形です。研究員の数はますます増える傾向にあります。六〇年代には、コレージュ・ド・フランスは教授の他にさまざまなステータスの研究員を千人ほども集めていた、というか受け入れていました。彼らは自分たちが組織の不可欠の一員として認められ、発言権を与えられ、その管理運営に参加することを望んでいました。彼らの要求は研究室という範囲内では一定の意味を持っていたのですが、コレージュ・ド・フランス全体ということになれば、これは組織の性格を完全に変えてしまうことになります。

E　あなたの研究室でも同じ要求が出されたのですか？

L＝S　社会人類学教室には左翼的空気が支配的でした。とくにMLF〔女性解放運動〕が強かったですね。女の人が男より多かったものですから。内部にきしみがあることを察知した私は、あれこれ口実を設けて家に引き籠り、成りゆきに任せたのです。中で一週間ほどもめたようです。それから私を呼びにきました。

E　レーモン・アロンがその『回想録』のなかに、一九六八年の十月にあなたから受け取った手紙を引用しています。そのなかで、あなたは大学の現況を論評し、加えて、あなたの研究室の仕組みに触れて、「身分、あるいは役職の区別は存在しない」と書いています。(29)

L＝S　そのことがあの危機を乗り切るのにずいぶん役だったのです。最初は研究室は小さいものでしたから、指導とか管理とかの機構を作る必要もあるまいと思われたので、研究室会議を定期的に開いていました。掃除のおばさんまでも含めて、研究室のメンバー全員が、完全に同等な資格でそこに出ていました。我々の研究室は直接民主制だったのです。だから、そこでは何かを要求するということは、意味を持ちません。この仕組みは私が辞めるまで、みんなが満足できる形で、機能していました。国立科学研究センター（CNRS）がややこしい管理規則を押しつけてこなかったならば、今でもそれは存続していたにちがいありません。

E　一九六八年の騒ぎのなかであなたがやり玉にあげられるということはありましたか？

L＝S　一度もありません。

E　女性闘士からも？

L＝S　一人、二人いくらか興奮した女性はいました。彼女たちは研究室を辞めるように言われました。私が言ったわけではなく、研究室全員の意見でそうなったのです。

E　当時、あなたとコレージュの他の教授との関係はどうだったのですか？

L＝S　「科学畑の人」（scientifiques）と呼ばれている人たちとそうでない人たちとの間に態度の違いがあって、コレージュ内部の状況は複雑でした。生物学者とか物理学者などは実験室なしでは何の研究もできません。私のような「文学畑」の人間で研究室の主任をやっているような者とは事情が違います。たとえ研究室が明日からなくなるということになっても、私の研究は何の影響も受けない。受けたとしても、ごくわずかでしょう。そういうわけで私は「科学畑」の同僚たちとは反対の意見を持っていました。彼らは彼らの研究室のスタッフにも彼ら自身にも受け入れられるような解決策を見出そうとしていましたし、私は両者の分離を主張していました。一方では、本来あるべきコレージュ・ド・フランスの組織、つまり五十人ばかりに狭く限定された共同体。もう一方には各研究室組織。そこではその構成メンバーが自分たちの好きなように組織形態を決めればよい。これらの研究室には本体のコレージュは口を出さない。ただし、コレージュの教授がその研究室の指導教授である場合にはその研究予算をそこに配分するものとし、またその研究室がコレージュの建物内にある場合には、その営繕をコレージュが行なう。それが私の考えでした。

E　もっと一般的でいいのですが、六八年のあなたの生活を話してください。

L＝S　私は占拠されたソルボンヌのなかを歩き回りました。民族学者の眼をもって、です。また友人たちと何かの討論集会に出ることもありました。私の家でも、そういう集会が一、二度ありました。

E　運動全体のなかで立場を明確にする、ということはなかったですね。

L＝S　ありません。最初のもの珍しさが過ぎ去り、ばかばかしさに飽きてしまった後では、六八年五月というのは、私には嫌悪すべきものでした。

E　なぜですか？

L＝S　なぜなら、私はバリケードを作るために立木を切ったり（木は生き物ですよ、敬意を払うべきです）、みんなの財産であり、みんなの責任でもある公共の場所をごみために変えたり、大学やその他の建物にいっぱい落書きをしたり、というようなことを認めないからです。それに、研究とか組織の管理運営が無意味な屁理屈で麻痺させられる、ということにも我慢なりません。

E　それでも、あれは激動の、革新の、新しいものの構想の時期であったのではないですか……。そういう側面はあなたの気を引くはずのものだと思うのですが？

L＝S　あなたをがっかりさせて申し訳ないのですが、それは違います。私にとって六八年五月は、もうずっと以前から進行していた大学の堕落の階段を、さらにもう一歩降りるということでした。高校生の頃から私はもう、私の世代は——もちろん私も含んでの、私の世代は、ベルクソンやプルーストや、デュルケームなどが若かった時代と肩を並べることはできない、と思っていました。六八年の五月が大学を解体したとは思いません。むしろ、大学が自らを解体していたがゆえに、六八年五月の事件が起きたのです。

E　六八年五月に反対なさるその立場は、あなたの青年時代の政治活動と完全に手を切るということを意味しませんか？

L＝S　そうですが、しかし、その断絶の跡を辿れば、もっと早い時期に遡るのです。『悲しき熱帯』の最後の部分を書いた時まで遡るのです。今でも思い出すのですが、私は当時何とかして自分の思想的・政治的過去との関係を維持しようと努力していました。今でもその部分を読み返すと、何か虚ろな響きが聞こえるように思います。ですから、過去との断絶はもうずっと前から始まっていたものなのです。

E　先ほど、あなたがレーモン・アロンに出された手紙の話を持ちだしましたが、レーモン・アロンとはいつ知り合われたのですか？

L＝S　それはもう覚えていません。戦後であることは間違いないのですが。戦前には、多分、ブランシュヴィックのところでちらっと見たことがあるかもしれません。ブランシュヴィックは毎週日曜日が訪問指定日だったのですが、私は一、二度先生のところにお邪魔をしたことがありましたから。

E　手紙を書かれたということは、何か親近感があったからですか？

L＝S　お互いに気心は知れていました。しかし親密というのとは違います。何度か手紙のやりとりをしました。彼の手紙もいくつか私の手元にあるはずです。

E　「アロンとともに正論を吐くよりもサルトルとともに間違う方がよい」という有名な文句があるのをご存じですか？　あなたは、どちらかと言うと、「アロンとともに正論を吐く」方の味方だと思いますが？

L＝S　もちろんそうでしょう。

E　レーモン・アロンが死んだとき、あなたは「アロンは正しい人だった」と堂々と言い放ちましたものね。[30]　彼の書くものはずっと読んでおられましたか？

L＝S　定期的に読んでいたわけではないのですが、眼につけば読みました。彼の精神の明晰さ、判断の的確さには感心したものです。

E　同じ対談のなかで、あなたはアロンをサルトルに対置し、サルトルを「偽りの精神」と言っていますね。

L＝S　そうです。それはそうです。しかし、サルトルは天才でした。この「天才」という言葉はアロンにはあてはまりません。サルトルは特別の人間です。大きな文学的才能に恵まれ、あらゆるジャンルで抜きんでた仕事を残すことができました。それはそうとして、サルトルという人間は、どんなに優れた知性でも、歴史を予言し、さらにいっそう悪いことには、歴史のなかで一つの役割を演じようとすれば、支離滅裂なことになってしまうということの、もっとも典型的な例なのです。人間の知性というものは、アロンがやったように、歴史を後から理解しようとすることができるだけなのです。歴史を作る人間の精神的能力というのは、知性とはまったく違った性格のものです。

第八章　緑の礼服

アカデミー・フランセーズ

エリボン　一九七三年にあなたはアカデミー・フランセーズの会員に選出されました。アラン・ペールフィットがアカデミー・フランセーズの会員に選ばれたときの答辞[31]のなかで、あなたは、アカデミーの会員になるかもしれないという考えが自分の頭に「浮かんだことはない」とおっしゃっていますが、どういうわけでアカデミー会員になられたのですか？

レヴィ＝ストロース　数年前から、ときどき、合図を送ってよこす人はいたのですが、私はとりあいませんでした。最初にそのことを話したのはアンドレ・シャンソンでした。シャンソンは古くからの知り合いです。一九二八年から三〇年の間、彼はブルボン宮〔国民議会議事堂〕の急進グループの書記局員をやっていました。社会党グループの書記局員であったデアの部屋が彼の隣だったのですが、そこに私は出入りしていました。セヴェンヌでは、シャンソンの屋敷が私の両親の家から三、四キロほどのところにありました。一九四〇年の休戦の後、私たちは二人とも、セヴェンヌに引っ込んでいましたので、その三、四キロの道のりを一緒に歩きながら、当時の出来事をあれこれ議論したものです。彼との関係は戦後また同じような形で復活しました。その頃のことでした、シャンソンがアカデミーのことを私に話したのは。まさかと思いましたので、まあこれは親切から言ってくれるのであろうと考えることにして、格別注意を払いませんでした。その後に、私のあまりよく知らない有力な人物が、舞台に登場することになります。ヴラディミール・ドルメッソンです。一、二度彼から手紙を貰いました。今度も私は知らん顔を決め込みました。最後にモンテルランが死んだとき、ジャン・ドルメッソンが――このジャン・ドルメッソンという人は、まだアカデミーには入っていませんでしたが、彼の才能には私は当時すでに注目していたし、親しく隣人関係を取り結んだこともあったのです（私がユネスコで社会人類学国際委員会の仕事をしていたときに、彼も同じ頃、哲学と人文科学の国際委員会の委員長の仕事を引き受けていました）が、そのジャン・ドルメッソンが、モーリス・ドリュオンと一緒にある会談を設定してくれたのです。二人とも、今がチャンスだ、出ろ、と言うのです。モーリス・ジュヌヴォワという人物に会え、と言うのです。当時アカデミーの終身事務局長の役職にあった人物です。そこで私はこの人物に会いに行ったのですが、彼も同じことを言う。そこで私は、ブリティッシュ・コロンビアに出発する前日に、立候補の届を送ったのです。

E　候補者はあなた一人だったのですか？

L＝S　もう一人いたのですが、引っ込めました。

E　ということは、何も問題なく事は運んだというわけですね。

L＝S　そうです。しかし大々的成功というわけにはいきませんでした。第一回の投票で選ばれたのですが、わずか一票の差でしたからね。

E　周りの反応はいかがでしたか？

L＝S　悪かったですね。妻とか息子たちはそうでもないのですが、私の同僚とか友人たちは、わからない、と言うのです。私に裏切られたと感じたようです。彼らはアカデミーに対して何か空想的な観念を持っていましたから、私が彼らを見捨てて、別の世界に行ってしまうと考えたのです。

E　そこには、多分、そのアカデミーというものに対する反感もあったのでは……

L＝S　そうです。少し幼稚だと思いました。彼らのことは大切に思っていましたから、私は弁明しようと思いました。私の受諾演説の最初の部分は彼らに向かって言っているのです。そこで私はアメリカ・インディアンの儀礼とフランス社会の儀礼を比較しています。その場に出ていたアロンが後で私にこう言いました。「あなたの演説は結構だ。しかし期待通りのところに力点を置きすぎましたね。みんなそういうものを期待していましたからね。」それがアカデミーの会員に向けられたものでも、一般聴衆に向けられたものでもなくて、私の同僚たちや友人に向けられたものであった、ということは彼にはわからなかったのです。私は同僚や友人たちにこう言いたかったのです——遠い国の人たちの儀礼を一生かけて研究しているのなら、同じことを自分が生まれ育った社会の儀礼に適用してみないということはありえない、とね。民族学者に向かって話しているのですから、私はきちんと筋道立てて話すべきだと思ったのです。

E　こんなふうな反論が出そうですね。そのなかに入り込まなくても、ある社会制度を評価し、観察し、研究することはできるのではないか。

L＝S　おそらくね。しかし、自分に声がかかったのは、それは、自分がその制度の維持に何がしかの役に立つと判断されたからだということを認めないのは、やはり自己欺瞞ということになりませんか。望もうと望むまいと、自分が責任の一端を担うことになるわけだし、もはや単なる傍観者でいることはできないのです。

モンテルランの後のポストだったのですが、彼は生前も死後も重要な位置を占めていましたから、同じ系譜に属する後継者を見つけることはアカデミーにはできなかったのです。そこでアカデミーはその系譜の断絶の方を選んだのです。今まで民族学者がアカデミーの会員になったことがない？　そうか、それならば、民族学者を選べば、選択のユニークさが、選ばれる人以上に世間をアッと言わせることになるだろう。うん、これはうまい方策だ、というわけです。

『若い娘たち』以外には、私はモンテルランの作品はほとんど読んだことがなかったのです。それが、モンテルランに賛辞を呈するはめになってしまった。メモを取りながら私は彼の作品を全部読みました。その結果、私は『独身者』と『砂のばら』の作者に対して、そしてまた人が何と言おうと、モンテルランという思想家に対して、心からの敬意を抱くようになりました。ですから私のほうに気持ちの上での無理はありませんでした。私の先任者の人格に関しても、私が三五〇年の伝統を誇る制度的機構の一員になるということに関しても。伝統あればこそ尊敬もされるということなのですが。

E　フェルナン・ブローデルが新しくアカデミーの会員になったときの歓迎演説のなかで、確かにあなたは、アカデミーを賞賛するために、それが長い伝統を持つことを指摘しておられます。相手がフェルナン・ブローデルだからそう言ったのですか、それともこの不滅の伝統に本当に価値を見出しておられるのですか？

L＝S　儀礼とか、その伝統とかを過小に評価してはなりません。一つの社会が存続するのは、それが無条件に一定の価値に結び付けられているからであって、それらの価値が無条件に受け入れられるためには、感覚的側面を持っていなければなりません。その感覚的側面が理性の掘り崩しからそれを防御するのです。オクスフォードで、ケンブリッジで、あるいは一般的に言ってイギリスで私はいつも感心させられるのですが、そこでは社会が儀礼に然るべき地位を与えている。アカデミーはそのようなもののフランスにおける最後の生き残りですよ。私は市民として、また民族学者として、それを存続させる手助けをするための義務を負っていると信じています。

E　あなたがアカデミー入りされた時、その伝統的な受諾演説をする役に当たったのはロジェ・カイヨワでした。最初からずっとあなたを賞賛する言葉を振りまいていたのに、最後のところで、いわば毒矢をあなたに放っています。それが不思議なのですが……

L＝S　それには長い前史があるのです。ブラジルにいたときに私はよくカイヨワのことを耳にしました。当時、外務省で海外学術協力事業——現在では文化交流事業と呼ばれている部局の部局長をしていたのはジャン・マルクスでした。彼とは後になって高等研究院第五部門で彼がケルト宗教の研究をするようになったときに同僚だったこともあるのですが、その彼が、突然、カイヨワに惚れ込んでしまったのです。何かと言えばその名前を口にしていました。ですから、私は最初、カイヨワ(Caillois) の名前は、〔ケルト風に〕Khaillouah とでも書くのかと思ったほどです……

カイヨワとはニューヨークではじめて会いました。私が文化参事官をやっていたときのことです。彼がアメリカにきた時の接待役が私だったのです。大使館文化部で何か講演をしたのですが、私には気に入りませんでした。その講演は大部分がシュールレアリストたちに矛先を向けたものでしたが、シュールの連中は私の友人でしたからね。それに彼は知的かつ精神的な「秩序への復帰」を主張したのです。

それ以来カイヨワに会ったことはないのですが、突然、あなたもご承知のユネスコから頼まれて書いた『人種と歴史』というあの冊子を批判するひどい文章を彼は発表したのです。私はひどく腹が立ちました。私は激しい口調で彼に対する反論を書きました——当時はまだ、批判されれば反論すべき、と考えていたのです。《レ・タン・モデルヌ》に載った「横たわるディオゲネス」という文章がそれです。[32]

E　カイヨワはどういう点であなたを批判したのですか？

L＝S　彼の私に反対する論点は、西洋文明の絶対的な優越というものでした。そこから私を文化の相対論者であるとこき下ろしたのです。よくある例の奴ですよ。私の反論はどちらかというと情け容赦しないというふうなものでした。さてそこで私がアカデミーに立候補という段取りになるのですが（カイヨワは私より二年はやくアカデミー入りしておりました）、彼が私を支持しているという話を聞いたのです。それに私は感動しました。会員に選出された後、私の受諾演説をお願いすると彼に頼んだのですが、その時、こういうことを言ったのです。「あなたの好意に対する私の感謝の気持ちを表わす唯一の方法は、あなたに最後の言葉をお任せすることです」ってね。あれこれ勿体をつけていましたが、最後には引き受けてくれました。

こうして二人の間の不愉快な過去を葬ることができるだろうと私は考えていたのです。ところがあてがはずれました。カイヨワは昔の恨みを思い出し、あなたのご指摘の通り、演説の最後の部分で耳障りな文句を言ってしまったのです（元のヴァージョンはもっととげとげしいものでしたよ）。それはともかく、以後彼の早すぎる死まで、私は彼の親しい友だちでした。

カイヨワは深い教養のある人物でしたし、また人の思いもかけない比較、彼の言うところの「対角線上の比較」を好む人物でした。彼はマルセル・モースの講義を聴講していましたので、そこからヒントを得ていました。だから話せば判る相手だったはずなのです。しかし彼は文体のために研究をないがしろにしました。彼の思弁を文学創造的な平面に閉じこめようとしたのです。形式の方が内容よりも彼には大事だったのです。ですから内容を少し厳密に、少し客観的に検討しようとすると、彼はもう我慢できないのです。奇妙な逆説というべきなのでしょうが、彼は彼のいつもの保守的な精神に沿う形でなのですが、昔のシュールレアリストたちとの論争で使った言葉を転倒しているのです。

E　あなたはアカデミーの例会には出席しましたか？

L＝S　かなり規則的に出席しました。

E　例会というのは何をするのですか？

L＝S　アカデミー内部の問題を討議するのです。それから辞典の編纂に移ります。ちょっとまた学校に戻ったという感じでしたよ。ある語の意味を正確に定義するということは、いい頭の訓練になります。日常生活では言葉をどれほどいい加減にというか、時には間違って使っているかということがよく判ります。意味の解らない職業用語にぶつかることもよくありました。私が常々残念に思っていたのは、職人さんたちと話をする時、長ったらしくて不器用な言い換えに頼らなければならないということでした。ところが彼らは、道具の一つ一つ、資材の一つ一つ、所作の一つ一つに対してぴたりとあてはまる言葉を持っているのですね。それらの用語の意味を確定し、その使用を普及させるというのは有益なことだと私は思います。それに、これはまたそれとは別のことなのですが、英語や米語からの借用語をできるだけ避けるというのも必要なことです。原則としてそういう借用を認めないというのではないのですよ。そうではなくて、今は忘れられているが古いフランス語のなかに、まったく同じことを表現できる言葉があるときにはそれを用いるべきでしょう。私が意見を求められたのは、普通は、民族学の用語です。たとえば「ブーメラン」という語を三行ぐらいで定義するというのは、それも他の辞書がしているようなばかばかしい誤りをしないでそうするのは、それはそれで頭を使わなければならないものだ、ということは判っていただきたいものです。

言葉はものを書く人間の道具です。複雑で扱いのやっかいな道具です。その資源がどれほどあり、どんな制限があるかを知らなければなりません。その点においては、これで十分ということはないのです。辞典作りはスポーツ選手の体操のようなものです。あるいは音楽家の音階練習のようなものです。それは、それを行なう者にも、その成果を利用する者にも同じように必要なものだと思います。少なくとも私はそんなふうに考えています。

E　一九八四年に、当時「女性の権利」庁の長官だったイヴェット・ルーディが設置した委員会がいくつかの語に女性形を作るようにとの提案をしたときに、それに反対するアカデミー・フランセーズの反対声明を起草したのは、あなただという噂がありますが。

L＝S　私が起草しました。ルーディ委員会が提起した問題は無視できるものではありませんでした。フランス語の将来がかかっていましたからね。

E　フランス語を変えるというのはあなたの考えに反することなのですか？

L＝S　時の風潮に任せて、というのなら反対です。アカデミーが慣用を観察し、必要に応じてそれを承認する（今、私が使った「承認する」という動詞 sanctionner は最近では「処罰する」という間違った意味で使われていますが、本来は「承認する」という意味の言葉なのです。私は「処罰する」という意味ではこの語を使いません）ということは、当然のことなのです。それが慣用になっているというのならば、そしてそれがフランス語の精神に反せず、また語形的にも正しいものであるならば、私もある種の語の女性形を認めないというのではありません。私が認めがたいのは、圧力団体のご機嫌をとるために、政令で言葉を布告しようという態度なのです。とくに、男女の性の問題を文法的性の問題と混同するというような乱暴な議論をしているのですから、なおさらのことです。デュメジルがそのことに関して、《ヌヴェル・オプセルヴァトゥール》にみごとな論評を書いています。後世に残すに値する文章ですよ。[33]

E　それならば、いわゆる「フラングレ」〔フランス語のなかで使われる借用英語〕も同じ扱いをすべきではないか、と反論がでますよ。今では「週末」を言うのに week-end は慣用になっているのだから、なぜいまさら fin de semaine と言わなければならないのか、ということになりませんか？

L＝S　賛成できません。それとこれとは別の問題です。先ほども言いましたが、英語の場合にはすでにフランス語の単語があるところに、それを借りてきているわけです。ただそのフランス語の単語を忘れているだけです。問題は、それをもう一度使うようにすればすむことです。性の区別をしないで同じ両親から生まれた子供を言うのに英語の sibling という語を借用するほかないと、フランスの民族学者は思っていたのです。ところが、フランス語の germain というのがまさに同じ意味の語だということを（cousins germains「両親の兄弟から生まれた従兄弟」というのは非常に近い従兄弟でほとんど兄弟姉妹なみに考えてよい、ということなのです）、私は明らかにしました。それ以後は、相変わらず sibling なんて書いている人は遅れている人だけですね。

それとは違う場合、つまり、フランス語にはそれを言う語がない場合、あるいはあってもフランスに存在しないものに適用するとその本来の意味が損なわれるので外来語を使っている場合、そういう場合には、それをそのまま採用すればよい。あるいは、フランス語化して使えばよい、ということです。フランス語は常にそういうふうにして豊かになってきたのです。フランス語には外来語がいっぱいあります。ブラジル中央部のインディオが話しているものまであります。

その一方で、英語の借用でフランス語のシンタックスが悪影響を受けるのには反対しなければなりません。私が審査した博士論文のほとんど大部分が、国家博士論文であっても、アングロ＝サクソンの科学文献に肥育された結果、動詞はêtre〔英語のbe動詞に相当する〕しか使わず、全部受身の構文で書かれているというのが現状です。

E　ニューヨークに住んでおられたから、あなたは英語を上手にお話しになる。他にもたくさん外国語は習われましたか？

L＝S　いいえ。私は語学の才能はまったくありません。英語で論文は書きますが間違いだらけです。英語で講演もしますが、ひどい訛の英語です。

E　そのことを不自由に感じられたことはありませんか？

L＝S　ありますとも。非常に不自由です。

E　デュメジルのように外国語を習得するという強い意志を持たれたことはないのですか？　外国語に対する飽くことなき情熱といいましょうか？

L＝S　デュメジルにとっては、それは意志でも情熱でも何でもありませんよ。単に才能の問題です。デュメジルの場合には、翻訳が横に付いているテクストを見つけて、それを百頁ばかり読めば、もうその言語がわかるというのですから、私は啞然とするばかりです。

E　ブラジルにいらっしゃった頃には、ポルトガル語の習得は試みられましたか？

L＝S　もちろん。しかし当時はどうしても覚えなければならないというものでもなかったのです。と言いますのも、少し教養のあるブラジル人ならばフランス語を話しましたからね。調査に出かけたときには、内陸部の農民とはブラジル語で話しました。田舎のブラジル語で、方言と言ってもいいものでしたが。

E　それから、日本語は？　最近では、とくに日本に関心をお持ちのようですから。

L＝S　ここ十年ばかりかなり努力はしてみたのですが、もう年を取り過ぎました。右の耳から入っても左の耳に素通りですよ。

E　旅行はお好きですか？

L＝S　しょっちゅう旅行はしなければならないのですが、旅行自体は好きではありません。スタール夫人が『コリンヌ』のなかでこんなことを書いています。「旅行は、人が何と言おうと、人生のなかでもっとも悲しい楽しみの一つである」、と。私の気持ちもだいたい同じですね。

E　『悲しき熱帯』冒頭の例の有名な文句、「私は旅行が嫌いだ」というのは単に口から出まかせというのではないのですね……

L＝S　もちろん、いくらか挑発ということはありましたよ。しかしながら、若い頃を除けば（その頃には、本当にどこか「別の世界」に行くことができましたからね）、旅行が本当に好きだと思ったことはありません。十年ほど前から、まだ行っていないところを埋めるために、また旅行するようになりました。まだ残っているのは……

E　今までにどこへ行かれましたか？

L＝S　メキシコ、カリフォルニア、イスラエル、イタリア、韓国。日本には四度行きました。また行きたいですね。

E　日本のような国に行かれたときにはどうなさるのですか？

L＝S　一度か二度、三度のときもありますが、とにかくそれぐらいの講演をしてあとは自由です。それから自分の希望を出しておいたコースで国内を旅行する。ずいぶん方々を回りましたよ。

E　日本のどういう点に惹かれるのですか？

L＝S　古い文化を持っているということですね。それがフランスと驚くほどに対照的なのです。対照と言っても、まるで反対の対照なのですよ。日本がユーラシア大陸の東の端であるということ、フランスがその西の端であるということを忘れないでください。この両国は、何千年もの間人々が住み着いている広大な領域、多くの人間たちが、またさまざまな思想が、絶えず往来してきたそのユーラシア大陸という広大な領域の両端に陣取って、まるで反対側を向いているようなものなのです。歴史上に展開された変化の系列の両端をこの両国に見出した気がします。

E　近代の日本には関心がないのですか？

L＝S　いや関心は持っています。いずれにしろ、それを無視するわけにはいかないでしょう。しかしこの近代日本に対する関心というやつも、現在をその遠い過去に結び付けて考えるのでなければ起こらなかったと思いますよ。

E　社会学的関心ではないのですか？

L＝S　むしろ民族学的関心です。もっと言えば、考古学的関心ですね。学生と一緒に韓国を旅行したことがあるのですが、その点が彼らには不満だったようです。彼らは多分非常に政治的な連中だったのでしょうけれども。後で聞いた話ですが彼らは仲間内で、「このレヴィ＝ストロースというおいぼれは、昔のことにしか関心がないんだ」と言い合っていたらしいのです。ある意味では、それは当たっています。

自然も私の重大関心事です。とくに日本の自然は――日本は国土の四分の三が人の住んでいない土地ですので、よく人はそのことを忘れるのですが、素晴らしく美しい自然の光景を見せてくれるのです。さまざまに異なった光景を見せてくれるという点では、日本の自然も他の国の自然と同じことです。しかし、ヨーロッパやアメリカでは、風景のある一つの構成要素、というのはつまり植物相のことですが、それ自身が多様なのです。ボードレールも「多様な植物」と言っている通りです。ところが日本では、風景の多様さは、杉の木、竹、茶畑、水田というようないくつかの規則的な構成要素から生み出されているのです。その形態からいっても色彩からいっても、日本の風景はヨーロッパのものよりも濃密で、あくまでも豪奢なのです。

日本に行けば、歴史遺物や風俗と同じほどに私は樹木や草花にも関心をもって見ました。しかし、草も木も、さらには石でさえも、生命を付与されたものであるというのは、日本人の古くからの宗教感情の精髄ではないでしょうか？　日本が私にとって魅力ある国である理由の一つは、そこでは高度に発展した文学・芸術・技術からなる文化が、ずっと古い過去の時代に直接つながっているということが感じられるという事実にあるのだと思います。古い時代ということになれば、民族学者にはなじみの世界ですからね。

第九章　「退屈することはありません」

エリボン　一九六四年から七一年までの間に、あなたは四巻から成る『神話論理』を出されましたね……

レヴィ゠ストロース　あの頃、私は毎日、朝は五時か六時には起きていましたし、週末っていったい何だ、というような生活をしていました。本当によく仕事をしました……

E　その成果は巨大なものでした。一巻がそれぞれ数百頁、全部合わせると二千頁にもなります。

L゠S　私が憶えているのは、とくにあの本を書くときに経験した苦労ですね。そっちの方は成果よりもいっそう巨大なものでしたよ。

E　何か本を書き終えたときには、ある種の喜びと言いますか、心からの満足というようなものをお感じになるのでは？

L゠S　書き終えたという満足ですね。しかし、私には書く喜びなどというものはありません。書くときに感じるのは、むしろ、不安です。不快感と言ってもよい。書き始める前の数日間、私は白い原稿用紙を前にして、なかなか最初の書き出しの一文を書けないのです。

E　本が出たときには、何を感じられますか？

L＝S　本は、死んだもの、すでに終わったものです。私には無縁な死体のようなもの。本は私の体の中を通り過ぎてゆくものです。私自身は、数カ月、あるいは数年の時間をかけて、いろいろなものが自らを作り上げ、組み上げてゆく、その場所なのです。それから、その作り上げられ組み上げられたものどもは、まるで呪われたもののように、私から離れてゆくのです。

E　ご自身でいちばんお好きな本はどれですか？

L＝S　それすら私にはわかりません。自分が書いた本を読み直してみると、私以外の人間が書いたような気がするのです。これは私の子供ではない、という。

E　何か書きたかった本、書かなかったことが残念に思われる本はありますか？

L＝S　文学的な作品を書かなかったことは、何といっても残念です。

E　小説ですか？　それとも、戯曲？

L＝S　どちらかといえば戯曲が書きたかったですね。戯曲ほど厳密な構成を要求される文学ジャンルはないのではないかと思います。あらゆる応答、あらゆる言葉が、身体の所作に協力するものでなければならない。一瞬の息抜きもあってはならないのです。

E　書き始めたことはあったのですか？

L＝S　『悲しき熱帯』のなかに書いている漠然とした計画を別にすれば、ありません。しかしあれは哲学的戯曲というものでしたね。よくできたブルヴァール物〔軽妙なタッチの喜劇作品〕、それが私にとっては究極の戯曲です。

E　反対に、小説の方は書き始めたことがおありだったようですが……

L＝S　……三十頁ほど書いて放棄しましたがね。ひどい出来でしたから。

E　どういう筋立てだったのですか？

L＝S　『悲しき熱帯』という題になるはずでした。コンラッド風の小説を考えてください。筋は新聞か何かで読んだ話が元になっています。太平洋のどこかの島で起きたペテン師の事件です。蓄音機を使って原住民に神様が戻ってきたことを信じさせる、というものです。私の本の中では、そのペテン師どもは政治亡命者か何かで、出身地もさまざまです。いろんな事件が彼らのなかに起きる、という構想でした。

E　タイトルしか残っていないのですか？

L＝S　タイトルと、イタリック体で組んだ数頁が残っています。日没を描写した部分です。それが小説の始まりでした。

E　ジョゼフ・コンラッドになりたいと思いますか？

L＝S　彼のような本を書きたい、とは思いますね！

＊

E　一九八三年に『はるかなる視線』を出されました。前の二冊の『構造人類学』と同じような論文集でしたが、それをなぜ、『構造人類学Ⅲ』となさらなかったのですか？

L=S　その理由はこうです。前の『構造人類学』を出した頃から、構造主義という言葉が濫用され始めました。その結果、「構造主義」はひどく値を下げたものですから、その頃にはそれがいったい何を意味しているか判らなくなっていました。私にはその意味は判っていても、読者の方でもそうだという自信が私にはなかった。とくに、フランスの読者についてそうでした。構造主義という言葉は中身が空っぽになっていたのです。

E　序文に書いてある文句ですが、「構造主義の流行は終わった」というのは、あれはノスタルジアの表現ですか？

L=S　そうではありません。私は抗議のつもりでした。フランスの知識人の世界は過食症にかかっています。しばらくの間、構造主義を喰ってくらす。それがなんらかのメッセージを運ぶものだと思っていたのです。その流行はもう過去のものです。流行というのは五年か十年ぐらいのものでしょう……。パリでは何でもそんなふうに過ぎてゆくのです。ですから、ノスタルジアとか後悔とかは私は感じません。

E　構造主義の退潮は非常に伝統的な考え方への回帰を伴っていました……

L＝S　二つの現象は関係があります。

E　この伝統への回帰を、よくないことだとお考えになるかもしれませんね。

L＝S　どうして私がそう思わなければならないのですか？

E　あなたは、その古い考え方に抵抗して、ご自分の仕事をなさったからです。

L＝S　それはおっしゃるとおりです。しかし私は自分が同時代の人間の救済に責任があると感じているわけではない。

E　あなたの考えはこうですか？　連中がくだらないものを読むのは、嘆かわしいがしかたないことだ。

L＝S　私は「嘆かわしいがしかたない」とは思いません。「そんなもので満足できるなら、結構なことだ」というのが私の思いです。

E　批評家たちは構造主義の流行の終焉に正確な日付を与えています。つまり、六八年五月です。「構造主義は街頭に出ない」という文句はご存じだと思いますが。

L＝S　一つ確かなことがあります。六八年五月というのは、それまでに起きた多くのことがらがいろいろな誤解の上に成り立っていたということの証明だったということです。つまり、知識人たちが一般に構造主義に抱いていた関心というのは、問題の核心を取り逃がしていた、ということです。その理由はいたって簡単なので、構造主義というのは、当時も今も、一つの研究方法なのであって、その研究は、同時代の多くの人間が気にかけていることとは、ほとんど何の関係もないということなのです。

E　あなたの考えでは、研究室の静寂の方がジャーナリズムの喧噪より好ましい、と？

L＝S　まったくその通りです。

E　一九八五年に出た『やきもち焼きの土器つくり』は、『神話論理』の続きのようなものだと思いますが、以前の著作に比べてずっと読み易いものですね。『悲しき熱帯』はもちろん別格ですが。啓蒙的な本を書こうと思われたのは、ご自身の影響力の低下を恐れていたからですか？

L＝S　まず第一に、この本は啓蒙的な意図をもって書いたのではありません。第二に、私は自分の影響力のことなどまず気にかけていません。

E　しかし、それまでの本に比べれば読み易いというのは、確かだと思いますが。

L＝S　そうでもあるし、そうでもありません。そうでもない、という方から説明しましょう。この本が出たときに、たくさんの人から、「この本はたいへん面白いが、しかし難しい！」と言われたものです。それを聞いて私は、この人たちは前の本を読んでいないな、と判りました。彼らはこの本がそれほど厚くもなく、見たところ難しそうでもないので読んでみようと思ったのです。それでも、やはり難しかった、というわけです。

E　しかし、それまでの本を読んでいた人なら、簡単に読める本ですよね。

L＝S　おっしゃる通り。と言うのも、それは、私がずっと以前からとっておいた資料を使っているからです。『神話論理』のなかでも何度か言及しています。それを私はある程度距離を置いて書いたのです。もう資料の山に押しつぶされるという心配をしなくてよい状態でした。『神話論理』は、ほとんど毎日毎日の発見の道筋を論証したものでした。私は、未知の世界である人跡未踏の森のなかで苦労している。その森のなかに道をつけるために、私は汗を流しながら厚い灌木の茂みや密林を切り開いている。ところが、『土器つくり』を書くときには、私はもうその密林を出ていることが判っている。ものごとを遠くから見ることができるし、全体的に見渡すこともできる、という位置にいたのです。

また一方では、『神話論理』の方で細かい論証はすべてやっていますから、それをもう一度辿り直す必要はない。その結論を指摘し、言ってみればそれを一覧して見せるだけで十分なのです。正直なところ、この本だけは、書くのが楽しかったと言えますね。

E　『土器つくり』では、横道にそれるというか、自由な想像を楽しんでいるところがありますね……。ラビッシュとソフォクレスを比べている箇所のことを、考えているのですが。

L＝S　ラビッシュとソフォクレスを比べるというアイデアはずっと以前から持っていました。それがこの本の出発点だったと言ってもいいぐらいです。それに、ラビッシュは私が昔から好きな劇作家でした（しかし、ラビッシュの芝居の最近の上演はひどいものですね）。子供の頃、私は毎週父方の祖母の家で夕食をとる習慣だったのですが、ラビッシュはその時の私の避難所でした。全集の一冊を持ってサロンの隅っこに引っ込んでは一人で笑っていました。

老年が近付くにつれて、昔の記憶の断片が表面に浮かび上がってくるのですね。つまり、円環は閉じられるのです。私は若い頃ワーグナー崇拝の空気のなかで育てられました。青年期になってそれからは離脱したつもりだったのですが、『神話論理』を書いているうちに、私はいつかそのワーグナーに連れ戻されていました。『土器つくり』のおかげで、私は子供の頃の読書体験に連れ戻された、というわけです。もし私に将来の時間が与えられれば、私はまた昔の『ドン・キホーテ』を見つけ出すかもしれません。『ドン・キホーテ』は十歳の頃の私の愛読書でしたから。(招待客があると、わが家では余興に、客の誰かに私が読んでいた縮約版の『ドン・キホーテ』をどこでもいいから開かせて、その頁のどれでもいい、文を一つ読んでもらうのです。その後を私が続けてすらすらと暗誦するという趣向です。私はそれをすっかりそらんじていましたからね。今でもその本の、少し艶のあるバラ色の表紙が眼に浮かびますよ。)というより、私の著作を通じて、一種のドン・キホーテ的精神が私のなかに生き続けてきたのだ、という人がいるかもしれませんね。

E ドン・キホーテ的精神というのはどういう意味ですか?

L＝S 辞書に書いてある通りの意味ですよ。不正を正すことへの、抑圧された者の希望の星たらんとすることへの偏執狂的情熱、というような意味です。私の見るところ、ドン・キホーテ的精神というやつは、本質的には、現在の背後に過去を見つけ出そうという執拗な欲望なのです。もし何かの具合いで将来、私がどういう人物であったかを知りたいと思うような物好きな人が現われたとすれば、私は彼にこのドン・キホーテ的精神という鍵を渡してやろうと思います。

E 『土器つくり』が出たときに、あなたは私に、「もう一冊本を書いている。それが最後の本だ」

ということをおっしゃった。それは今も書いているのですか？

L＝S　材料は揃えてあります。しかし書く方はほとんどやっていません。それは『土器つくり』の、英語でいうところのシスター・ブック、つまり姉妹編になるはずのもので、『土器つくり』で扱われたのと並行関係にある神話の問題を扱うことになっています。神話の内容も違っているし、扱う地域もアメリカの別の地方です。

E　どのあたりが対象になるのですか？

L＝S　ワシントン州からオレゴン州にかけての地方です。アメリカの太平洋岸の北の方です。ただ、集めた材料をどうやって処理したらいいか、よくわからないので弱っているのです。それにそもそも、今までのものに屋上屋を重ねて、また神話学的分析をやる必要があるのかどうか、それもわかりません。

E　もし書くとすれば、どういうタイトルになりますか？

L＝S　書くのを中断した理由の一つに、うまいタイトルが見つからなかったということがあります。一冊の著作に全体的な調子を与えるのはタイトルですからね。

E　あなたは今までにたくさんの本を書いてこられた。それはさまざまな論評の、議論の、批判の対象になってきました。過去を振り返って、どういう印象を持たれますか？

L＝S　それら一切が私には関係ない、という印象です。昨日のことですが、私に神話の問題について訊いてきた人がいました。南アメリカのどこかの地方の神話のことでした。それに似た問題を以前に書いたことがあるのを思い出したのですが、どこと訊かれて、もう思い出さないのですよ。

E　あなたの経歴に関してはいかがですか？　あなたは世界中のたくさんの大学の名誉博士ですし、高等科学研究院の金メダル受賞者だし、アカデミー・フランセーズの会員でもある……名誉ある称号を有り余るほど身につけておられる。

L＝S　別に意図して集めたわけでもありませんよ。それに、大して重要性も認めていません。一つ名誉博士号をやるというのを辞退したことがあります。かなり気持ちは動いたのですが、現地に行かなければならなかったのです。ところがその時には、私は動きたくなかった。

E　あなたにとって重要なのは名誉でも名声でもなくて、人を納得させられる学説を提出することだ、という……

L＝S　私は別に幻想は抱いていません。私の学説はすべての人間を納得させるというのからはほど遠いものですし、永遠に説得性を持つというものでもありません。デュメジルがいつも使っていた答えを私もあなたにしておきたい。二十年後、三十年後には、これも完全に時代遅れのものになっているでしょう、とね。

しかしあなたの言うことも正しいのです。いくつかの問題は、これからも、私のやり方よりうまく扱うことはできないだろうし、たとえそれを否定するためであっても、私が書いたものを一度は通らなければならない、という感じは持っています。私が書いた本が民族学研究の一時期を画し、今後ともそれを無視することはできないだろう、という。

E　乗り越えられるかもしれないとか、あるいは忘れられるかもしれないということをいやだとは思われないのですか？

L＝S　まさか、子供ではあるまいし。何世紀もの歴史を見、さまざまな思想の転変をみれば、それが人間誰しもの運命であることが判ります。

E　しかし、あんなに多くの仕事をしたのですから……

L＝S　なぜあんなに仕事をしたとお考えですか？　仕事をしているとき、私は不安を感じます。しかし、仕事をしていないときには、私はやりきれない退屈さを感じ、私の心はひどく苦しむのです。研究生活は他の生活と比べて楽しいということはありませんが、少なくとも退屈することはありません。

第二部　精神の法則

第十章　結婚の掟

エリボン　ヤーコブソンと出会う前までは、先ほどあなたもおっしゃったように、あなたは「それと知らずに構造主義者だった」わけですね。だから、あなたはヤーコブソンの方法をすぐに親族の研究に応用することができた。

レヴィ＝ストロース　事実はそれとは少し違います。彼の思想を応用したのではないのです。彼が言語について言っていることが、親族関係について、婚姻の法則について、さらに一般的に社会生活について私が漠然と感じていたものに対応している、ということに気付いたのです。

E　そのときに『親族の基本構造』を書き始めたのですね。それは、マルセル・モースの『贈与論』の婚姻問題を拡大したものであったとも言えます。言語学が組織的なモデルを提供してくれていた構造論的方法によって、モースを再解釈したものだ、と言ってよいでしょうか。

L＝S　そうとも言えますね。しかし、グラネのことを忘れないでください。私が親族関係に興味を持ったきっかけは、グラネの著作『古代中国における婚姻形態と親族関係』でしたからね。その本は私がモンプリエのリセで教えていた頃、ちょうど免職される前の数週間の間に、読んでたいへん感動させられました。グラネはたいへん複雑なシステムを分析対象に選んでいたのですが、ちょうど機械を分解するようにそれを分解して、それがどんな要素からできているか、またどのような機能を持っているかを、理解しようと努めていました。そこで私は客観的な考察方法が社会的な事象にも適用しうることを発見したのです。と同時に、グラネが非常に複雑なシステムを理解しようとして、それ以上に複雑な解決策を考え出していることに、私はいらだちました。私の考えでは、複雑なものの背後には単純なものがあるはずなのです。しかしとにかく、親族関係に関する私の考察の出発点はそこにあったわけですし、またブラジルのフィールドで親族に関する資料を集めているうちに見つけた問題群から発しているのです。

E　『親族の基本構造』は大部な著作ですが、まず冒頭に一般的な問題を扱う章が置かれていますね。たとえば、人類学における「古代的幻想」を批判している章がそれです。

L = S　それは現在進行形の考察だったのです。その頃ちょうどニューヨークの自由高等研究院で教えていたのですが、その講義内容と同じものです。私は講義をしながら書いていたのです。この予行演習は自分の考えを整理するのにおそらく欠かせないものだったと思います。今日から見れば、それが本全体の構成からどうしても必要なものであったかどうかは、その時ほど自信がありませんが。

E　しかし、第一章で、あなたは自然と文化の対立を論じておられる——文化とは近親相姦の禁止を特徴とする、というのがあなたの考えですが、その自然と文化の対立という考えは、この著作全体の基礎になっているものではありませんか？

L＝S　それは出発点でした。しかし、その後、事態は変化しました。

E　確かに、第二版の序文では、この点に関して修正意見を書いておられる。

L＝S　そうです。その最初の数章を書いたとき、というのは一九四三年から四四年の頃ですが、その時期以後、民族学は飛躍的に発展して、多くの新事実を発見してきました。当時は動物について、近親相姦の回避に比較しうるどのような事実も知られていなかったのです。なぜなら、アリストテレス以来、動物といえば、ほとんど例外なく家畜を考察の対象にしてきたからです。

ところが、野生動物——大型の猿、あるいはその他の野生動物——の観察が行なわれるようになって、どんな規制機構もなく、したがって、その可能性が奪われているのでない場合ですら、同じ血縁に属する個体同士の交合は比較的稀であることが確かめられたのです。そのような研究分野の専門家も、またそれを追いかけて民族学者も、そこから性急に、近親相姦の禁止は自然のなかにその起源を持つものであるという結論を引き出したのです。ある者に言わせれば、その結果『親族の基本構造』の中心的命題は崩壊したということになりますし、他の者にとっては、その命題を人類を越えて一定の範囲の動物にまで拡大しなければならない、ということになったのです。たとえば、ベルベットモンキーという猿がいます。アフリカに棲んでいる尻尾の長い猿です。その猿の世界では、最良の婚姻は——最良の婚姻というのは、種の繁殖にとってもっとも好ましい、という意味ですが——それは、いとこ同士の結婚なのです（もっとも、うずらの場合もそうなのですがね）。彼らベルベットモンキーたちは、近くに棲む集団と雄を交換するらしいのです……

しかし、正直言って、そのことに関して、私はかなり懐疑的なのです。事実が疑わしいというのでなくて、その解釈がね。少々人間になぞらえすぎているように思います。若い個体が思春期に達したときに群から追い出されるという一般的傾向（それは雄であったり雌であったりするのですが、種によって決まっています）があることは確かだとしても、それにはいろいろな解釈が考えられるのです。もっとも真実らしいのは、食物を得るための競争なのではないでしょうか。言われているように若い個体の追放が動物段階での「近親相姦の禁止」に拠るものだという証拠はどこにもないのです。いずれにしろ、同族間の婚姻の悪影響というのは——個体の交換が近くの群相互の間で行なわれている場合はとくに——この現象を説明するのには弱すぎると思います。

E　つまり、今でも、あなたはあの本の出発点にある考え方、つまり、文化とは人為的規則の世界であるということを近親相姦の禁止が示しているという考え方、それを放棄していない、ということですね。

L＝S　仮にですよ、近親相姦の禁止が自然のなかに基礎をおくものだとすれば、どうして人間社会にはどこでも近親相姦の禁止が見られるのか、なぜあれほどに執拗にそれを規則として定めようとするのか、そのわけが解らなくなるではありませんか。無文字社会でも、近親相姦的欲望がしばしば存在していることを証明する諺や俚諺は、一冊の本になるぐらいたくさんあるのです。もう少し問題を広げて考えてみるならば、ヨーロッパの社会には族内婚への強い願望が存在しているのですが、それを十分に考慮に入れているでしょうか？　フランスにおいてさえ、十九世紀を通じて、半径五キロ以内の範囲で取り結ばれた結婚の比率は、田舎で、八〇パーセントを超えていたのをご存じですか？　ミストラルが、どこかで、「結婚するなら同じ村の娘、できれば同じ町内の娘、そしてできれば一つ屋根の下の娘」という南仏地方の素晴らしい諺を引用していますが、近親相姦の自然的根拠を主張する人は、この諺をよく味わうといいですね。

同じ屋根の下で子供の頃から育った男女の間には互いに性的欲求が存在しないという人がいて、その証拠に以前から二つの例、つまりイスラエルのキブツの例ともう一つは台湾の例とが、繰り返し飽きるほどに引用される（だからと言って、それが何かを証明することにはなりません）のですが、それは他の反対事例と衝突するのです。とくに、この性的欲求の欠如が、あらかじめ子供たちの性的関心を家族の外に向けさせることの結果かもしれないという点が無視されています。デュルケームの言葉をここで引用させてもらいましょう。彼はこう書いています。「近親相姦的関係と家族感情とが相互に対立しているのは、後者が前者を完全に排除すると我々が考えてきたからにすぎない。」単に「我々」だけではなく、社会の圧倒的多数がそう考えてきたから、と言うべきでしょう。

E　もしこの本を、現在の段階で書き直すとすれば、こんどは何が出発点になりますか？

L＝S　まず第一に、書き直すということをしないように心がけるでしょうね。年を取るにつれてだんだん慎重になって、物事を大きく総合するというようなことはできなくなりました。ただ言っておきたいのは、野生動物の生態とか人間集団の心理などの観察から得られることの重要性がどうであれ、社会学的考察はそれだけで十分な説得性を持っている以上、それ以外の仮説を必要とはしないということです。

E　それにしても最初の著作にしては、実に大胆だったと思いますが。

L＝S　大胆すぎましたね、確かに。出た途端に批判されました。それは今でも同じです。しかしそういう問題が論じられるときには避けて通れない著作になっているというのは、私にとっては大いなる慰めです。

E　クロード・ルフォールが、一九五二年に、数学的モデルを経験的事実よりももっとリアリティを持つものだと考えるのは間違いだと非難しましたが。

L＝S　人間の経験の全体を数学的モデルに還元できる、などと主張した覚えは私にはまったくないのですがね。社会生活のすべてが構造分析で理解できるなどと思ったことは決してありません――そんな考えは常識では考えられないことです。むしろ私は、社会生活とか、それを含む経験世界というものは、人間にとっては、偶然の支配する世界だと思っています（だからこそ、私は、我々を何ものにも還元できない偶然性に立ち向かわせる歴史というものに敬意を表するのです）。ただ私の考えでは、この経験世界という大きなスープ皿のなかでは、もしこういう言い方を許してもらえるならば、無秩序が支配しているこの大きなスープ皿のなかでは、あちこちに小さな秩序の島が形造られていると思うのです。私の個人史と私の学問的選択が、たまたま私に、これらの秩序の島にそれ以外の世界によりも関心を持たせたということはあったでしょう。だからと言って、私は、他の局面が存在していることを否定はしませんし、他の人がそれに関心を持つことも否認はしません。私としては、たとえ小さくても、そして、それが特権的な領域であることは十分承知しつつ、いくらか厳密な議論ができる領域に専念することを選んだというだけのことです。私の選んだ研究方法が現象世界全体を包括できないことも承知しています。たとえば天気予報のために作られた数理的なモデルが、夕日を見て我々のうちにわき起こる感動を説明できないのと、それは同じことです。もしその感動を描き、分析したいのであれば、別の観点からそれを見、別の理解方法に助けを求めなければならないのではないでしょうか。

E　一九五二年のクロード・ルフォールの論難を私が取り上げたのは、それを皮切りに次々と一連の非難が、あなたを追いつめるようにとでも言いましょうか、出てきたからです。「形式論理」だの、「理論偏重」だの、「抽象論理」だのと……

L＝S　私の答えは変わりません。

E　ロドニー・ニーダムの批判は少し違っていました。彼の批判は、再構成されたモデル、分析によって引き出された法則は、現実に必ずしも適用できるとは限らないというものでした。

L＝S　私ならもっと進んで、モデルがそのまま現実に適用できることはめったにない、と言うでしょうね。ここでも研究対象に何を選んだかが問題なのです。物事が具体的な現実世界のなかでどのように生起しているか、ということが問題である場合もあるでしょうし、人間の頭のなかに何が生起しているかということが問題である場合もあります。後者の場合には、人は、物事の原理をそのまま正しく見るのでなく、どういうふうに行動するのがよいかを考えるのです。私が『親族の基本構造』で研究対象に選んだのは、この第二のアスペクトなのです。人々が何をしているかではなく、何を為すべきかと彼らが信じ、言っているかということなのです。

E ピエール・ブルデューは、アルジェリアのカビリア地方の民族学的研究に基づいて……

L＝S ……あれは見事なものです……

E あなたの婚姻の「規則」を排して、「戦略」概念に拠るべきだと主張しています。

L＝S 人々の関心の中心は時代とともに変化するのですから、それは不思議でも何でもありません。時代によって社会生活の規則という側面に注目したり、あるいはある種の自発性が現われる側面に注目したり、ということはあるでしょう。しかし、実際には、規則があり、そして戦略もあるのです。戦略が規則を覆すこともあるでしょう。しかし、一つの社会の一つの時代をとってみると、個々の人間が行使しうる戦略がある基準に準拠しないということもめったにないことなのです。以下は推して知るべし、です。要するに問題は、現在の知識水準において、しかもある一定の研究目的に照らして、どのレベルに考察の対象を選べばもっとも有効であるか、ということなのです。どちらか一方の場合もあるでしょうし、両方同時がよいということもあるでしょう。

もっと一般的な見地に立てば、「これ」と「あれ」との選択を迫るというのは、いわゆる「社会科学」、いわゆる「人間科学」がまだ名前だけの科学でしかないことの証明だと、私は言いたい。真実の科学においては、さまざまな観察のレベルは互いに排除的なものではありません。むしろ、相互補完的なものです。我々はまだその段階にまで進んでいないのです。

E　『親族の基本構造』は、しかし、高々と科学の旗印を掲げていますね。

L＝S　それは、あの本が、ごちゃごちゃになっていた学問対象を整理しようという努力だったからです。それぞれの社会、それぞれの習慣に対して、個々別々に多くの解釈があって何が何だか判らなくなっていたのですが、私はそれらの解釈をいくつかの単純な原則にまとめようとしたのです。それは科学とは言えませんが、科学的精神の発露ではあったのです。

E　『基本構造』を書くにあたって、これは科学的論証なのだ、という気持ちはやはりあったと思うのですが。

L＝S　我々の社会科学あるいは人間科学が本当の意味での科学であるという主張はできない、と私は考えています。私が試みたのは、それに向かっての、ごく小さな一歩にすぎません。我々の学問領域では、変数があまりにも多いのです。それに観察者は幾重にも観察対象に絡まっているのです。また、利用できる知的手段は、研究対象と同じぐらい複雑なものですから、その研究対象に対して超越的位置に立つことができないのです。

E　『基本構造』においては、多くの親族組織を、可能な三つの形にまとめています。その三つの可能的形態自身が、今度は、女性交換の二つの形に根拠付けられている。その上であなたは、理念的には、この図式に従ってすべての可能な親族システムの一覧表を作ることができ、その数は有限である、と書いておられる。今でもこの分析は正しいとお考えですか？

L＝S　大筋は正しいと考えています。ただ、私がそれを書いていたときには、我々には知られていなかった、あるいはそれについて我々が十分な知識を有していなかったような多くの親族関係が、それ以後、民族学研究の著作に発表されたという事実は認めなければなりません。それらの新発見の親族システムは、多くの場合、中間的なケースにあたっているのです。ですから基本的な図式は改める必要はありませんが、それを多様化し、細部の修正は施さなければならないでしょうね。

たとえば、「アラブ型」と呼ばれている結婚形態、つまり、配偶者として父親の兄弟の娘を好む結婚形態を考えてみましょう。そこでは女性の交換は異なった血縁相互の間で行なわれるのではなく、交換があるとするならば、一つの血縁内部で行なわれるのです。要するに、族内婚、というわけです。傍系家系の女性と結婚するのです。しかしながら、統計が存在している所ではどこでもそうなのですが、この種の結婚はむしろ少数で、その基準を緩やかにしたときでさえも（つまり、いとこ関係の遠いを無視して考えたときでさえも）、その数は調査対象となった結婚全体の数の半数に届かないのです。それ以外は族外婚なのです。それはあたかも、家族が娘を直接交換するというのではなく、何人かの娘を譲る義務と、何人かの娘を留保しておく権利とを、交換しているかのように見えるのです。最近のことですが、優秀な若い研究者たちが、実際にはその事情はもっと複雑かつ微妙であることを論証しました。一般的により高い家系となるように婚姻関係を結ぼうという傾向が認められるのですが、そのことが、私がかつて「一般化された交換」とよんだものとほぼ同等のものを構成しているのです。その結果、配偶者同士の親族関係は、表面的にはパラレルな形になっていて、それは同時に交差いとこの関係にもなっているのです。これは私が分析した親族組織より複雑ではありますが、それにもかかわらず、同じ問題群に属しているのです。

E　つまり、どんな社会システムでも、有限個の項目を持った理念的な形に分類できるということですね？

L＝S　基本的な構造を持った社会では、それは間違いなくできるでしょう。しかし、社会構造が複雑になってくると、ほかの問題が生じてきます。その方面での大きな前進が、フランソワーズ・エリチエ＝オジェによって達成されています。その方向での研究は、私が以前に示唆したものですが、示唆以上のことはできなかったものなのです。結婚形態が定められていない、あるいは一定の傾向が好まれるということがなく、異なった度合の禁止しか認められない社会（たとえば、その単純化されたかたちでは、フランスの場合がそうですが）では、禁止条項は実に数が多く、その結果、非常に複雑な統計計算をしなければならなくなる場合もあります。しかしコンピューターを使って計算した結果、これらの禁止条項は実はポジティヴな規定の裏返しであることがわかったのです。単純な社会構造、複雑な社会構造というのは、二つの異なったものではなくて、相互に翻訳可能なものであることが判ったのです。したがって、それらを一つのものに還元することができるということです。基本構造は同じなのです。

E　その著作のなかで、あなたは女は交換される「記号」であると書いて、フェミニストたちの猛攻撃を受けましたね。

L＝S　彼女たちは正しく理解していなかったか、あるいは正しく読んでいなかったのでしょう。なぜなら私は、女性のなかに記号を見出すのと同時に価値を見出さなかった社会は存在しないことを、ちゃんと言っているのですからね。その論争はあまり意味のあるものではありません。女が男を交換する、と言ってもいいわけですからね。要するに＋の記号を－の記号に置き換え、－を＋に置き換えればいいのです。しかし、だからと言ってシステムの構造が変わるわけではないのです。私がそうではない表現を用いたのは、それがほとんど大部分の人間社会が考え、言語表現を与えてきたものだからなのです。

E　それにしても、シモーヌ・ド・ボーヴォワールが一九四九年の、『第二の性』を出版した直後の書評のなかで、この点に関してあなたに何の文句も言ってないのは印象的ですね。

L＝S　フェミニストたちは、私が性差について――その性の差異というのは『蜜から灰へ』や『食卓作法の起源』の中心テーマだったのですが――扱う、その扱い方を過大評価し過ぎたのでしょうがね。『蜜から灰へ』のなかで――確か、第三部第一章だったと思いますが――私は、男女平等の社会が、神秘的な形で二つの性の一方を他方に従属させることによって、たとえば奴隷制度のように人間を他の人間たちの隷属下に置くという現実的な方策、それはまだその社会そのものにとっては考えられない、また実行に移すこともできない方策だったのですが、その現実的な方策の見取図を描いているのだという仮説を提示しておいたのです。(34)

E　『基本構造』の方では、確かにあなたは、女性は記号であるばかりではないという点を強調しておられるのですが、結婚による交換を言語的あるいは経済的交換に比すべきものとして語っておられますね。

L＝S　女は単に記号であるだけではありません。問題になっている社会組織のなかで、結婚に関する規則は交換という問題に関係しているのです。生物学的な家族相互の間に、女性が交換されることによって、コミュニケーションが成立してくるのです。

E　その本の終りのほうで、あなたは交換と記号に関する一般的理論を打ち立てなければならない、と書いています。

L＝S　ずっと先の計画として、です。私はただその点に注意を喚起しておいただけのことです。

E　生命科学の進展はその夢を支えてくれるものですか？

L＝S　みごとなばかりです。言語学者が言語について言ってきたこと、そして言語固有の性質であると思われていたもの、それが生命体の中心部分に存在していることに気付いたのです。遺伝子コードと言語コードとは同じ性格を示しているし、同じ機能を持っているのです。

E　しかしある意味では、この発見は自然／文化という対立を帳消しにしたのでは？

L＝S　いや、その対立は方法的意味を失っていません。文化的現象を動物学から象ってきたモデルに還元しようとする生物社会学のように、幼稚で単純すぎる考え方の攻撃から身を守るための、それは砦なのです。

たとえ自然と文化の間の区別がいつかなくなったとしても、人間に関する現象との間の、今日的表現を借りるならば、インターフェイス（接触面）において、つまり、ある種の人間固有の事象、たとえば攻撃性などがそれですが、それが他の動物の振舞いに見られるものと似ているというような局面において、両者が比較可能になるとは思われません。もし比較が可能であるとするならば、それとは違った点においてです。つまり、生命の働きにおいてもっとも基本的なものと、人間的事象のなかのもっとも複雑なものとの間の比較です。もし両者の境界が崩壊するとすれば、それは現在自然派の人々と文化派の人々との論争が行なわれている舞台の裏側においてでしょうね。

E　『基本構造』の最後の章で、あなたは精神分析に触れていますね。とくにフロイトの『トーテムとタブー』に言及して、それが無効である、と書いておられる。あれが精神分析との最初の論争でした。

L＝S　あれが論争ですか？　『トーテムとタブー』でフロイトは一つの神話を作り上げたのです。美しい神話ではありますがね。しかし、神話というものがみんなそうであるように、事実がどのように生起したかということについては、それは何も教えてくれません。それが教えてくれるのは、矛盾を乗りこえるために事実がどのように生起したと人々が考えたがっているかということだけです。

E　それから四十年ばかり後になって、『やきもち焼きの土器つくり』の最後のところで、この精神分析との論争に立ち戻っておられますね。少し冗談めかしてはいるのですが、しかし相変わらず厳しい言葉を使っていらっしゃるようですが。

L＝S　私はその余興に特別の重要性を与えているわけではありません。『土器つくり』で分析されている神話、とくにヒバロ族の神話は、面白いことに、精神分析理論の先駆けのようなところがあるのです。しかしだからと言って、精神分析が正しいということにはならないのです。本当はむしろ逆なのです。『トーテムとタブー』の副題として、フロイトは「原始人の心理と神経症患者の心理とのいくつかの対応について」と書いています。もしそのような対応関係が存在するとすれば、それはむしろ原始人の心理と、フロイト流の言い方をまねれば、精神分析学者の心理との間ではないでしょうかね。

E　フロイトはいつ読んだのですか？

L＝S　非常に早い時期に読みました。それと言うのも、私の高校の友だちに、精神科の医者で、フランスでは最初にフロイトに注目した人間のうちに数えられる人を父親に持ったのがいたからです。彼の父親はマリ・ボナパルトの協力者でした。その友人が、私に——私は当時高校の最後の学年にいたのですが——『精神分析入門』を読むように勧めてくれたのです。その本は、最初のフランス語訳では『夢の科学』という題でした。

E　それ以後、あなたは精神分析に対してかなり厳しい言い方をするようになられた。

L＝S　私の友人や親類のなかに精神分析のやっかいになったのが何人かいるのですが、彼らと知り合っていたために、精神分析の治療法に対して私は疑問を感じるようになったのです。とくに私がいやだったのは、多くの民族学者や社会学者、歴史学者が、自分たちの解釈に行き詰まると、自分のやり方を再検討してみるということをせずに、自分たちの眼の前に現われた空白を、精神分析が惜しみなく与えてくれる万能の解釈で埋めようとすることでした。私はその誘惑に反対したかったのです。

だからと言って、フロイトの思想が私の精神形成に重要な役割を演じたという事実が消えるわけではありません。マルクスがそうであったのと同じです。それは、たとえどんなに非合理的なことであっても、理性的な分析によって了解しうるものになりうるのだ、ということを私に教えてくれました。イデオロギーに対する（イデオロギーというのは個人的なものではなく集団的なものですが、やはり非合理的性質のものです）マルクスの態度は、私には、それと同類のものであったように思われます。現象のこちら側のところで、それが道徳的に見てどのような批判を受けようとも、論理的に一貫した根拠を見出すこと、それが重要なことなのです。

E　フロイトよりもマルクスの方に、あなたはむしろ忠実であり続けたように思います。『野生の思考』の最後のところで、あなたはまだマルクスの思想を評価していますね。

L＝S　しかし、政治的観点からではありませんよ。そうではなくて、もちろん、哲学的観点においてです。マルクスは社会科学の分野でモデル思考を体系的に用いた最初の人間です。『資本論』は全体としてそのまま実験室で作られたモデルであり、マルクスはそのモデルを動かして得られた結論を観察された事実に照らして検証しているのです。マルクスのなかには、また、人間の頭のなかに生起する思考はその人間の実際の生活条件と関係付けなければ理解することができない、という基本的な考え方があるように思いました。そのことは私が『神話論理』のなかでずっと一貫して試みたものです。

E　一九五六年に書いた論評のなかでジャン・プイヨンは、あなたが『民族学とマルクス主義』という本を出す予定だということを書いています。[35] その本は出版はされなかったのですが、そういう本を出す予定があったということを見れば、あなたはずっとマルクス主義者であったということなのでしょうか？

L＝S　書こうとは思っても結局書かずじまいに終わる本は、私の場合には少なくありません。私がマルクス主義者であったというのは、ちょっと言い過ぎの感がありますね。マルクスの学説から私はいくつかの教訓を得ただけですから。とくに何かと言えば、人間の意識は自分を欺くものなり、というやつです。それから、これはもうお話したことですが、私はマルクスを通じてヘーゲルを知り、ヘーゲルのかなたにカントを知ったのです。私が受けた影響についてお訊ねでしたね。要するに私は通俗カント主義者なのですが、同時にまた、ごく初期の構造主義者でもあるのでしょう。母が話してくれたことですが、こんな話があります。私がまだ小さくて自分で歩くこともできず、字を読むことなどまるで知らない頃のことです。ある日、乳母車に乗せられている私がこう叫んだというのです。——肉屋（boucher）とパン屋（boulanger）の看板の最初の三文字は「ブー」（bou）という音を表わしているに違いない、だって両方とも同じような形をしているじゃあないか、ってね。その年にもうすでに私は不変化項を見つけ出そうとしていたということですね！

E　カントからはどんな原理を教えられたのですか？

L＝S　精神はそれ自身の枠組みを持っているということ。精神はその枠組みを、精神にとって到達不可能な現実というやつに押しつけるのだということ。この枠組みを通してしか精神は現実を把握できないのだということ。

E　あなたが『野生の思考』の有名な一節で、民族学とは何よりも「精神の学」であると言っているのはそういう意味においてなのですか？　この言い方は逆説的だと、当時は思われていたのではありませんか。

L＝S　もし民族学というものを博物館に展示するために物をあれこれ採集することであると考えるならば、私の言ったことは逆説的に聞こえるかもしれません。しかし、これらの物がいわば物体化した思考であると考えれば、あなたが今引用なさった言葉も意味を持つでしょう。我々が数千キロも離れたところに行って、あるいはごく間近で、探し求めているのは、人間精神を理解するための補助手段なのです。我々民族学者は、したがって、一種の精神学をやっているのですよ。事物についてさえそうなのですから、まして信仰形態、習俗、制度ということになればなおさらのことでしょう。

第十一章　感覚的世界

エリボン　『野生の思考』はあなたの著作のなかで、多分、専門に民族学をやる人の枠を越えて、人々のものの見方をもっとも大きく変えた本ではないかと思います。あなたのなさった未開の思考の復権は現代思想のすべての著作のなかで、人々のもっとも注目したものでした。

レヴィ＝ストロース　私が言いたかったのは、未開といわれる民族の思考と我々の思考との間には断絶はない、ということでした。自分たちの社会に良識に反するような信仰とか風習とかが見出されたとき、それを古代の思考形態の残滓であるとか、残存物であると説明するのが以前は普通でした。しかし私には、これら古代の思考形態と呼ばれるものが我々のなかに常に存在し、生きているように思われました。それは、科学的だと自称する思考形態と共存しているのです。両者は同じ資格でもって近代的であると言いうるのです。

E　よく引かれる例ですが、あなたが示したブリコラージュ〔日常的な用語としては、ありあわせの材料を使って行なう手間仕事、つまり「日曜大工」というほどの意味〕と神話的思考との近縁関係などがそうですね。

L＝**S**　私はブリコラージュをそれ固有の独自性を持つ思考形態の一例としてあげたのです。我々はそれに普通は注意を払わない。と言うより、それがつまらない副次的なものだというわけで、それを考察の対象にしない。しかし、実際には、それは人間の精神活動の基本的メカニズムに関与していて、我々が近代的な思考だと思っているものから遠く隔たった知的操作と同じレベルに我々を置いているのです。思弁的レベルで考えれば、神話的思考は現実世界にブリコラージュとして働くのです。それは自然界の観察から得られた多くのイマージュを蓄えている。動物や植物、それらの生態、それらの個々の特徴、それらのある文化における効用、などです。それらを組み合わせることによって、神話的思考は一つの意味を作りだすのです。それはちょうど、日曜大工が何かある物を作ろうとして手近にあるものを利用するときに、言ってみれば、それらが持っている本来の効用とは違った意味を付与するのに似ているということなのです。

E　しかし『野生の思考』はさらに広い認識論的射程をもった著作で……

L＝**S**　それは西欧哲学では古典的なものになっていた感覚と知性という二つの次元の対立を克服しようとする試みでした。近代科学が打ち立てられたのは、この二つの次元の分離という代償を支払ったからです。十七世紀には、この二つはそれぞれ別のものでした。第二次的事象——つまり諸感覚の所与である色彩、臭い、味、音、感触などがそう呼ばれていたのですが、それは、感覚に依存することなく真実の存在世界を構成している、と考えられていた第一次的事象と、たがいに区別されていました。ところで、私の考えでは、「未開」と言われる部族において、思考は依然としてこのような区別を嫌い、すべての反省的思考を感覚次元の事象に還元するのですが、それでもやはり、感覚というこの唯一の基盤の上に一貫性を持った論理的な世界観を建設することに成功するのです。そしてそれは普通考えられているよりも実効性のある世界観なのです。

E　あなたが「具体性の科学」と呼んだものですね……

L＝S　……近代科学とは違うのですが、しかしそれでもそれに比べてみることはできる、と私は思いました。そのような見方は、現代の科学的思考のなかに私が見出したある種の傾向によって補強することができるだろうと、私には思われました。残念ながら私は科学の方面ではまったくの素人です。ただ、伝統的な自然科学、というのはつまり動物学とか、植物学、地学などを言うのですが、それらのものに私はいつも大きな魅力を感じていました。言ってみれば、それらは私にはそこに入ることの決して許されない約束の地のようなものでした。アメリカ合衆国にいた頃、私は《サイエンティフィック・アメリカン》とか、《サイエンス》とか、《ネイチャー》というような科学雑誌を熱心に読み始めるようになりました。それは今も続いています。今では《ラ・ルシェルシュ》〔フランスの一般向け科学雑誌〕も読んでいます。全部はとてもわかるものではないのですが、それは私がものを考えるときの栄養になってくれます。私がとくに打たれるのは、長い間我々は、この第二次事象というものを追放し、感覚的なものに背を向けてきたのですが、現在になって、科学がふたたびそれを取り込もうと努力しているということです。香りとは何か、味とは何かを問い、花の形とその進化、鳥の歌の旋律的構造を問おうとしている……そして、しばしば、民衆的な信仰の、さらには迷信といわれるものの、客観的な基盤をそこに再発見しているのです。

『言葉と物』のなかでフーコーが提示した命題、つまり異なったエピステーメー〔認識世界〕相互の根本的な乖離というあの命題とは反対に、私はむしろ近代科学のなかに、自己の歴史の古い段階を復権させ、大古の知をみずからの世界観に統合しようとする努力を見るのです。

E　『野生の思考』を特徴づけるその「具体性の科学」を研究するために、あなたは動物や植物、風土に関する具体的な知識をおどろくほど多く積み上げていらっしゃいますが……

L＝S　『今日のトーテミスム』や『野生の思考』を書いた頃から『神話論理』を出すまでの間、私は植物学や動物学の本に囲まれて暮らしました。もっとも、この自然科学への好奇心は子供時代に遡るものですが。

E　今の場合にはもう好奇心という段階ではないのでは。

L＝S　確かに。私はこういう分野において私自身を教育しなければならなかったのです。それで思い出したのですが、私は今でも研究室に、世間で一般に「子牛の頭」といわれている天球儀を持っています。どこだったかもう憶えていませんが、何か判らないところがあって問い合わせをした公的機関からプレゼントしてもらったものです。天文学者はもうそんなものは使わないのですが、私には、神話のなかに出てくる星座がどこにあるかを見るのに大いに役だったものです。つまり、私が獲得しなければならなかった科学的知識は、今から百年か二百年前の知識以上のものではなかったのです。

それらの知識を私はディドロとダランベールの百科全書から、あるいはルートヴィヒ・ブレームの動物学から得ました。プリニウスの本から取ったものさえありますよ……

E　具体的なものを知らない、と言ってあなたを批判する人もいましたね。

L＝S　事実は反対で、私は具体的な細かい事実にマニアックなほどの注意を払います。

E　具体的なものへのその注意があったればこそ、あなたはトーテムにおける分類において「美学的想像力」の役割に特別に注意深くなられたのでしょうね。

L＝S　そうです。と言いますのも、我々がものを考える考え方と未開民族のものの考え方との本質的な違いの一つは、我々がものごとを分断して考えないではいられないということです。それは我々がデカルトから教えられたものです。問題をよりよく解決するためには、必要なところまで困難を分割せよ、というやつです。未開と呼ばれている人々の思考はこのような細分化をきらいます。彼らにとって解釈は全体を包摂するものでなければ価値を持たないのです。我々が個別の問題を解こうとするとき、我々はある一つの学問分野に助けを求めます。あるいは、法律や宗教、芸術などにその解決を求めます。ところが、民族学者が研究する民族においては、これらの分野はすべて一つに結ばれているのです。たとえば、集団生活に見られる個々の表現は、すべて、モースが全体的社会事象とよぶものを構成しているのです。その表現は同時にそれらすべての分野を包摂しているのです。

E　『野生の思考』では言語学の用語が至るところに現われます。『親族の基本構造』以上だと思いますが。

L＝S　言語学の術語は貴重な概念を提供してくれます。たとえば、二項対立とか、表記される事項、されない事項、というような……。しかしそれは言語学の用語ではなく、むしろ関係的思考の用語なのです。私は言語学からいろいろ借り物をしていますが、その性格と規模について、人々は正しく理解していません。一般的な啓発――それ自体が巨大なものであったことは私も認めます――を別にすれば、ボアズの強調した論理的構造体の産出にあたって精神の無意識活動が重要な役割を演じている、という点にそれは限られるのです。ボアズは人類学者であり、同時に言語学者でしたからね。それからもう一つ。全体を構成する要素はそれに内在する意味を持っているのではなく、その意味は全体の中での位置から生まれるものである、という基本原理。それは言語にとって正しいものですが、それ以外の社会的事実にも言えることです。それ以上のものを言語学に求めたというふうには私は考えていません。本来の学問分野ではないところで、これらの概念のユニークな使い方をしている、と最初に認めてくれたのはヤーコブソンでした。二人で話しているときに、そう言っていましたよ。

E　「変換」(transformation) という概念もやはり、『野生の思考』の分析や、後の『神話論理』の分析において、重要な位置を占めています。この「変換」概念はどこから借りたのですか？　論理学からですか？

L＝S　論理学でもなく、言語学でもありません。それは私に決定的な影響を与えた一冊の書物から来ています。戦争中アメリカにいた頃にはじめて読んだ本なのですが、ダーシー・ウェントワース・トムソンの『成長と形態』二巻です。初版は一九一七年に出ています。スコットランド（『裸の人』

ではまちがって「イングランド人」と書いています）の自然学者で、動植物の同じ属のなかでの種相互の、あるいは器官相互の眼に見える差異を「変換」として解釈しています。これは一種の啓示でした。この考え方が長い伝統に根ざしていただけに余計にそうでした。トムソンの前にはゲーテの植物学、ゲーテの前にはアルブレヒト・デューラーの『人体比例論』があります。

ところで変換概念は構造分析には必然のものなのです。構造概念に関するあらゆる誤解、構造概念のあらゆる濫用は、その人が構造概念は変換概念を離れては考えられないということを理解しなかったという事実に原因を求めることができるとさえ言ってもいいぐらいです。構造はシステム、つまり一定の要素とそれら要素を繋ぐ関係によって構成される全体集合というものに還元できるものではありません。構造というものを語り得るためには、いくつかの集合の要素と関係の間に、不変の関係が出現し、ある変換を通じて一つの集合から別の集合へ移れるのでなければなりません。

これとは違ったもう一つの系譜——こちらの方は思想史的に追跡がより易しいと思いますが——を辿って、変換概念は言語学のなかに流れ込みます。その出発点はおそらく、やはりゲーテあたりにあって、そこからフンボルト、ボドゥワン・ド・クルトネーを通って、ということなのでしょう。どういう認識分野においてであれ、各要素間の結合の仕方が異なっていることによって、多様性というものを説明しようとすれば、どうしても変換概念に助けを求めざるをえなくなるのです。

私が、結婚のあらゆる規則を説明するために、当該社会のサブグループ間で行なわれる女性の交換というただ一つの原理を用いたのは、これらの規則が、時代と場所に応じて異なってはいるが、結局、同じ一つの変換過程の異なった状態と考えることができるからです。言語学者は、調音器官によって分節することのできるすべての音素の一覧を作り、各言語がいわばその共有財産のなかから個々の音韻体系の諸要素を切りとるために従わなければならない仕組みを明らかにしようとするのですが、そのときにも同じことが言えます。音素という考え方そのもののなかにすでに、音声学的に認められる音声の差異的特性は、実は、さらに深いレベルにある不変のある存在が話し手の選択によって、あるいはそれが発声される状況に応じて、変換されたものであるということが含まれているのです。

言語学とか人類学において、美学（デューラー）と自然科学（ゲーテとトムソン）から派生した概念——その起源は少なくとも十六世紀にまで遡るものです——に助けを求めなければならないということの事実が、私が先に言ったように、科学的思考はその発展過程においてその過去と縁を切っているのでないばかりか、その過去を定期的に自分のなかに取り込むことに成功したということの、もう一つの証拠を提供してくれるのです。

E　現在でも言語学のその後の展開に関心を持っておられますか?

L＝S　言語学はその後あまりにも専門化し、あまりにも複雑になりすぎて、もう私などには手が届きません。ヤーコブソンがやっていた言語学は、まるで推理小説と同じように、私を熱狂させたのですが。彼の語りのうまさ、彼の演劇的才能がそこに何がしかの貢献をしたことは確かでしょう。一方、バンヴェニストは彼とはまったく違った性格の人間でした。この二人の構造主義の巨匠の著作を読むと、人間精神の大いなる冒険に参加しているという気持ちになったものです。今だってそれは同じことでしょう。それに比べて、最近の言語学者の仕事は、難しすぎてとても近付けないように私には見えますね。

E　チョムスキーの「生成文法」には関心をお持ちではないのですか？

L＝S　私も、チョムスキーの学問的寄与が重大なものであることを認めるのにやぶさかではありません。それは応用言語学の分野で得られた進歩、たとえば自動翻訳機などがそうですが、そこで大きな役割を演じています。しかし正直に申し上げて、彼の実際的処方とスコラ的議論の混合物は私の思考方法とはあまり縁があるとは思いません。

E　それでもあなたの試みが一種の「生成人類学」であったとは言えないのでしょうか？　いずれにしろ、神話分析に関するあなたの研究の一部は「生成神話学」とでも言うべきものではないでしょうか？　確か、あなたご自身が一度はそのような言い方をなさっていますね。

L＝S　有限な手段を用いて、人間精神が無限の組合せを生成するという考え方は、チョムスキーと私とでは共通しています。しかし、チョムスキーの言語学から形而上学的な結論を取り出そうとやっきになっている哲学者たちの性急さは、やはり、私には気がかりです。分節言語は人間に固有のものである、というのはいいでしょう。しかし、人間は、有限な規則の集合から、無限の言説を生み出すという奇跡を成就しているのでしょうか？　また、そこから、神の創造において人間が特権的な位置を占めているという結論を引き出せるのでしょうか？

言語学者としてならば、この第一の問いはおおよそ正しいと言えるでしょう。言語要素の組合せは非常に豊かなので、実際上、それは正しいように思われますからね。しかしながら、有限の規則集合がある瞬間に有限の語彙を用いて多くの文を生成するとしても、その長さには限度があって、長さが長くなればその生成蓋然性は減少し、最後にはゼロになってしまうということを考えれば、本当は有限の言説しか生成しないのです。ちょうどチェスの手の組合せが実際に尽きることのないように、たとえ何百万の話し手がよってかかっても言語的組合せが尽きるということはない、としてもです。第二の命題についてはどうでしょうか。形而上学的レベルへのこの飛躍は、人間主義的神秘主義への飛躍とでもいいましょうか、とにかく、生物学者の多くの人が、遺伝子の多様性を根拠にして、それらが他のものと置き換えられないがゆえに個々の人間は尊重すべきものであるという道徳的義務を主張したときのことを思い出させます。個々の人間が過去も、現在も、未来においても、ただ一つの貴重なものである。これはこれでいいでしょう。しかし、人間はこの点で他の生物と少しも変わりありません。どんなにつまらない生き物であっても、個体としてなら一つ一つ独自のものであるのに、こちらの方は尊重しなければならないと人間は思っていない。我々一人一人のためのささやかな道徳律を作ることが科学の仕事ではないのです。

第十二章　スー族、哲学者、科学

エリボン　『野生の思考』はモーリス・メルロ＝ポンティの思い出に捧げられていますが……

レヴィ＝ストロース　感謝の気持ちの表明です。コレージュ・ド・フランスに入ったことに関して、のものです。

E　……そして最終章はサルトルとの論争です。この三十頁ほどの一章が、一九六二年以来、多くのインクを費やさせることになります。

L＝S　『弁証法的理性批判』の出版は一九六〇年でした。当時私は『野生の思考』を書いている最中でした。私は高等研究院のゼミで一年間、サルトルのこの本を読みました。リュシアン・セバークが私の手助けをしてくれました。彼は私と同時に『批判』を読み、ほとんど対談といってもよい形で私のゼミで話をしたのです。サルトルの立つ観点は、人類学者の観点の一八〇度対極にあるもののように私には思われました。人類学者は自分の学問を人間精神の働きを理解するための一手段だと考えているのですが、その人類学がサルトルには気に入らなかったようなのです。彼はあらゆる口実を設けて人類学を無視しようとしたのです。

E　あなたとサルトルとの論争はなかなか激しかったですね。

L＝S　論争というものは実はなかったのです。私の知る限り、サルトルは私に答えなかったですからね。あるインタビューでただ一言、あいつは何もわかっちゃいない、と言ったことはありますがね。

E　いや彼は何度か答えていると思いますよ。一九六六年の《アルク》誌では、歴史に対して投げつけられた不信をあなたが助長していると言っているし、同じように一九六六年の人類学に関する対談で、これは後で『シチュアシオンⅨ』に採録されていますが、民族学者のやる人類学にとっては人間は対象でしかないが、彼自身が建設しようとしている哲学的人間学にとっては人間は「対象かつ主体」である、と言って、両者を区別しようとしています〔「人類学」も「人間学」もフランス語では同じ anthropologie である〕。

L＝S　この問題についてはあなたの方が私よりずっと詳しい。つまり私は論争をやらなかったという証拠です。

E　確かにあなたは乗っていかなかった。

L＝S　私にとってはどっちでもよかったのです。『野生の思考』の最後の章を書いたのは、サルトルの本と私の本が同じ頃に出版されたという偶然事に原因があることですからね。

E　この最終章を読まなくても『野生の思考』は読めるとお考えですか？

L＝S　完全に、というわけにはいかないでしょうね。そこで私は歴史的持続に三種あるという私の考え方を提示しておいたからです。ブローデルのものとはだいぶ違います。

E　あなたのサルトル批判は非常に厳しい。『今日のトーテミスム』のなかでベルクソンの哲学はスー族〔平原インディアンの一部族。白人との激しい闘争によって知られる。「スー」は他称で、自身は「ダコタ」と称する〕の思考に似ていると言ったとき、人々はそれを面白がりました。ベルクソンはもうだいぶ影がうすくなっていましたから……

L＝S　しかし、似ていることは驚くほどでしょう。ベルクソンのテクストとスー族の賢者の言葉はほとんど同じです。

E　それはそうです。しかし、サルトルの思考が現代の神話であると考えたり、そのようなものとして扱えるということを認めるのは、もっとむずかしいことです。

L＝S　その二つをみそくそにしているわけではありません。ベルクソンは形而上学的問題について、アメリカ・インディアンがするように、そして実際にスー族がしているように、考察しているのです。両者を比べることで、私はベルクソンの思想に敬意を表しているのです。それは時と場所を超えて普遍的なものを有しうる限りでの、人類の思考のもっとも深い根源にまで届いているということです。

サルトルの場合はそれとは逆です。彼の思想はその時代のイデオロギー、彼の生きた時代の知的環境のイデオロギーに根を張っているのです。彼の思想を神話的文脈——今の場合はフランス革命の神話なのですが（と言うのも、我々の社会では一七八九年の革命は本当に創世神話の役割を果しているのですよ）――のなかに位置づけてみるということは、彼の思想を普遍化する代わりに相対化するということになるでしょう。

E　サルトルが提起した問題のなかには、確かに、フランス革命とフランス史におけるその創世的役割の問題がありました。それが重要な事件であったことは、少なくとも、あなたもお認めになっておられるのでしょう？

L＝S　認めるどころではありません。フランス革命はいくつかの理念と価値を流通させ、それらの理念と価値はヨーロッパを、それからさらに世界を魅了したものです。それはフランスに一世紀以上にもわたって特別の権威と栄誉を与えたものでした。しかしながら同時に、西洋を襲った何度かの破局の原因がそこにあったかもしれない、と考えることは許されるでしょう。

E　どういう意味で、ですか？

L＝S　つまり、人々の頭のなかに、社会というのは習慣や習俗でできているものではなくて、抽象的な理念に基づいているのだという考え、また理性の臼で慣習や習俗を挽き潰してしまえば、長い伝統に基づく生活形態を雲散霧消させ、個人を交換可能な無名の原子に変えることができるのだという考えをたたきこんだからです。真実の自由は具体的な内容しか持つことができません。小さな範囲の帰属関係と小さな団結がうまくバランスをとっている、その均衡状態から自由は成り立っているのです。これを、理性的と言われる理論的思考は攻撃するのです。それが目標を達成した暁には、もはや相互破壊しか残っていないのです。その結果を我々は今日見ているわけですよ。

E　しかしフランス革命を近代社会の創始的事件であると考えることが、どういう点において、あなたには「神話的」問題であるということになるのですか？

L＝S　……とにかく、十九世紀初めから終りまで熱心に築き上げてきた、そして今も二百年記念を機会に何とかして復活させようとしている、この神話に基づく問題であることは確かです。

E　サルトルがその継承者である、というわけですね？

L＝S　彼が歴史的事件について具体的なイメージを示していない限りそうですよ。彼は、フランス革命が現在の人類にとって神話の役割を演じられるような、歴史の抽象的な図式を作るのです。

E　あなたから見れば、サルトルは十九世紀の人間ですか？

L＝S　私にサルトルの悪口を言わせないでくださいよ。たとえどんな非難が彼に加えられようとも、サルトルは注目と敬意に値する能力を持った人間でした。十九世紀という時代について言えば、それは科学・文学・芸術の分野で、もっとも偉大な世紀の一つでした。その分野で十九世紀の人間であるということを望まない人がいるでしょうか？

E　あなたとサルトルとの論争は、いっそう激しくなっていた哲学と人間科学との間の論争を象徴するものでした。

L＝S　そうでした。少なくとも、人々はそのようにあの論争を解釈しました。それでも、『野生の思考』の最終章は哲学的な臭いの非常に強い章だったのですがね。

E　先に挙げましたサルトルの二回の言及、そしてまた「哲学と社会学」と題されたメルロ＝ポンティのそれ以前の文章——これは『シーニュ』に収録されています——などを読みますと、彼らは、あなたが異議申し立てを行なった哲学の優位を何としても擁護したかったのだ、という印象を持つのですが。

L = S　メルロ＝ポンティは、もちろん、哲学的思考を信じていました。先にも言いましたが、彼は「偉大なる哲学」を復興したいとさえ思っていたのです。しかしサルトルとメルロ＝ポンティとの間には一つの違いがありました。サルトルは哲学を閉じた世界にしていました。政治的闘争を除けば、彼は外の世界に起きていることを断乎として無視していました。とくに科学の世界に関してそれがひどかった。メルロ＝ポンティはサルトルとは逆に科学の動向に注意を払っていました。彼はサルトルが持っていなかった好奇心を持っていたのです。

E　あなたの考えでは、今日の世界で哲学は存立する場所を持っていますか？

L = S　もちろんですとも。しかしそれには、現在の科学的知識とその成果の上に哲学自身の思考を基礎付ける、という条件がついています。メルロ＝ポンティが言ったような「偉大なる哲学」はその時代の大科学者であったような人の作り出したものです。彼らの哲学的考察は彼らの科学的成果の上に基礎を置いていました。この二つの任務は、今日、分離されていますが、しかし、科学は今日我々の生命観、世界観を大きく広げ、変えつつあるだけではなく、思考の規則を根底から変革しつつあります。哲学はそれから離れて孤立することはできません。

第十三章　歴史の掃き溜めのなかで

エリボン　サルトルとの論争はただ単に人間科学と哲学との衝突というだけのことではありませんでした。サルトルが歴史を過大評価することをあなたが批判していた以上、それは同時に、民族学的思考と歴史の関係如何、の問題をも提起していたのです。この問題はあなたの著作においてはくり返し出てくる問題です。すでに一九四九年に、あなたは「歴史学と民族学」という論文を発表しておられる。後で『構造人類学』冒頭に収められた論文です。

レヴィ＝ストロース　私がサルトルを批判したのは歴史を特権化しているからではありません。そうではなくて、先ほども言いましたが、彼の打ち立てようとした歴史哲学が、私の眼には、神話世界に属するもののように思われたからなのです。私のことを言えば、歴史ほど私にとって重大関心事はないのです。それもずっと以前からそうなのです。

あなたが今おっしゃった論文、あれは一九四八年に書いたものです。あれが《形而上学・倫理雑誌》

の求めで書いたものなのか、あるいは自発的に書いたものなのか、もう憶えていません。いずれにしろ、あれが当時私の読み始めていたリュシアン・フェーヴルの著作に刺激されて書いたものであることは確かです。

E　リュシアン・フェーヴルはご存じでしたか？

L＝S　彼との交際は一九四八年に私が帰国したとき以来です。《ルネッサンス》という雑誌、ニューヨークの自由高等研究院で出していた雑誌なのですが、それに載せた論文に注目してくれていたのです。タイトルは「アジアとアメリカの芸術における表象の二重化」です。それは彼のいくつかの考察の出発点になったものです[36]。彼は高等研究院の第六部門（後に、社会科学高等研究院に改組されます）を創設するのですが、すぐに私に講演を頼んできました。

E　その一九四九年の論文のなかに、注目すべき文句があります。曰く、「すべては歴史である」、曰く「ごくわずかの歴史でもまったくないよりはましである」……

L＝S　私はマリノフスキーの歴史に対する態度や、当時私がつきあっていたアメリカの何人かの人類学者に私が見た態度に大いに驚かされていたのです。彼らの多くが、現地調査に行く場合そこの住民について何も知らないで行かなければならない、彼らの過去を知ったり、今までになされた報告書を読んだりして眼を濁らせてはならない、と本気で考えていたのです。そうやって直接の観察に先入観なしの新鮮さを保証できると考えたのです。それがかえって観察を貧しくするだけだ、などとは思いもよらなかったのです。みんな無知と衒学によるものでした。

E　ブローデルが数年後にあなたに対して同じ批判をしていますね。『歴史論集』のなかで、彼はあなたの論文「横たわるディオゲネス」の一文を取り上げています。あなたはこう書いています――一時間もプラトンの同時代人と過ごせば、現代の歴史家の全著作を読むよりもギリシア文明の論理と矛盾について多くを知ることができる、と。それに対してブローデルは、確かにそうではあるが、しかしそれはこの旅行がこれらすべての歴史書によって準備された場合のことである、と注釈を加えています。[37]

L＝S　私があそこで言っているのは出まかせで、ブローデルが批判するのは当然です。しかし、紀元前五世紀のアテナイで撮影した映画があったとして、その五分間の断片でも残っていれば、歴史家たちが我々に描いてくれる光景がすっかり違ったものになるだろうということも確かです。今も言ったことですが、フィールドでの観察は予めよく考えられ、準備されていなければなりません。だからと言って、フィールドワークが何か他のもので代えられるわけでもないのです。

E　この一九四八年の論文では、歴史学と民族学は同じ研究目標、つまり社会生活を把握するという目標を持っている、ということも書いておられますね。しかし、違いもある。歴史学は社会生活の意識的表現を把握しようとするものだが、民族学はその無意識的表現を捉えようとするものである、と。これはずいぶんあれこれと論評された一文でしたが。

L＝S　それに「アナール」派の歴史家からはダメだと言われました。しかし、私の論文の出発点として、私は限界事例を考察の対象に選んでいるということを、彼らは理解しなかったのです。限界事例というのは、つまり、もっとも伝統的な意味での歴史学、支配権力であるとか、同盟であるとか、戦争、条約といったようなものに主要な関心を注ぐ歴史学を一方に据え、もう一方には構造分析という方法を用いて行なわれている民族学を据えるということです。そうすれば、伝統的な歴史学が書かれた文書、ということはすなわち意識的な表現に依拠しており、民族学が観察された具体的事例の背後に、それらを統御している無意識のメカニズムを捉えようとしている、ということになるのです。

このような対立は、リュシアン・フェーヴルや彼の影響を受けた歴史家たちの著作にはもう見られないものです。しかしそういうふうに変化したのは、まず第一には、フェーヴル自身がデュルケーム社会学から得た教訓（このデュルケーム社会学の権威は少々濫用されすぎたきらいがあって、フェーヴルはその権威から歴史学を解放しようとするのですが）のおかげでしたし、もっと後になってからは、民族学が歴史家たちにもたらした寄与に多くを負っているわけです。いわゆる「新歴史学（la nouvelle histoire）」は民族学に養われたものなのです。私の論文が言おうとしたことは、好ましくない時代遅れの対立は止めにして、民族学者と歴史学者がこれからは密接な協力関係のなかで研究を進めなければならない、ということだったのです。

E　実際、そういうふうになりましたね。

L＝S　三十年ほど前から、二つの学問の対話が行なわれるようになりました。歴史家たちも日常生活の細々とした事実の重要性を理解したようです。そういう細部は民族学の基本といっていいものなのですが、今までの歴史家はほとんど無視していましたからね。一度アメリカで、あれは確か一九五二年の、ウェーナー・グレン基金主催の人類学会議での講演だったと思いますが、私は、我々民族学者というのは歴史の屑屋であり、歴史の掃き溜めのなかに我々の財産を見つけ出すのだというようなことを話したことがあります。いろいろな反応がありました。民族学者たちはこのたとえ話があまり気に入らなかったようで、会議が終わった後、マーガレット・ミードが私のところへやって来て言うには、「言っちゃいけないことがありますわよ」。もっとも、その時から我々は友だちになって、彼女の亡くなるまで続きました。

ところで、この歴史の屑物は長い間馬鹿にされていたものです。年代記とかその時代の回想録だとか、文学作品のなかに埋もれていたものですが、歴史家たちは、そういう屑物が民族学者がフィールドで観察する事実と同質のものであること、それらが研究に利用できること、を発見したのです。

一九五〇年頃のことでしたが、私はアルフレッド・フランクランの叢書を読むのを楽しみにしていました。それは十三世紀から十八世紀までのフランスの個人生活を扱った叢書で、古本屋でときどき掘り出したものです。全部で二十冊ぐらいです。フランクランはマザリヌ図書館の司書で、同じ頃プルーストがそこで一時期彼の部下だったことがあります。プルーストは二度とやって来なかったようですが、その上司は彼なりに、失われた時の見事な探求をやっていたというわけなんですね！　フランクランの本は、もうすでに、今日歴史人類学と呼ばれているものになっていました。この歴史人類学は歴史家たちの間で流行していますが、そのおかげで歴史家は舞台の前面に出ることができたのです。なぜなら、当然のことですが、フランスの読者は、南アメリカのインディオやメラネシア人の生活形態よりも自分たちの先祖の生活の仕方に関心を持つでしょうからね……

E よく耳にすることで、ブローデルの通史的な著作は、あなたの影響が歴史家に及ぶのを防ぐためである、という……

L＝S それを信じる気は私にはありません。ブローデルはもっとましな理由で本を書いていると思いますよ。ただある時期、一般読者の間で民族学がもてはやされたことがありました。それが歴史家を不安にしたかもしれないということは、私も認めます。何十年間かの幅を取って見てみると、かつてのデュルケーム学派に対するリュシアン・フェーヴルの立場と同じものが繰り返されたということでしょう。どちらの場合にも、歴史学はその競争相手の成果を吸収して豊かになりつつ、学問的自律性を維持したのです。

E 逆に、歴史学の方もやはり民族学研究に大きく貢献したのではありませんか。

L＝S 確かにそうです。今まで我々は空間のなかに配置された複数社会というパースペクティヴを持っていたのですが、彼らはそれに、もしこう言うことができるならば、時間のなかに積み重ねられた複数社会というパースペクティヴを付け加えてくれたのです。我々が研究の基礎として使える「出来合い」の経験の数が、その結果、何倍にも増大しました。そしてまたその結果として、面白い転倒が起きたのです。まず第一段階として、〈アナール〉学派は従来の歴史学、つまり年代記的・回想録的歴史学から離れ、人口統計や、経済の次元、あるいは思想史の次元に隠されている深層の動きに関心を寄せるようになりました。その頃、民族学はそれとは反対の道を辿っていたのです。なぜなら、古い時代に婚姻関係が取り結ばれ、親族組織が構成され、王家ないし門閥においても伝統的な農民社会においても財産が継承されてゆく方法を定めるのは、そのような事件と挿話からなる歴史だったからです。この回路を通じて事態を把握することで、我々民族学者は、ものごとの過渡期の状態とか、それがさまざまに分節された状態などを知ることができるのです。そしてそれらを知ることで、遠く離れた異文化社会とフランスの古い社会とを比較することが可能になる、というわけです。こうしてふたたび、歴史学の辿る道と民族学の辿る道とが交差するのです。今度は、この交差した点から同じ道を進んで行きたいものだと思います。

E　相変わらず一九四九年の論文についてですが、そのなかであなたは「ある内容に形態」を与えるところの「精神の無意識の活動」のことを語っています。しかも、この形態は、古代であろうと現代であろうと、あるいは未開社会であろうと文明社会であろうと、あらゆる社会を通じて同一である、と書いておられます。歴史家たちがあなたの精神の働きについての考え方が非歴史的であると批判するのは、そういう言い方に原因があるのではないでしょうか。

L＝S　それは誤解です。人間の本性などという古めかしい概念を復興した私の目的は、単に、人間の脳髄はどこへ行っても同じふうに作られている、ということを人々に思い出させることでした。つまり、同じ枠組みが人間精神を規制しているのだということです。しかしその同じ精神も、場所が違えば、違った問題を処理しなければなりません。その問題の方は、その社会が置かれている地理的環境、風土気候、文明状態などによって、また考察する時代、それの遠近の過去の歴史などによって、実に多様な形で立てられるのです。また、その社会の個々の構成員については、彼の気性、彼の個人史、彼のグループ内での位置、等々によって立てられる問題は違ってきます。ハードウェアはどこでも同じなのですが、インプットとアウトプットはそのつど違うのです。

E　しかしあなたのことを「新エレア主義」（つまり運動を否定する新方式）という人もいますよ。

L＝S　ばかばかしいとしか言えませんね。不変のものを重視し過ぎると言って私を批判した歴史家たちは、まずもって、そのことを認めるべきです。なぜなら、もしそうでないのならばいったいどうやって二百年、三百年、四百年前の人間の頭のなかに起きたことを再構成するのです。昔の人間と我々の間に何か共通なものがあるということ、人間ならば基本的には同じように考えるのだということをまず認めるというのが、出発点ではありませんか？　そうでなければ、過去のことも遠く離れたことも、我々の手には届かないものになってしまいますよ。彼ら歴史家たちにとっては、この不変化項は自明のことです。ただ、それが大きな問題であり、その問題を彼ら以外の人間が考えてみる権利も義務もあるのだということを、彼らは認めようとしないだけなのです。

E　歴史家からの批判を回避するために、あなたは社会に二つの種類を区別しました。一つは、民族学が研究する無時間社会で、「冷たい社会」と呼ばれ、もう一つは歴史学の研究対象である社会で「熱い社会」と呼ばれる。しかしそこでもまた、二つのものを区別することで解決された問題よりも多くの問題が生じることになってしまいましたね。

L＝S　その区別を私がはじめて導入したのはジョルジュ・シャルボニエとの対談[38]のときでした。

コレージュ・ド・フランスの開講講義でもそれを取り上げて、その点についての若干の誤解を除いておきました。「冷たい社会」、「熱い社会」というときにも、私は限界事例を考えているのであって、繰り返し言いもし、書きもしたことですが、絶対的に「冷たい」、あるいは絶対的に「熱い」社会などはどこにも存在しません。それは要するに我々が仮説を作り上げるときに必要な理論的概念装置なのです。実際の社会は両者を結ぶ一つの軸線の上のどこかに配置されていて、どちらかの両端に位置するものは一つもありません。

第二に、私はさまざまに異なったタイプの社会のなかに客観的な区別を持ち込んだのではありません。私が関心を持ったのは、異なった社会が自分自身の歴史に対して取る態度の違いなのです。我々民族学者が「未開」の社会という言い方をするときには、それに括弧を付けます。それは、その言葉が不適切であり、慣用に従っているだけであることを知ってもらいたいからです。しかし、ある意味では、その言い方は正しい、とも言えるのです。我々が「未開」社会と呼んでいる社会は決して「未開」なのではなく、「未だ開かれていない」つまり原初的であることを欲している社会です。それは自分を原初の社会であると夢想しているのです。なぜなら、天地開闢のその時に、神々と父祖たちが作りだした、そのままの状態に留まり続けること、それがこれらの社会の理想であるからです。もちろん、それは彼らの幻想であって、彼らの社会といえども他の社会同様、歴史なしでいることはできません。しかし、彼らが疑い嫌悪する歴史、その歴史を彼らは受動的に経験するのです。それに対して、「熱い社会」、たとえば我々の西欧社会は、歴史に対してそれとはまったく異なった態度をとります。

我々は歴史の存在を承認するばかりか、それにある信仰を捧げることさえするのです。なぜなら――サルトルの例がそのことをよく示しているのですが――、我々が自分たちの社会の過去について持っていると思い、あるいは持ちたいと思っている知識、さらに正確に言い直せばそれを解釈するやり方は、我々にとっては、我々が生きている社会の進展を正当化し、批判して、その未来を方向づけるのに役立つのです。我々は自分たちの歴史を内面化し、それを我々の道徳的意識の一部にしているのです。

E　一九七五年にあなたはモーリス・ゴドリエとマルク・オージェと討論を行ないました。それは雑誌《人類》に載っていますが(39)、そのなかで、今まであまり引用されたことはないのですが、あなたの歴史観をよく表わしているように思われるいくつかの考えを述べておられます。たとえば、こういうことを言っておられる。「歴史の持つ何物にも還元できない偶然性はそのまま認めなければならない。」

L＝S　それは『蜜から灰へ』の最後の文をそのまま使ったのです。マルクス主義者やネオ＝マルクス主義者が歴史を知らないと言って私を非難したとき、私は彼らにこう答えたのです――「歴史を知らないのは、あるいは歴史から眼をそむけているのは、あなたたちだ」、とね。「現実の具体的な歴史を、あなたたちは、あなたたちの頭のなかにしか存在しない歴史発展の大法則に置き換えているのだ」と言ってやりましたよ。歴史に対する私の敬意、歴史に対する私の愛着、それは、歴史の現実の歩みが示す予見不可能性に精神のどんな構成物も取って代わることができないという、歴史が私に与えてくれる感覚に由来しています。偶然性のなかにある出来事、これは何によっても置き換えることのできないものだと私は思います。構造論的分析は、この偶然性というやつと、こういう言い方を許してもらえるならば、「うまくやっていく」のでなければなりません。

E　「歴史の法則」の存在という観念は拒否なさる、というわけですね。

L＝S　変数の数は多いし、多くのパラメーターがあるのですから、何が現に起きており、これから何が起きるかを知ることができるのは、たぶん、神の悟性というようなものだけでしょう。あるいは神は永遠の昔からそれを知っているのかもしれませんが。人間は絶えず思い違いをしているのです。歴史がそれを示しています。人はいつも「二つのうちのどちらかだ」と言うのですが、本当に正しいのは常に第三のものなのです。

E　その絶対的な偶然性があっても、歴史的分析は有効なのですか？

L＝S　もちろんです。出来事というのは起きてしまうまでは予見不可能なのですが、しかし、いったん起きてしまえば、それを理解し、説明しようとすることはできます。ある出来事を他の出来事に結び付け、この出来事の連鎖の持つ論理を事後的に捉えることはできます。しかし、現在という時点で、考えることができる多くの可能性とそれ以外の考えることがまったくできない可能性のなかに生きている我々には、今から後に起きることを予見することはまったく不可能なのです。

第十四章　鳥の卵採りの後を追って

エリボン　あなたが『神話論理』の出版を始められたのは、一九六四年のことでしたが、あれは高等研究院第五部門での講義が元になっているということですが。

レヴィ＝ストロース　あの講義は、というよりもあのゼミナールは、数年間、私に試行錯誤を許してくれました。どうやればいいかは判っていたのですが、しかし現場では迷うことばかりでした。プエブロ族の神話に私が興味を持ったのは、その範囲が明確に判っていたからです。コーパスの豊かさ、濃密さ、そして均質さがあったからです。この神話コーパスは、多くの民族学者――みんなアメリカ人でした――が数十年間にわたって熱心に採集したものでした。リュシアン・セバークとジャン＝クロード・ガルダンが私に援助を申し出てくれて、その目録を作ってくれたおかげで、資料を小さくすることができました。ゼミナールでは一つの神話を取り上げ、みんなでそれを分析するのです。その結果は確からしく思われたのですが、すぐに、プエブロ神話は余りにも閉鎖的すぎるという感じが私にはしました。用いられた方法を試してみるには、もう少し戦線を拡大する必要があるように思いました。そこで私はもう一度、ボロロ族の鳥の卵採りの神話から出直してみようと決心しました。その神話は、『神話論理』よりも数年前のゼミナールで、私の注意を惹いていたものでしたからね。

E　『神話論理』全四巻のなかで、あなたは、八一三の神話と千余りの変異形を分析しています。だのに、これは手元にあった資料のごく一部にすぎない、と言っておられる。この大量の神話を、あなたはどこで手に入れられたのですか？

L＝S　手に入るところなら至るところからです。ある民族とか部族に関するモノグラフィがありますね。そういうモノグラフィの著者は、その民族なり部族なりの物質文化、その社会生活とか家族生活を分析した後で、必ずと言ってよいほど、何篇かの神話を採録しています。いくつかの民族や部族については、神話だけを集めた本も出版されています。そういうものを片っ端から必要に応じて調べてゆくのです。必要に応じてと言ったのは、もし最初にその合理的かつ体系的な目録作りから始めなければならなかったとするならば、最初の一行を書き始めるまでに十年はかかっていたと思うからです。

E　見切り発車だったのですか？

L＝S　ブラジル滞在中に直接に知ることができた部族に関して、私はずっと以前から、次のような点に気がついていました。つまり、ボロロ族と、ジェ語族のメンバーであるそのもっとも近縁の部族においては、その社会組織が似ているということ、その相互の差異はある一つの変換プロセスの異なった段階として解釈できそうだということ、です。この仮説は、私の講義や論文で何度か論究されていました。そこからもう一つの仮説が出てきます。これらの部族の神話相互の類似と差異もまた同じように理解できるのではないか？　私の出発点はそこにあったのです。

そこで私は中央ブラジルの神話の研究を始めたのです。その結果、場合によって、近縁の部族の神話は一致したり、部分的に重なり合ったり、対応関係があったり、あるいは相互に矛盾したりしていることがわかりました。個々の神話の分析は、それ以外の神話の分析を包含し、言うならばこの意味論的感染は次から次へと同時にいくつかの方向に広がっていきました。それはちょうど、広大な展望の開ける一点に到達してみると、今度はその展望が次の目標点を指し示し、そこに行くとまた新しい方向に展望が開かれる、というような感じでした。

E　あなたが「バラ模様型測量」と名付けた方法ですね。

L＝S　中心にどんな神話を選ぼうとも、その変異形がその周囲に広がっていて、バラ模様の形を作っているのです。それがだんだんと広がっていきながら複雑な形を作り上げる。またそのバラ模様の周辺に位置している変異形を一つ選んで、それを新しい中心に据えるとしますね。すると同じことが起きて、別のバラ模様が描き出されるのです。この新しいバラ模様は最初のバラ模様と部分的には重なり合っていますが、それからはみ出したところもある。以下同様なのですが、無際限に続くというのでもなくて、この湾曲した構造物は、結局、また元の出発点に戻ってきます。その結果、最初は渾然として見分けの付かなかった場に、網の目のように広がった力線が現われ、この場が強固に組織されていたことが明らかにされたのです。

E　この方法は「比較論的方法」を問題化するものでした。『仮面の道』の終りのところで、あなたは、ただ一つの社会の研究で満足している民族学者、あるいは複数個の社会を一つ一つ別々に研究していくだけの民族学者を批判していますね……[40]

L＝S　誤解しないでほしいのですが、ただ一つの部族を何カ月、何年、時には数十年をかけて研究する民族学者に対しては、我々は大いに感謝しなければならないのですよ。彼らが存在しなければ、我々は何もできず、無に等しいのです。問題は、そこから一歩進んで、理論を構築しようとするところで提起されるのです。たった一つの、他のものを配慮しない経験の上で理論構築を行なうことは、非常に危険なことです。なぜなら、この経験は何百、何千という可能性のうちのたった一つの事例でしかないからです。

一方、比較という方法は、何度も繰り返し言ってきたことですが、まず比較して、しかる後に一般的把握を行なうというようなものではありません。人が普通にそう思っているのとは逆に、比較の基礎となり、比較を可能にするのは一般的把握なのです。複数のフィールドの報告があるとします。これらの、観察され記述された事実が相互に置換可能になるためには、どのようなレベルに立つべきであるのか、それを考えるのが出発点なのです。それらの事実を一つの共通の言語によって表現できたときにはじめて、そしてまた、この予備的な深層構造発見によってこそ、比較というものは正当なものになるのです。

E　何かを比較しうるためには、異なった社会の間に何らかの関係が存在すると思われる範囲を地理的に限定する必要がありませんか？　そうでないと……

L＝S　……安易に流れて、十九世紀に行なわれていた比較論的方法が評判を下げたようなことになります。

E　と言うことはつまり、相互にその神話を比較しようとする部族間に共通の歴史を想定しなければならない、ということですね？

L＝S　それは方法が穏当であるための規則で、ボアズが教えてくれたものです。しかし、時々は、学校をさぼることも許されるのです。今お話ししている時期にはまだ発表していませんでしたがある論文のなかで、私は面白いと思って、聖書が割礼について書く場合の書き方と、ボロロ族がペニスサックを着けることについて言っていることとを、比べてみたことがあります。(41)こういう思いきった比較は他の所で役に立つアイディアを生むこともあるのですが、それから何らかの結論をひきだすことはできません。ただ、多分、人間精神はある限られた可能性の範囲内を動くものであり、よく似た心象構図は、特別の理由がなくても、異なった時代、異なった場所で現われうるということは言えるでしょう。ちょうど万華鏡の中には、半透明の色切片が有限個しかないという事情と似ています。理論的には、万華鏡を何度か揺り動かしているうちに同じ形の模様が現われても、何の不思議もないわけですよね。この蓋然性はきわめて低い。しかし、不可能というのではありません。

E　確かに、『神話論理』のなかで分析を進めるうちに、あなたは、古代ギリシアの神話を思い出させるような神話に出会っていますね。

L＝S　遠い類似です。遠い類似、と言えば、それは日本の神話にも似ているのです。その種の類似は物の序に記録しておく値打があるのです。ひょっとしたら説明できるかもしれないことですからね。仮説的教訓として、今はただ、人間精神が用いる構造的形態のレパートリーは有限である、ということを認めておけば私には十分です。その地域を専門にする研究者が、もし可能ならば、これをさらに深く検討するでしょう。ご存じだろうと思いますが——デュメジルがあなたとの対談でそのことは話したに違いありません——、〔大林太良や吉田敦彦のような〕日本の学者は例の印欧民族の神話の三つの機能〔デュメジルは印欧語族の神話において、神々は、祭祀・戦闘・生産の三機能に従って分類されていると主張した〕が朝鮮にも日本にも見出されると考えています。

E　今出てきたような神話が全部、一つの、もっと古い、旧石器時代の共通の神話体系に還元される、という考えにあなたは誘惑を感じませんか？

L＝S　世界の神話全体を俯瞰してみれば、あちこちに、非常によく似ているのだけれども、あまりありそうもないものなので、とても別々に考え出されたものとは思えないようなテーマが見つかります。この種の類似は、借用の結果であるかもしれません。そして、その借用は最近のものかもしれないし、あるいは比較的古い時代に、あるいはまたきわめて古い時代に行なわれたものであるかもしれない。たとえば、小人が水鳥相手に戦争をするというような神話モティーフを考えてみましょう。それは、古代ギリシアでも、極東でも、アメリカ大陸でも見出すことができます。すると、この神話モティーフは、それぞれのところで、別々に作られたのでしょうか？　しかし、これはちょっとあり得ないことです。それならば、いつ、どういう道を通って、それは広がっていったのか？ それについては何もわかりません。何だって考えられるのです。それは旧石器時代の神話の遺物である、と考えることもできれば、その伝播はわずかに数世紀前の出来事であって、その辿った道筋はいずれ確定することができるだろう、と考えることもできるのです。こういう特殊ケースは、一つ一つ研究するほかありません。

E　あなたの著作には二種類の比較研究の方法があります。『親族の基本構造』では、大陸と大陸との比較。それに対して、『神話論理』では、同じ共通の歴史、同じ共通の過去に関係付けられないようなものは比較してはならないということを断言しておられる……

L＝S　その二つの著作の目的と方法は同じです。しかしそれらが出版された歴史的状況は同じではありません。私が親族組織と婚姻規則を研究していた頃には、人々は個々のケースの個別的解釈に迷い込んでいました。それとは逆に、神話研究の方は、表面的な類似だけを根拠にして、世界中の神話を比較するという馬鹿げた状態にあったわけです。したがって、全然違った二つの方向に向かって立場を明らかにしなければならなかったのです。

それに、その二つの現象は同じレベルにあるものではありません。親族とか結婚というのは、社会生活の基礎となっているものです。それは、いわば、分子的レベルにある問題です。分子的レベルでは、ご承知の通り、どんな生物でも事情は同じなのです。一方、神話は、もっと複雑で、もっと多様な様相を示しているものですから、研究者は、まずその複雑さと多様性を縮減することに努めなければばなりません。

E　しかしながら、あなたの研究は、「変換」システムによって世界中の神話を次々と関連付けてゆくはずのものである、というふうに解釈されたこともありますが。

L=S　それは違います。なぜなら親族の研究と神話の研究との間には、第三の違いがあるからです。一九四二年から四三年にかけての頃に、私は親族の問題を研究し始めたのですが、その時の私の背後には、親族に関する一世紀にわたる組織的研究の歴史が存在していました。その成果の上に私は自分の研究を基礎付けることができました。比較的均質な――現在では、「標準化された」というところでしょうが――学術用語を用いて記述され、分析された資料が、私のために準備されていました。そのために、そこから次の段階、つまり比較研究の段階に進むことができたのです。神話に関してはそうはいきませんでした。さまざまな著作が生の資料を提供してくれてはいても、まだそれらは実際には研究されたことがないものでした。したがって、私は、一つの事例について、それを記述する固有言語を作り出すことを試みなければなりませんでした。その固有言語は、世界の別の地域に関して同じような研究が行なわれ、その一般的妥当性が証明されれば、あるいは適用範囲を広げることができるかもしれません。あるいはまた、そのような研究の結果、私が提示した固有言語と似てはいるが別の固有言語の必要性が生じるかもしれない。その場合には、それを一般化できるとしても、さらに深いレベルにおいてだ、ということになるでしょう。それはこれからの仕事です。あまり先走ったことを言うのはひかえておきましょう。

E　結局のところ、『神話論理』であなたが用いた研究方法は、デュメジルの方法にかなり近いものですね。地理的限界を定め、その地域内での精神的構造の類似を見出すことを目指す、という方法です。しかし、ある一点であなたの対象への接近はデュメジルの場合と異なっています。彼の場合には、長期にわたる歴史的継承を想定することができたけれども、あなたの場合には、アメリカ・インディアンの神話を研究するときに、その歴史的奥行きを見出すことはできなかったということです。

L＝S　私がデュメジルの業績に負っているものをいちいち申し上げる必要はないでしょう。私はそこに多くの教訓と励ましを汲み取りました。しかし、デュメジルと私の相違は、あなたが今指摘したものだけではありません。彼と私ではめざす目的が違っていました。彼が論証しようとしたのは、アジアとヨーロッパのいくつかの地点で存在が確かめられていた表象システムが同じ共通の起源を持つということでした。一方、私にとっては、歴史的にも地理的にも同一性は出発点において存在していました。アメリカ大陸には、次々と何度かにわたって、移民者たちがやってきて住み着いたのですが、大ざっぱに言って、彼らはすべて同じ所から来たのです。また、彼らの新世界への進入は、人によって違いますが、紀元前七万年から一万五千年前後のこととされています。したがって、私の研究目標はデュメジルとは違って、まず、歴史がその同一性を保証してくれている神話体系相互間の違いを説明すること、次に、一特殊事例から出発して神話的思考の仕組みを理解すること、というところにあったのです。

*

E　『神話論理』の各巻は数百頁の大部なものです。それにもかかわらず、『裸の人』の最後のところで、あなたはその全体が均質な一つの著作である、と言っていますね。

L＝S　ただしこういうことはあったのですよ。三巻目を書き終えたときに、私はこの調子ではとても終わりにすることはできまいと思ったのです。なにしろ、全部を書き終えるにはまだ数巻は必要だったでしょうからね。そこで私は決心したのです。もうあと一巻で、つまり第四巻で打ち切りにしよう。そしてその第四巻に、私がまだ言い残していることを、たとえ暗示の形であれ、将来の研究に対する示唆という形であれ、全部書き込んでしまおう、とね。そういうわけで、この最後の巻はそれまでのものよりもいっそう頁数が増えていますし、構成も複雑です。そこには、本にして二、三冊分の材料が含まれていますからね。

E　ご自分の試みが失敗するかもしれない、という心配はなさいましたか？

L＝S　ソシュールのニーベルンゲン研究のことを思い出していました。彼は人生の、多分もっとも大きな部分を、ニーベルンゲンという神話と伝説と歴史の混じり合ったものの解明に捧げたのです。ジュネーヴ図書館に今でもそのための数百冊の手書きのノートが保管されていますが、私もそのマイクロフィルムを取り寄せて、それを研究してみました。それを私は夢中で読みました。そこにいろいろなアイディアを見つけ、とくに、ある一つの教訓を得ることができました。研究は進めば進むほど複雑さを増し、新しい道が前に開けてくるのです。ソシュールはこの壮大な研究の何一つも発表しないうちに死んでしまいました。私も同じようになりかねない、と感じましたので、その危険を逃れようとしたのです。そうしなければ、私の冒険も、ソシュールのそれと同じように、決して終わることはなかったでしょうね。

E　これらの神話を研究し終えたとき、あなたの最初の仕事は、その要約を読者に提供することでした。あなたがあの著作のなかで示しておられる形よりも、元の神話はもっと長く、異文も多かったのでしょうね、きっと。

L＝S　そういう批判を受けましたが、それは間違いです。なぜなら要約のなかでは触れていない細部に関しては、あとで全体との関係でかならず分析していますからね。読者はこの神話に関してまったく何も知らないわけですし、アメリカ大陸と言ってもまったく未知の世界なのですから、まず第一に、それぞれの神話、あるいは神話集合体のだいたいの姿を読者に知っておいてもらう必要があったのです。やがて分析の進行とともにそれら細部の役割と必然性が現われてきたところで、どれ一つとして省略することなくその細部に分け入ることを読者に求める、これが私の段取りだったわけです。

E　その神話は素晴らしい物語というか、本当の意味で文学作品ですね。このような文学テクストのなかに身を沈めるというのは、あなたにとって、大きな喜びだったでしょうね。

L＝S　確かにそれは素晴らしい、時には感動的ですらある物語です。ただそれは、情報提供者が、良い語り手である場合に限られるのですが、その条件は常に満たされるわけではありません。私があの神話の研究を始めたのが一九五〇年、『神話論理』を書き終えたのが一九七〇年です。その二十年間、夜明け前に起きて仕事をし、神話に酔ったようになって、私は本当にまるで別世界に生きていたようでした。

私の体に神話が染み込んでいました。だから普通の使用量よりずっとたくさん服用しなければならない。たとえば、ある集団のある神話が、少し違った形で近隣の集団にあることが判ったとしますね。そうすると、その近隣の部族に関係した民族学的論文著作を全部読んで、それを取りまく世界のなかで、その技術、その歴史、その社会組織といったような、神話の変異に関係するかもしれない要因をすべて調べなければならないのです。私はこれらの部族たちと一緒に、また彼らの神話とともに暮らしていました。まるで、おとぎ話の世界に生きているようでした。

E　それは作品鑑賞という面もありますね。

L＝S　実に刺激的な作品鑑賞でしたね。なにしろ、彼らの神話はまずは判じ絵みたいなものですから。彼らの話には頭も尻尾もなくて、ばかばかしいような挿話でいっぱいなのです。何日も、何週間も、時には何カ月もの間、それを温めていると、ある日突然に、火花が飛ぶように、一つの神話のある訳の判らない細部が、別の神話のやはり訳の判らない細部の変形したものであることが判って、そのつながりを伝って、二つの神話を一つに結び付けることができる、というような具合いなのですからね。それ自体としては一つ一つの細部は何かを意味する必要はないわけで、それらが理解できるのは、それら相互の示差的関係のなかにおいてということなのです。

E　四巻の著作のそれぞれのタイトルは有名になりました。『生のものと火を通したもの』、『蜜から灰へ』、『食卓作法の起源』、以上の三つは一連の意図、つまり自然から文化への歩みを示す、という意図を表わすものでしょうが、最後の『裸の人』は……

L＝S　……最初の出発点に戻っているのですよ。「裸のもの」(le nu) は、文化との関係で言えば、自然に対する「生のもの」(le cru) と同等のものですからね。最初の巻 (Le Cru et le cuit) の最初の語と最後の巻 (L'Homme nu) の最後の語はつながっているのです。ちょうど船に乗って、南アメリカから出発して、北アメリカの北極圏まで上って行き、ぐるっと回って前進を続けると元の位置に戻って来るのと同じことです。

E　第一巻を書き始めたときに、最後の巻を『裸の人』にしようと考えておられた、ということですか？

L＝S　そんなにはっきりした見通しを持っていたわけではありません。しかし自分の辿る道筋がどうなるか、大体のところは判っていました。食物を火を使って調理するということの発明ないし発見が自然から文化への移行であることを物語る神話が出発点です。そこから出発して、神話の内包する論理に押されながら、次から次へと神話を辿っていくわけですから、いつかは必ず、自然と文化の境界線がもはや生のものと火で調理したものとの間を通るのではなく、経済的交換の受容あるいは拒否、つまり集団の境界を越えた社会生活の受容と拒否とを分ける線上を通るような神話に到達するに決まっていたのです。祭とか市というのは、敵対する部族ですら、食物交換のため、また労働生産物交換のために定期的にやって来ては出会う場所だったのです。それが、より前進した社会生活の形を作り上げるわけです。このいっそう進んだ社会生活は、孤立した文化が、食物を煮るということによって自然に刻印した最初の変化に比肩しうるものです（事実、彼ら自身によってそれに比べられています）。

E　先ほどの神話の「バラ模様」と同じで、あなたの本も南アメリカから北アメリカへ北上するという動きにそって構成されていますね。

L＝S　そうなのです。ちょうど北アメリカの北西部、オレゴン州からブリティッシュ・コロンビアあたりまで来たときに、神話は、私が先ほど言ったような方向に変化するのですが、それは、そのあたりで部族間の物品交換が異常な発展を見せるからなのです。そういうわけで、出発点の南アメリカ神話に、その地点で、ほとんど同じ形で出会うことになるのですが、そのことは特別に意味深いと言えるでしょう。二つの半球がそこで一つに合わさると同時に、神話の環が閉じるというわけです。

E　あなたの出発点は、先ほどおっしゃったように、ボロロ族の鳥の卵採りの神話でした。その神話を他の神話と結び合わせることを可能にする「参照神話」はどのようにして選ぶのですか？

L＝S　最初の現地調査のときに、私はボロロの村で暮らしました。私の関心は、とくに、ボロロの社会組織がどうなっているかということでした。高等研究院の第五部門で宗教学をやらなければならなくなったとき、私は、サレジオ会修道士たちが五十年ほど前から熱心に採集していた神話にも関心を持つようになりました。

E　つまり、選択はまったくの偶然であったということですか？

L=S 最初は、偶然です。歴史についてさっきお話したように、現在から過去を振り返ってみれば、この選択を事後的に説明し、さらには理由づけることさえできるのですが、当時にあっては、私のしたことは偶然の結果でした。

E 理論的に言えば、他の神話、あるいは他の部族から出発することもできた、ということでしょうか。

L=S 多分そうでしょう。神話の世界も地球と同じで丸いのですから、他の道筋を選んだとしても、同じ地点に出たことでしょう。いずれにしろ、後で判ったことですが、この神話はアメリカ・インディアンの神話のなかで最重要な位置を占めていました。つまり、それは同時に二つのシステム、垂直な関係と水平な関係、言い換えれば一つは天と地、自然と超自然との関係、もう一方は近くと遠く、同類と異類との関係、にかかわるシステムを構成していたのです。

E 『神話論理』は地理的な動きでもあるのですが、同時にますます分析の複雑さを増してゆく動きでもありますね。

L=S おっしゃる通りです。この四巻の叙述は二つの動きをもって進んでゆきます。一つは地理的拡大です。『生のものと火を通したもの』では分析は南アメリカの内部、とくにブラジル中部と東部に限定されています。『蜜から灰へ』では、研究の範囲は南と北に広がりますが、なおやはり南アメリカを出ることはない。『食卓作法の起源』では、まず分析されるのは相変わらず南アメリカの神話ですが、しかしその地域はいっそう北に移動し、同じ問題を異なった図柄を用いて表わしている神話が分析されます。その神話をもっともよく代表するのが北アメリカの神話なのです。南の大陸から北の大陸への移動はしたがって必然的であり、私の本も両大陸に跨るということになるわけです。最後の巻は完全に北アメリカに入って、読者をもっとも遠い地点まで連れてゆくことになります。不思議なパラドクスと言うべきかもしれないのですが、そしてそれを説明するのが私の目標でもあるのですが、地理的にはもっとも隔たった新世界の両端において、神話の類似関係がもっとも顕著に見出されるのです。

あなたが先ほど指摘してくださった二つ目の運動というのは、論理に関わる問題です。次々と導入される神話の扱う問題は、ますます複雑さを増していきます。第一巻で扱われた神話は感覚的な事象同士の対立に基づいています。「生のもの」と「火を通したもの」、「新鮮なもの」と「腐敗したもの」、「乾いたもの」と「湿ったもの」、などなどです。第二巻では、これらの対立は徐々に別の対立、つまり、もはや感覚の論理ではなくて形態の論理に基づく対立に移行していきます。「空のもの」と「満ちたもの」、「包み込むもの」と「包み込まれるもの」、「内のもの」と「外のもの」、という具合いです。第三巻の『食卓作法の起源』で、決定的な一歩が踏み出されます。それが扱っている神話群は、辞項同士を対立させるのではなく、それらの辞項同士が対立するようになる根拠としての、異なった態度（マナー）を対立させるものです。辞項は結び付けられることもあるし、切り離されることもある。これらの神話群が問題にしているのは、いかにしてある状態から別の状態への移行が行なわれるのか、ということなのです。

カヌーに乗っての旅を物語る神話群が、この第三巻では、重要な位置を占めています。それがいま申し上げた問題をみごとに表現しているからです。旅が始まり、旅行者が前進するにつれて、近くのものは遠ざかり、遠くのものが近付いてきます。目的地に着いたとき、二つの辞項〔つまり、「近くのもの」と「遠いもの」〕が最初に持っていた価値は転倒されています。しかし旅は時間を要するものです。こうして、時間というカテゴリーが、空間的にはすでに与えられていた関係相互の間に、それとは別の関係を出現させるための手段として、神話的思考のなかに導入されるのです。ということは、すなわち、小説的次元が徐々に神話的次元と交錯してくる、ということを意味しています。その結果、この二つのジャンルの展開が見られることにもなるわけです。それにまたこのことは、出発点においては感覚的生活のなかから選び取られた具体的イメージであったものを、よりいっそう細やかに組み合わせていくことによって、神話的思考が、明示的にそうだというわけではないのですが、いまや抽象的思考能力を獲得した、ということをも示しています。

E　あなたは以前に『野生の思考』で神話的思考の論理性を定義しておられたのですが、いまは、それが現実に働くところを描いてくださいました。『蜜から灰へ』のなかで少し横道に逸れるというような形で、そのような抽象的思考能力を持っていた民族が、他の文明、たとえば古代ギリシアなどで起きたような科学的・哲学的思考への移行を行なわなかったのはなぜであるか、という問いを立てておられますね。

L＝S　その「なぜ」は、私にはまるで判りません。多分、思考の形が変わるためには、社会の形そのものが別のものに変わらなければならないのでしょう。

E　古代ギリシアについて言えば、確かに、ヴェルナンは都市国家の形成が理性的思考への移行の基盤であったと言っています……

L＝S　そうですね。他にも、法律というものが本来要求する正確さ、厳密さが、科学的思考の生まれる予備的条件だ、と見る人もいます。これらの解釈はそれぞれ違っていますが、かなりいいところを突いているように思います、私は。

E　あなたの神話世界の周航は、『裸の人』の一章「唯一の神話」で終わります。「唯一の」ということは、つまり、あなたがそれまで四巻を費やして分析してきた神話はすべて、結局のところ、ただ一つの神話の変化形であった、ということなのですか？

L＝S　少なくとも、自然から文化への移行という大きなテーマをめぐっての変奏曲であった、とは言えるでしょう。それは、天上世界と地上世界の交感の決定的な断絶、という代償を払って獲られた移行でした。そこから、この神話の中心的問題が人類の問題になってくるのです。

＊

E　『土器つくり』は『神話論理』の範囲に含まれるものとお考えですか？　そこで扱われている問題はまったく同じというわけではありませんが。

L＝S　問題設定は同じですよ。違うのはその経験的、というかカント的意味での感性的内容なのです。それに、叙述の調子も変わっています。全体が短くなって、テンポは速くなっています。『神話論理』に比べて『土器つくり』は、言ってみれば、大作のオペラに比べてのバレエ作品、という趣です。

E 神話研究にあれほどの年月を費やしたあとで、あなたは、「神話の科学はまだ赤ん坊のようなものだ」というような驚くべきことを言われる。

L＝S あとで言いましたが、前にも言っていますよ。『生のものと火を通したもの』の追記に、私は「神話の科学を語り得るためには、まだまったく何も、あるいはほとんど何も為されていない」と書いておきました。英語版では四巻全体に「神話学入門」という副題が付けられているのですが、それは私が抗議したにもかかわらず、英語版の版元が勝手にやったことです。

E 第一歩を踏み出した、ということは言えるのではありませんか？

L＝S それはそうですね。しかしまだやらなければならないことは、実にたくさん残っているのです。雑誌《人類》の次の号に、社会科学高等研究院で私の同僚であるジャン・プチトの論文が載るはずです。[42] このジャン・プチトという人はルネ・トムの協力者であり、弟子に当たる人ですが、彼はその論文のなかで、私が一九五五年に発表し、『土器つくり』のなかで例を示しておいた定式を、カタストロフィーの理論の用語に翻訳しています。私には理解がむずかしいのですが、しかし、数学者が私の研究の形式面を馬鹿にするのでなく、神話分析を真面目に扱ってくれているのは、実にうれしいことです。

E　『神話論理』では、なぜ、『親族の基本構造』のときのような数学的形式化をしてみようとなさらなかったのですか？

L＝S　そのことについては、何度も数学者と話はしたのです。何人かの人はできそうだと言ってくれたのですが、しかし私には難しすぎましたし、数学者に頼むにはつまらないことでした。『親族の基本構造』では、問題は代数と置換群の理論に直接関係することでした。ところが神話の問題は、それらを客体化する感性的形態の問題と切り離すことはできそうにありませんでした。ところで、この感性的形態は、連続的なものと不連続的なものに同時に属するものです。この二律背反を解くために、カタストロフィーの理論が新しい手段を提供している、ということです。

コンピューターを使うということも考えられるでしょう。大西洋の向こうで『生のものと火を通したもの』をコンピューターでやり直してみようという試みが行なわれたと、風の便りでは聞いています。

E　結果はご存じですか？

L＝S　全体の関係付けはもっと厳密になったようです。しかし、結果に比べて時間がかかりすぎました。おそらく、この方法を作った人たちは何か他のこともやっていたのでしょう。彼らは、私が職人的なやり方で数百の神話を解明し終わった時に、やっと最初の五つの神話しか産みだしていなかったのですからね。しかも、そのいくつかは、もちろん、故意に曖昧なままにしておくということをやりながらですからね。

第十五章　思考の働き

エリボン　単純な質問を一つしたいのですが。神話というのは何ですか？

レヴィ＝ストロース　単純な質問などと言うものではないですよ、それは。答え方は幾通りもあるでしょうからね。もしあなたがアメリカ・インディアンの誰かにお訊ねになったとしましょう。そうすると彼はきっとこう答えるでしょう。それは、人間と動物がまだ区別されていなかった頃の物語である、とね。この神話の定義は、私には、なかなか意味深いものに思えます。ユダヤ＝キリスト教的伝統がそれを隠蔽するためにいろんなことを言ってきたのですが、この地上で他の動物と一緒に生きながら、地上で暮らす喜びを彼らとともに享受している人類が、その動物たちとコミュニケーションを持てないという状況ほど、悲劇的なものはなく、また心情にも精神にも反するものはないと私は思うからです。これらの神話は、この原初の欠陥を原罪だなどとは考えないで、自分たち人間の出現が、人間の条件とその欠陥を産みだした事件であると考えている、というのはよく理解できますね。

神話を定義するのに、他の口承伝統の諸形態、つまり伝説であるとか、おとぎ話などと対比させてみることもできます。しかし、これら相互の区別はどうやっても明確にすることはできません。多分、これらの口承伝統の形態は、文化が違えばまた違った役割を演じているのでしょうが、それらが作り出された元の精神は同じで、それらをまとめて研究してみようと思わない研究者はいないでしょう。

その同じ精神というのはどういうものか、と言いますと、前にも言いましたが、ちょうどデカルトの方法の対極にあるもので、困難を分割することを拒否する精神であり、部分的な解答では決して満足せず、現象界全体のトータルな説明を要求する精神であるということでしょう。

神話の特性は、何か問題に直面すると、その問題が別の次元、たとえば、宇宙論的な、自然的な、精神的な、法律的な、社会的な、等々の次元で起きた他の問題群と、同類のものであると考えるという点にあります。神話は、それらをひっくるめて、全部解決しようとするのです。

E　あなたが解明した「入れ子構造」のよってきたる所以ですね。

L＝S　神話がある特殊な領域に適合した言葉で語っていることは、同じ形式の問題が起こってくる他のあらゆる領域に広がってゆくのです。

E　その点で、あなたはフロイトに異議を立てておられる。『土器つくり』の終わりの部分でしたか。フロイトの関心は性コードにのみ集中しすぎている、と。

L＝S　フロイトの思想についてあら捜しをすればきりがありません。彼の文章の意味は曖昧ですし、時には矛盾したことを言っている。しかし、彼が性コードに重要な地位を与えていること、これは間違いないでしょう。

E　しかしながら、あなたの分析した神話のなかにも、性の問題とそれに伴う暴力が至るところにあるという印象を受けるのですが。

L＝S　そういう印象を我々が持つのは、性というものが、我々自身の価値体系と社会生活において重要な場所を占めているからなのです。注意していただきたいのは、性の問題をそれ自体として、他の問題から切り離し、それだけを特別に扱っているような神話は一つもない、ということです。それが示そうとしているのは、この性の問題が形式的に見て人間が立てる他の多くの問題、天体とか、昼夜の交替、季節の循環、社会組織、近隣部族との政治的関係というような問題と同類のものであるということなのです。神話的思考は、何か問題にぶつかると、それを他の多くの問題と並行するものだと考えるのです。

E　それは問題の先送りによる説明というものですね。神話的思考は、同時にいくつかのコードを用いるのです。

L＝S　それは問題をどれ一つとして解決するわけではありません。ある一つの場合に見られる困難が他の場合にはそうではない、あるいは少なくとも同じほどの困難ではないと認識されたときに、すべての問題が相互に類似しているのだという原則が、その困難を解決できるという幻想を与えるのです。我々が何かの説明を求められたときに、それは人が「こうこうするときのものだ」とか、あるいは「こうこうのものと同じだ」というふうに答える場合がありますが、これはその考え方とどこか似たところがあります。我々の場合には怠惰ということになるのですが、神話的思考ではこのやり方を実に巧妙に、しかも徹底的に使用するものですから、論証と同じ価値を持っているのです。

E　もう一つ素朴な質問。神話は何の役に立つのですか？

L＝S　いろいろなものが最初は違っていたのに、どうして今見るようなものになり、なぜそれ以外ではあり得ないのか、ということを説明してくれます。それというのも、ある特定の領域で事物が変われば、領域間の類同性によって、世界の全秩序がそれによってすっかり変わってしまうからです。

E　どのようにして神話は現われたのですか？　最初は誰か一人の人間によって語られる必要がありますよね。

L＝S　確かにそうかもしれません。しかし、古生物学が人類の起源をどんどん遡らせているときに、あなたの質問に対する答えが容易でないことはご理解いただけるでしょうね。今から百万年ないし二百万年前、人類の祖先は、多分、すでに分節言語を持っていたでしょう。ですから彼らが神話を語っていたということは、十分ありうることなのです。時間の経過とともに、これらの神話は変化してゆきます。あるものは消え、他のものが生まれてきます。しかしそれらの生滅の条件は？　まさか茸のように生えてくるわけではありませんからね。個人的な創意が神話を生み出すわけではありませんからね。個人の創意が神話になるためには、秘かに進行する錬金術的操作によってそれが個人を離れて、社会的集団によって同化されなければなりません。なぜなら、神話とは社会集団の知的・道徳的欲求に応えるものであるからです。物語は誰か個人の口から発せられるものではあるでしょう。あるものは生き延びて神話となり、他のものは消えてゆく……

神話の起源の問題は言語の起源の問題に似たところがあります。言語の起源の問題はパリ言語学会が厳粛に禁じた問題でした。なぜならその結論は憶測の域を出ることができませんからね。もしかすれば神経生理学が、いつか、この問題を解くことができるかもしれません。いずれにしろ、その問題は、人類学者も言語学者も答えることはできません。神話的表象の問題に関して言えば、その起源を問うことよりも、人間が自分たちの神話に対してどういう態度を取るかを考えてみる方が興味深い問題です。神話といっても、いつもその変異形がたくさんあるわけです。ところで、そのたくさんある変異形の一つを人は選ぶわけでもなく、その批判を試みるのでもなく、どれか一つが正しいとか、他のに比べてより正しいというふうに法令で決めるわけでもないのです。人はそれを全部同時に受け入れて、しかもその互いに違っていることなど気にもとめない。世界中の方々で行なわれた調査によって、この心的対応の一般性が証明されています。それをもう少し詳しく研究する必要があるでしょう。そして、それと、我々西欧の人間の歴史に対する態度とを比べてみる必要があるでしょう。歴史の場合にも、我々の社会では、いろいろなヴァージョンが、なかにはとても両立できそうもないものもありますが、流布していますからね。

E　つまり、あなたにとっては、神話とはその変異形ないしヴァージョンの集合体ということですね。正しい本文を決定しようという気はないのですか？

L＝S　正しい本文などありません。正しい形態も、原初的な形態もありません。すべての異文を正しいものとして考えなければならないのです。

E　『土器つくり』の終わりのところで、あなたは、神話とは、我々の通常の思考方法の「拡大鏡」である、と書いていますね。それがあなたの著作を通じてあなたを導いてきた問題意識だったのですか？

L＝S　私の問題意識は『親族の基本構造』と変わっていません。違いはただ、社会学的事象を扱っているか、宗教的事象を扱っているか、ということだけです。立てられている問題そのものは変わりません。社会的行動あるいは宗教的表象のカオスを前にして、我々は、なお、そのつど異なった部分的説明を追求するのか、それとも、その下に隠されている秩序、つまり表面上の多様性をそれでもって説明することができる深層構造を発見しようとするのか、言い換えれば、不統一を克服しようとするのかどうか、ということが問題だったのです。異なった領域で『基本構造』と『神話論理』は同じ問題を立てていますし、その手法も同じなのです。

E　ええ、でも「拡大鏡」という言い方の方は？

L＝S　神話について書いた著作のなかで私が示したいと思ったことは、決して最終的な意味に到達することはできない、ということでした。人生と、その点では、同じことでしょうね。ある神話が私や、あるいは、ある決まった時代と状況のなかでそれを物語り、それを聞く者たちに提示する意味は、その神話が、他の語り手、他の聞き手に対して、他の状況、他の時代に提示するかもしれない意味との関係においてしか、存在しないのです。

神話は一つの暗号解読用の格子を提供してくれます。そして、その格子は、ただ、その構成規則によってのみ定義できるものです。この格子が、ある一つの意味、神話そのものの意味ではなく、神話以外のものの意味を解きあかすことを可能にしてくれるわけです。意識の境界域にわだかまる世界とか、社会とか、歴史とかのイメージ、そしてそれらのイメージがいったい何であるかを問う人間たちの問い、そういうものの意味を神話は解きあかしてくれます。神話が提供してくれる了解可能性のマトリクスは、それらのイメージを一つの統一体として構成することを可能にしてくれるのです。私が神話に認めるこの役割は、ボードレールが音楽に与えた役割に対応しています。ローエングリン序曲に関して、ボードレールは例を引きながら、個々の人たちはその作品のなかに異なった内容を認めていることを示しています。にもかかわらず、これらすべての内容は、詮ずるところ、ごく少数の恒常的な特徴に還元されるというのです。(43)

意味する（signifier）という動詞が何を意味するかを一般的に考えてみると、それが常に、何か別の領域に、我々が探している意味の形式的対応物を見つけ出す、ということを意味していることに気付くのです。辞書というものが、このような論理の循環性をよく表わしています。ある語の意味は別の語によって与えられるのですが、その語もまた、それを定義するためにはそれとは違った語に助けを求める、というわけです。そして辞書編纂者は循環定義を避けようとあれこれ努力はするのですが、理論的に言えば少なくとも、結局は最初の出発点に戻ってくるのです。

ある語なり、ある観念に、他の意味空間に属する数多くの対応語なり観念を見つけ出すことに成功すれば、我々はその語や観念の意味を見つけたと思うのです。意味とはこの対応関係の発見に他なりません。語について言えることは概念についても同じです。そして、神話はイメージや出来事という粗雑な対象物を道具とするわけですから、今述べた現象をいっそうあからさまに、いっそう大々的な規模で、露わにするのです。しかし、それが思考の働きのごく一般的な条件を反映している、ということに変りはありません。

第三部　複数の文化、単一の文化

第十六章　人種と政治

エリボン　コレージュ・ド・フランスの最初の講義で、あなたは民族学の将来がどうなるかという問題を考えておられますが、現在の段階でそれに答えるとすれば、どうなりますか？

レヴィ＝ストロース　それにはどうしても問題を整理し直さなければならないでしょうね。あれから四半世紀たった今では事態は変わりましたし、状況も同じではありませんからね。とくに、民族学者が研究する社会そのものが変わっています。

E　つまり、民族学者の研究対象は伝統的な社会であるのに、そういう社会は次々と消えていっていると……

L＝S　ご承知のとおり、それはもう十八世紀から言われていることなのです。人類学研究のために創設された最初の学術組織において、すでに、その任務は次のように言われていたのです。「急がなければならない。伝統的な社会はやがて消え去るだろうから」とね。フレイザーがリバプール大学で講義を始めたのは、ちょうど私が生まれた年でしたが、フレイザーもそこで同じことを言っています。それは民族学研究のライトモチーフと言ってもいいものです。確かに伝統社会消滅のテンポは速くなっていますし、その終点が見えていることもほぼ間違いありません。にもかかわらず、現在なお存続しており、しばらくの間は存続するであろう数十、ないし数百の社会において、いまだにほとんど研究されていないことがあまりにもたくさん残っていますから、それらを放棄するよりは今まで以上に研究を進めなければならないと私は考えています。それに、たとえそういう社会がすっかり消えてしまった時のことを考えてもですよ……。ギリシアとかローマはもうずっと昔に消えてしまっていますが、それでもやはり、ひとはギリシアやローマの研究を続けていますし、それについて新しい知見も提出され続けているのです。

E　しかし、ギリシアとかローマについては、文献とか遺物が残っています。

L＝S　そういう遺物というものは、我々がそれらに注目することで、我々が遺物として構成したものなのです。

E　ブラジルの原住民に関して文献なり遺物なりを構成することが同じように容易だと考えておられるのですか？

L＝S　ほとんど研究されたことのないか、あるいはごく短期間しか研究されたことのない住民に関しては、確かにおっしゃるとおりでしょう。その場合には消えればそれまでです。しかし、私がいちばんよく知っているアメリカに話を限らせていただきますが、アメリカ議会図書館や、アメリカ哲学協会の貴重書部門にはたくさんの手稿文献が保管されていて、その大部分はまだ調査も目録作りすらも行なわれていません。

E　死蔵されている、というわけですね？

L＝S　そうです。それはギリシアとローマが残してくれたものに、量的には匹敵しうるものだと思いますよ。

E　人類学は、したがって、危機にあるわけではないと……

L＝S　性格は変わるでしょう。フィールドワークの対象がなくなれば、我々民族学者は文献学者に自らを変えてゆくでしょう。昔のフィールドワーカーが残してくれた資料を通じてのみ研究しうる文明史や思想史の研究者に変わってゆくでしょう。それに、今は画一化の危機に瀕している人類のなかに、今までにない差異が生まれてくるかもしれないではありませんか？

E　人類は完全な均一性に向かっているとお考えですか？

L＝S　完全な、というのは言いすぎでしょう。しかし、地球文明とか世界文明というようなことが現在ほど現実的なものとなった時代が、今までになかったことも確かです。

E　民族学が生き延びる一つの道は、現代社会に目を向けることではないでしょうか？　我々にもっと近い、たとえばフランスの田舎のような。

L＝S　そういう社会の研究は民族学救済の手段でもなければ、次善の策というものでもありません。それ自体として重要な研究です。それらの研究が行なわれるのが遅れたのは、自分たちの社会は外の社会よりもよく知っていると我々が感じていたからです。緊急性ということで、後者が優先されたのです。それに我々の社会の古い状態は、何世紀にもわたる、もっとも広い意味での古文書によって我々に明らかにされたものです。ところがブラジル中央部とかメラネシアの社会はどうかと言えば、それらの社会について我々が知っていることのなかで、歴史の占める部分は全体の五ないし十パーセントぐらいで、あとは、人類学的知見に負っています。我々自身の社会の場合には、この比率は逆になります。そこでは民族学の役割は補助的なもので、まずもって歴史学が担うべき研究に何かを付け加える、という程度のものです。

E 民族学の未来は制度的問題にも関係しています。民族学の置かれている状況は、あなたがこの学問分野に関心を持ち始めた頃に比べて、改善されてきたとお考えですか？

L＝S 私が民族学者の道に踏み込んだ頃は、フランスの大学に民族学の講座はありませんでした。戦争の始まる直前だったか戦争中だったか、もうよく覚えていませんが、に創設されたマルセル・グリオールの講座が最初でしょう。今日では、民族学は一人前の立派な学問分野であり、多くの大学で教えられています。やらなければならない緊急の研究に比べれば、ポストも講座の数も不十分であるということは以前と同じですが。

E 他の学問分野と同じで、民族学研究も研究費不足に悩んでいるということですね。必要なのは研究費だ！

L＝S ただ一つだけ違うのは、生物学者とか物理学者とかの研究室の運営には金が要るということとを世間が認めているということですね。生物学者や物理学者が実験をし、他の研究者の実験を検証するのは実験室ですから。しかし、民族学者の実験室は何千キロも離れたところにあり、そこへ行き来するのにもやはり金が必要なのだということは、それほどよく理解されているとは言えません。

＊

E　一九五二年に『人種と歴史』という文章[44]を発表されてから、あなたは純粋に民族学的な観点を離れて、いわば「政治的」レベルというか、いずれにしろ現代の問題に直接関係する地点に立たれた、と言ってよいでしょうか。

L=S　あれは頼まれて書いたものです。自分から進んであの文章は書かなかったと思いますよ。

E　その注文はどんなふうに来たのですか？

L=S　ユネスコが何人かの人に頼んで、人種問題について一連の小冊子のシリーズを書かせたのです。レリスのところにも来ましたし、私のところにも来た……

E　その中であなたは文化の多様性を強調なさり、進歩という観念に疑問を呈し、さまざまな文化はいずれ統合されていくだろう、と言っておられる……

L=S　要するに私の目論見は、進歩の観念と文化相対主義を和解させることでした。進歩の観念のなかには、ある時期、ある場所においては、ある文化が他の文化よりも優位に立つ、という考えが含まれています。なんといっても、進んだ文化は遅れた文化が生み出せなかったものを生み出したのであるから、というわけです。一方、文化相対主義は、少なくとも私の世代と私の前の世代の民族学的考察の基礎になったものの一つなのですが——今ではそれに反対する人もいます——、どんな基準を取ってみてもある文化が他の文化よりも優れているということは最終的には言えないと考えます。私はこの問題の重心を少し動かしてみたかったのです。もし時代と場所に応じて、ある文化が「動き」、他の文化が「動かない」ということがあるとするなら、それは「動く」文化が「動かない」文化より優れているからではなく、その原因は、歴史的な、また地理的な環境が、いくつかの文化——その相互にあるのは優劣ではなく差異なのですが——の間の協力関係を誘発したことにある、と私は考えたのです。その結果、それらの文化は、お互いに交流し、あるいは対立しながら運動を始め、互いに相手を豊かにし刺激しあったのです。その一方で、別の時期、別の場所では、閉じられた世界のように孤立した文化は停滞的な状態を維持することになります。

E　この文章は人種差別反対の古典的著作になりました。高等学校でさえ教材として使われています。ところであなたは、一九七一年に今度は「人種と文化」というタイトルの文章[45]を書きますが、それはこの「標準聖書（ウルガータ）」に対抗するためだったのですか?

L=S　それもユネスコの依頼で書いたものです。人種差別反対の国際年を始めるにあたっての記念講演の依頼でした。

E　後であなたは、「この文章は人々の顰蹙を買ったが、実はそれが私の狙いだった」とおっしゃっていますが。

L＝S　ちょっと言い過ぎの感なきにしもあらずです。ただ確かなことは、それが世の顰蹙を買ったということです。とくにユネスコにおいてそうでした。『人種と歴史』から二十年たっていたのですが、私にもう一度人種問題について語ってほしいと頼んできたのは、前と同じことを私が話すと思っていたからでしょう。しかし、私はすでに言ったことをもう一度言うのは好きじゃない。とくにいろんなことがその二十年の間には起きていたのです。私に関することでいえば、善意さえ定期的に表明しておけば万事事足れりとする風潮を、私がだんだん腹立たしく思っていたということがあります。私にはむしろ、人種間の軋轢はますます激しくなるばかりだと思われたし、一方では、人種差別と反人種差別という観念をめぐって世間に混乱が生じており、それらの観念を拡大解釈するあまり、人種差別を抑制するどころかそれを助長する結果になっている、というふうに私には思われました。

E　「人種と文化」の方では、あなたは文化相互を引き離し、対立させる差異を主題にしていましたね。それは以前のあなたの主張と矛盾するものですが。

L＝S　矛盾など、とんでもありません。最初のテクストは飛ばし読みされていたのです。ある批評家が、確か《ユマニテ》〔フランス共産党の機関紙〕に書いていた人だったと思いますが、私が陣営を変えたのだということを証明しようとして、ながながと「人種と文化」から引用していました。しかし、その引用された一節はすでに『人種と歴史』に出ているものだったのです。うまく収まると思ったので私はその部分をそのままもう一度使ったのです。

E　「人種と文化」のなかでなんといってもいちばんショッキングだったのは、あなたがそこで提示された、異なった文化は互いに対立するものである、という考えです。

L＝S 『人種と歴史』の最後で私は一つのパラドクスにとくに注意を喚起しておきました。それは、文化相互の差異こそが両者の出会いを実り多いものにする、ということです。ところで文化の出会いという共通の経験は、徐々に両者を似たものにしていきますが、この接触によってそれぞれの文化が受ける恩恵は、両者の質的な差異の大きさに基づいています。しかし、この交流が進行するうちに、両者の違いはだんだん減少して、最後にはなくなってしまいます。今日我々が見ているのはそういう事態ではないでしょうか？　ついでに言っておきますと、文化相互の接触によって、それらが混じり合うことでエントロピーが増大してゆくという考え、あなたが今おっしゃったように人種差別反対の教科書にまでなった（それは結構なことだと思いますが）テクストのなかに出ている考えは、ゴビノーから直接とったものです。このゴビノーというのは、人種差別の生みの親として非難されている人です。これなどは、人々の精神を支配している混乱がいかなるものであるかをよく示す事例、というべきでしょう。

ゴビノーの考え方には非常にモダンなところがあります。島世界とでも言うべきものが、彼の言うところの「一つの構造の異なった部分間の相互関係」（この表現自体も非常に現代的です）の結果として形成されうることを、彼は承認していたからです。彼はその例をいくつか挙げています。混合状態のなかに生まれるこれら島世界の均衡が、一方では彼が不可避であると考えている凋落に抗して行なわれるものであることを、彼はよく知っています。

以上のことからどういう結論を引き出すべきでしょうか？　もちろん、さまざまな文化が多様なままであることが望ましく、またその多様さのなかで、それぞれの文化が自己を新しく変えてゆくことが望ましい、ということです。ただその場合にも——それが二つ目のテクストで言ったことですが——そのための代償は払わなければなりません。つまり、それぞれ独自の生活スタイルと独自の価値体系を有する文化が、それぞれに自分たちの独自性を守るように気を配っていなければならない、ということです。この異文化に対する対応は、よく言われるように病的なものではなく、まったく健全なものなのです。どの文化も異なった文化との交流を通じて発展してゆきます。しかしその場合にも、そこに一定の抵抗感がなければなりません。そうでなければ、やがてすぐに、それは交換すべきそれ固有のものを失うことになるでしょう。コミュニケーションの欠如も過剰も、どちらも文化にとっては危険なのです。

E　しかし、一九五二年の『人種と歴史』の評判がたいへん良かったのに対して、七一年の「人種と文化」の方はそうではなかったというのは、どうしてでしょう？

L＝S　最初のテクストは小冊子の形で本になりましたが、後の方は講演でしたので、単独では刊行されませんでした。そして『人種と歴史』の方が「人種と文化」にくらべて穏当であると判断されたということに関しては、私には何ともしようがありません。しかしその二つのテクストは二つで一つのまとまりなのです。後の方のテクストでは、私は、集団遺伝学の研究成果を取り入れているのですが、確かに読むのがむずかしいかもしれませんね。難しいと言えば、『人種と歴史』の方だって、毎年のように、高校生が私に会いに来たり、手紙や電話を寄越したりして、私にこう訴えるのです——課題にレポートを書かなければならないのに、この本に何が書いてあるのか、まるでわかりませんってね。

E 同じテーマでもう一度ユネスコから講演を頼まれたとしたら、どうなさいますか？

L＝S 平気ですよ！

E しかし、新聞やラジオが人種問題に関してあなたに意見を求めても、普通はお答えにはならないのではありませんか？

L＝S 答えたくないのです。その問題に関しては、今はまったくの混乱状態にありますからね。それに、私が何と答えようと、悪く解釈されることはわかっていますからね。民族学者として言えば、人種差別の理論というのは非人道的で根拠のないものだということを、私は確信しています。しかし、人種差別という観念を一般化して何にでもやたらに適用するあまり、その内容が失われ、当初の目的とは違ったところに行き着いてしまう危険があるわけです。私がこう言うのもですよ、そもそも人種差別というのは何か、と問いたいからです。それは明確に定義できる信条であって、四点に要約することができます。その一。遺伝的なものと知的能力および道徳的性向との間にはある相関関係があるということ。その二。知的能力と道徳的性向と相関するこの遺伝的要素はある人間集団の構成員全員に妥当するものであるということ。その三。そのような人間集団が「人種」と呼ばれるものであるが、これらの人種間には、その遺伝的要素の質によって優劣の階層秩序を打ち立てることができるということ。その四。人種間に優劣の差があるがゆえに、優等人種は劣等人種を支配し、搾取し、場合によっては撲滅することが許されているということ。このような理論、それに基づく行為は、多くの点で擁護することのできないものです。多くの人がそれに反対してきましたし、今もしていますが、私も『人種と歴史』のなかでそう主張しました。また「人種と文化」のなかでも力説しておきました。しかし、文化相互の関係という問題は、それとは次元が違う問題なのです。

E　つまり、文化と文化の対立は人種差別とは違うものである、というわけですね？

L＝S　その対立関係が行動に移されれば、人種差別です。一つの文化が他の文化を破壊し、抑圧してもよいとする根拠は何もありません。自分とは異なる他者存在のそのような否認は、どうしても、人種差別的なあるいはそれと同類の、何か超越的な根拠を求めざるをえないでしょう。しかしながら、複数の文化が、互いに他を尊重しながら、相互に多かれ少なかれの親近や反発を感じるということは、昔から常に存在する状況なのです。それは人類の通常の行動形態です。それをしも人種差別というとすれば、それは人間の敵意をあおることになるでしょう。それが人種差別というのならば、自分は人種差別者だと、単純に考える人は多いでしょうからね。

私が日本に関心を持っていることはご存じですね。パリの地下鉄のなかで日本人らしい夫婦を見かけたとしますよ。私は興味と共感をもってその夫婦を観察しますし、何か手助けができるのならしてあげたいと思います。それも人種差別ということになりますか？

E　もし共感をもって見るというのであれば、人種差別とは言えないでしょうね。しかし、もしあなたが、敵意をもって彼らを見るというのであれば、それは人種差別だと思います。

L=S　しかし私の判断は、肉体的な外観、体の動かし方、言葉の響きというものに基づいているのですよ。実際生活のなかでは、誰でもそんなふうにして見知らない人間を地図の上に位置づけているものです。そのような概括的な判断を許さないと言いうるためには、よほど偽善的でなければなりませんよ。

E　肉体的外観によって、あなたが嫌悪感を感じるということはありますか？

L=S　民族的な特徴のことをおっしゃっているのですか？　それなら、もちろん、ノーです。どんな民族でも、そのなかに、またさまざまなタイプが含まれていて、そのあるものは好きだけれども、あるものはそうでない、というのが普通です。私がブラジルのインディオたちのなかに暮らしていた頃、まわりにいる人たちをみなきれいだと感じる種族もありましたし、別の種族ではどうかなと思わせる格好の人たちに出会うこともありました。ナンビクワラ族では概して女の方が男よりきれいだし、ボロロ族ではその反対でした。こんなふうな判断を下す時には、我々は自分たちの基準を適用しているのです。しかし今の場合に重要なのは、当事者の判断基準だけなのです。

同様に、私はある文化に帰属し、その文化は他の文化とは明確に異なる生活のスタイルを持ち、価値体系を有しています。ですから、ひどく異なる文化がただちに私の気に入るわけではないのです。

E　違いの大きい文化はお好きではない、と？

L=S　そこまでは言いません。民族学者としてそれらの文化を研究する場合、私はできる限りの客観性、さらにはできる限りの感情移入をもって、それらを研究するわけですが、それでも、ある文化が他の文化より私の文化に疎遠な感じがするということはあるわけです。

E　レーモン・アロンが、イスラエル問題について一九六七年にあなたから受け取った手紙を引用しています。そこにはこう書かれています。「アメリカ・インディアンの撲滅を自分の脇腹に新しくできた傷と感じることは、私にはもちろんできません。また、パレスティナのアラブ人に対してそれとは反対の対応をすることもできません。たとえ（これは事実なのですが）アラブ世界とのごく短期間の接触が、私に抜き難い反感を抱かせたとしてもです……」[46]

L＝S　その文面はちょっと言いすぎています。筆の勢いに任せて書いたこともありますし、アロンが私に親アラブ感情を想定して、私の態度を誤解しないようにという配慮もあったのです。しかし、いくつかのイスラム国家——パキスタンと現在のバングラディシュになった国——にいたことがありますが、私はどうも「ついてゆく」ことができませんでした。『悲しき熱帯』のなかでそのことは白状しています。

民族学者であれば誰でも、遅かれ早かれいずれ同じような状況に直面せざるをえないでしょう。ロバート・ローウィーは偉大な民族学者で、彼の友人であったことを私は名誉に思っているのですが、彼のクロウ族とホピ族に関する研究は古典になっています。ところで彼が私に言ったことなのですが、クロウ族とは完全にうまくいったが、ホピ族の方はかなり神経にさわったということです。

E　実際、あなたに人種差別の問題で何かを聞きたいというときには、異なった大陸の異なった文化相互の関係がどうかということよりも、今日のフランス社会と一般に「多文化社会」といわれている社会との関係についてということが多いでしょうね。去年だったか、政府は国籍法の改正のための特別委員会の委員長職をあなたに頼もうとしたのだが、民族学者が委員長職に就くのは異例すぎるだろうというので諦めた、というような噂が流れました。

L＝S　もし今おっしゃったことが本当なら、移民を、民族学の対象になるような民族と同一視するような印象を与えることを恐れたのでしょうが、そこのところがおもしろいですね。まるで、知らず知らずのうちに異なった文化の間に一種のヒエラルヒーを作り上げているかのようではありませんか。

E　あなたのおっしゃった人種差別の定義を私が正しく理解している限り、あなたは現在のフランスには人種差別は存在しないと考えておられる、ということでしょうか？

L＝S　気がかりな出来事はありますが、たとえば、誰かがアラブ人を彼がアラブ人であるというだけで殺す、というような場合を除き――その場合にはその犯人を即刻厳罰に処すべきでしょう――厳密な意味での人種差別というべきものではありません。自分の帰属する社会の価値とか生活様式と対立しない集団を好ましく思い、そうでないものをそれほど好まない集団が存在することは確かですし、それは今後とも変わらないでしょう。しかしそれでも、あまり好意は感じないという人間集団との関係は冷静なものでありうるし、そうでなければなりません。民族学研究という私の立場が沈黙を要求し、一方、ある民族集団が意見表明を常とし、それを好むということがあるにしても、私はその遺伝的要素を告発しようとも思いませんし、非難しようとも思いません。ただそれとあまり近しい関係を結びたくはありませんね。意地悪な底意をもって私を陥れようとしても、その人たちを喜ばしてあげる気にはなれません。

E　一九八八年という現在時点で、人口の攪拌、移動、移住などによって単一文化の社会を作り出せると思いますか？

L＝S　単一文化、というのは無意味です。そのような社会はかつて存在したことがないからです。すべての文化は攪拌と、借用と、混合から生まれたものです。そして、そのテンポは違っているでしょうが、有史以来そのことに変わりはありません。その形成という点から見て、どの社会も多文化的性格のものなのですが、そのようにしてそれぞれの社会が長い年月をかけて一個の独自の総合を行なってきたのです。この総合こそ、ある時代におけるその社会の文化というもので、それぞれの社会は多かれ少なかれそれに執着するものです。今日、その内部的差異を考慮にいれても、日本文化というものが存在し、アメリカ文化というものが存在しているということは、否定しがたい事実です。アメリカ合衆国ほど混合の生成物であるような国家はないでしょうけれども、しかしアメリカ的生活様式は現に存在しているわけだし、アメリカ国民はその民族的出自の如何にかかわらず、それに無関係ではいられないわけです。

フランスの場合についてお尋ねですから、お答えしておきますが、十八世紀、十九世紀においては、ヨーロッパにとってもヨーロッパ外の地域にとっても、フランスの価値体系は吸引力の働く極の一つでした。移民の同化というようなことは問題になりませんでした。今日においても、もしフランスの価値体系がすべての人にとって、小学校に通う年齢以降、昔同様にしっかりと活力を保ち続けていたとするならば、そのようなことは問題にならなかったはずです。

E　西洋のすべての社会が今では明らかに、そのような同化が不可能である、という問題を抱えています。イギリス、然り。ドイツ、然りです。多文化の共存はフランス同様、それらの国々でも困難であるように思われます。

L＝S　もし西欧の社会がヨーロッパ外の社会からやって来る人々を引きつけ、彼らにそれを採用しようという気を起こさせるだけの知的・精神的価値を保持していないとするならば、あるいはそれらの価値を喚起することができないとするならば、そこにはやはり何か問題があるということでしょうね。

E　あなたの著作、とくに先ほど言及しました文章〔『人種と歴史』「人種と文化」〕は、戦後の脱植民地化のプロセスに並行している、というような解釈がよく行なわれているのですが、そのことについてはどうお考えですか？

L＝S　ときどき、そういう論評を読みますね。最近では、私の『悲しき熱帯』があれほどの読者を獲得したのは第三世界の台頭と関係がある、というのまでありました。それは誤解です。私が擁護しようとし、あるいは私がその証言者になろうとしている社会は、植民地化の危険以上に、第三世界という考え方にその存在を脅かされているのです。第二次世界大戦以後、独立をかち取った国の政府は、その国の内部に依然として存続しているいわゆる「遅れた」社会に対してなんら好意的な態度を示していません。もう一つ理由があるのです。私がまたシニカルな言説を弄しているとあなたは思われるかもしれませんが、申し上げましょう。私が関心を持っているのは人間そのものではなくて、人間の信仰、習慣、制度というようなものです。彼ら弱小の民族は、現代の世界を引き裂く闘争とは無関係に、彼らの伝統的な生活を守ろうとしています。だからこそ私は彼らを弁護するのです。そのような伝統を抜け出た民族は、現代の闘争に参加して、政治的な、さらには地政的な問題を引き起こしているのです。周知のとおり、この問題に関しては、どちらの肩を持つにしても、正義とは言い難いのです。

E　非植民地化よりも、第三世界的構造の方が危ないと見ておられるのですか？

L=S　植民地主義は西洋の犯した最大の罪です。しかしいずれにしろ、文化の活力と多元性という点で言えば、植民地支配が終わって、人間が大きく前進したとは思えません。

E　民族学に対しては、逆の非難が投げかけられてきました。民族学は植民地主義と結託していた、という非難です。このような見方の方がより正しいのだと思われますか？

L=S　民族学が植民地主義とともに生まれ、その陰で成長したのは歴史的事実です。しかし、植民地経営とは異なって、むしろそれに抵抗して、民族学者たちは、文化がその記憶をいっそう急速に忘却しつつあった信仰形態や生活様式を保護しようとしたのです。

E　民族学は植民地がなくなった後までも植民地的支配を維持した、とまで言う人もいます。そのような発言をする人は、かつてあなたと一緒に仕事をした人、たとえばロベール・ジョーランのような人なのです。

L＝S　ジョーランは三十年ほど前に社会人類学研究室に所属していた人です。しかし彼とは性格の不一致のためにすぐに袂を分ちました。インディアンが撲滅の犠牲にされてから後、彼らがもう一度自分たちの過去を取り戻したいと思った時に、彼らはしばしば民族学者たちの著作を援用したものです。私はその多くの例を知っています。

E　そういう人たちの批判によれば、とにかく、西洋人は自分が観察の対象とする文化に対して優位性を放棄していない、と言うのです。

L＝S　問題は観察者の優位性とか何とかということではないのです。観察というものが持つ優位性が問題なのです。観察するためには外に立たなければならない。自分がその存在を共有している共同体に溶け入るという方を選ぶこと（それは倫理的選択なのですが、しかし、ほんとうにそれは可能なのでしょうか？）もできます。つまりそれと一体化することはできます。しかし、もはやそこには認識はない。

E　主体と客体の乖離がなければ、認識というものはないのでしょうか？

L＝S　それは事柄の一局面でしかありません。次の局面では、その両者を結び合わせようとするようになるものです。この二つの局面を区別しなければ認識というものは存在しないでしょう。そして民族学的調査の独自性があるとすれば、それはこの二つの局面の往復のなかにこそあるのです。

E　書記的理性に関する著作〔一九七七年刊の *The Domestication of the Savage Mind*（仏訳 *La Raison graphique*, 邦訳『時間と文明』）か〕のなかで、ジャック・グッディは、観察者とその観察者が観察する社会との関係を非常に面白い観点から問題化しています。口承伝統を研究する場合、つまり文字を持たない文明を研究する場合、その口承による伝承を文字に書き写すというそれだけの事実が、その伝承を変容させ、観察者とその社会の認識カテゴリーをその伝承に押しつけることになるというのです。これについてはどうお考えですか？

L＝S　それはその通りだと思います。しかし、当り前のことですね。どんな観察にもそれは言えることなのです。最先端の科学における観察も含めて、です。確かに何か観察したことを書きとどめる場合、その事実を生のままそのままに保存するのではないのだ、ということは自覚しておかなければならないでしょう。それは他の言語に翻訳されるわけですから、その途中で何物かが失われるわけです。だからといってそこから、翻訳してもだめ、観察してもだめ、という結論が出てくるわけではないでしょう？

＊

E　先ほど人種差別について話しました。あなた自身、ユダヤ人として、若い頃、あるいは研究者となってから、そのために苦労したことはありますか？

L＝S　私の口から、私がそのなかに含まれている人類の一部に襲いかかった厭うべき、また運命的な破局的事件について何か意見を言うのは、やはり慎まなければなりません。私は幸運にもその破局を免れた人間ですからね。他の人と比較して言えば、私はそのごく些細な影響を被っただけのことです。これは一種の強奪のようなものだと思うのですが、父の命が強制収容所で受けた苦難のために短くされた、ということです。しかし、それが私の生涯を根底から変えたということは、疑いのないことです。

E　私が子供の頃は、まだ小学校とか高等中学校で侮辱されるということがありました。フランソワ・ジャコブがその回想録(47)に書いているような状況をあなたも経験なさったのですね？

L＝S　そうです。それに私の方がジャコブよりも年が上ですので、多分、彼よりはよけいに経験したと思いますよ。

E　その後はどうなりましたか？

L＝S　反ユダヤ主義は、人生の苦難の時に、それなりの役割を演じたのだと思います。しかし、私の思想とか私の人格とかに基づく留保部分がありましたから、それはその小部分でしかありません。

E　あなたはずっと「同化」を主張する陣営に立ってこられましたね。決してユダヤの「アイデンティティ」を要求なさらなかった。ところで、あなたはメトローがあなたに関して言った言葉をご存じですね？　彼の日記に書かれている「彼はユダヤ知識人の典型そのものだ」という文句です。

L＝S　別に気にはなりません。我々は純粋精神ではありませんからね。誰か人を判断するのにその人物を彼の生きている文脈のなかに置いてみるというのは、ごく自然なことですし、民族学者ならなおさらそうですよ。

E　メトローの評言は気にならない、とおっしゃるのはそれとして、それがどういう意味で言われているとお考えですか？

L＝S　それより、メトローがどういう意味で言っているかを知る方が先決でしょう。彼と話したときに、そのことが話題になったことはありません。ただ言えることは、ユダヤ人の方に他の人たちにはない、ある精神の構えがより一般的に見られるということでしょうね。

E　たとえば？

L＝S　たとえば、一つの民族的共同体に属しているという深い感情に基づく態度、などがそうです。しかしその場合にも、その民族的共同体のなかにすら、ほかの人間を排除しようとする人々がいる——確かに、その数は減っているのでしょうが——ということは判っているのです。そのことに対する私の感覚はいつも目覚めています。それと表裏一体をなして、潜在的な批判を武装解除するためには常に人よりはいくらか多くを為さなければならない、という不合理な感情が伴っているのです。こういう込み入った感情は、説明してできないことはないのですが、人を不快にすることも確かでしょうね。ゴビノーは反ユダヤ主義の人ではありませんでしたが、ユダヤ精神とは生まれながらの探求者であり、この世界の富のなかに「黄金と知識」を求めてやまない精神である、というふうに言っています。メトローが私をユダヤの典型というときには、多分、この後の方の欲望のことを考えているのでしょう。

E　いずれにしろ、あなたは自分がユダヤ主義者であることの権利を主張したり、ユダヤ主義者であると言ったことは決してありません。

L＝S　私の両親にとってさえ、ユダヤ主義は過去の遺物でしかありませんでした。私はイスラエルに行くまで、行くべきかどうか、長い間迷いました。自分の根源と肉体的な接触を持つということは恐るべき経験であるはずですからね。

E　イスラエルにはいつ行かれたのでしたか？

L＝S　一九八四年から八五年にかけてです。イスラエル博物館が「無文字社会におけるコミュニケーション手段としての芸術」に関する国際シンポジウムの議長を私に頼んできた時です。

E　それで、何を感じましたか？

L＝S　自分がユダヤであることを私は知っていますし、昔の言い方になりますが、血の古さは、私には快いものです。しかし現場に行ってみると、私は今まで以上に、私の祖先がパレスティナを出発した時とアルザスに定着した十八世紀初めの時との間を分かつ断絶——ほぼ二千年前後の時間の断絶なのですが——に困惑させられました。その二千年の間に何が起きたのか？　その歴程の各場面を描き出してくれる歴史の一齣一齣が私には欠けていました。しかも、遠い過去とのつながりを現実のものとして感じ取るためには、それが必要なのだと思います。実際には、そのつながりは抽象的な知識になってしまっている。つまり、イスラエルにいる間、私は、一瞬たりとも、自分の根源に触れたという印象を持たなかった、ということを申し上げたいのです。イスラエルは不思議なほどに私の興味を惹いたのですが、しかしそれは私の又従兄弟たちがそこに住んでいるからというのではなく（私は一族意識というものは持ち合わせていません）、そこが東洋における西洋の橋頭堡であったからです。お望みなら、第九次の十字軍遠征の最前線、と申し上げてもよい〔歴史上の十字軍は第八次まで〕。

E　先ほどあなたがレーモン・アロンに宛てた手紙の一部を引用させていただきましたが、そのなかであなたはパレスティナ人の置かれている状況をアメリカ・インディアンのそれと比較しておられますね。

L＝S　それは歴史が産み出した状況、法とか正義というような何か抽象的な概念を用いていずれかの方向に裁断してしまわない限り、実際にはどうにも解くことができなくなってしまった状況――これればかりではなくて、他にも似たような状況はたくさんあります――の一例です。

E　同じ手紙のなかで、ド・ゴール将軍がイスラエルという国家について言った文句、つまり、「自己に自信を持ち、他に対して支配的な」国家という言い方は正しいものだと書いておられます。そして、フランスのユダヤ社会の指導者たちの態度は、自分たちの特権的な立場を政治的プロパガンダに利用している――これはあなたの使った言葉です――と言って非難していますね。これはとても厳しい言葉だと思いますが。

L＝S　私の私信は、友人同士の会話という調子が基調になっています。アロンがそれを引用してもよいかと訊いてきたとき、いいとは言ったのですが、それは、彼が自分の著作に与えようとしているバランスを壊す権利は自分にはない、と感じたからです。もし発表するつもりで書いた文章でしたたら、もう少し表現は考えたと思いますよ。

いずれにしろ、その文面をよく読んでください。私はド・ゴールの言葉をイスラエル国家に関して援用しているわけではなく、すべてのユダヤの名において、などという権利があると思っているフランスのユダヤ指導者たちに関して用いているのです。もうずいぶん昔のことです。もう、二十年も前のことです。圧力団体が一斉に動きだしたのが、私にはショッキングでした。現在では反対方向に人が動員されているということを認めなければなりません。

E　あなたの言い方はたいへん厳しい。しかしそれはプライベートな言葉です。あなたは一般読者に向かって何も表明していなかった。レーモン・アロンがあなたの手紙の抜粋を発表するまでは、あなたの立場は判らなかったのです。公的に態度を表明することを好まれないのですか？　あなたはアンガージュマンの知識人ではないのですか？

L＝S　それはちがいます。私に知的な権威というものが仮にあるとしてですが、それはもっぱら私の学問的業績の全体に基づくものです。つまり、ある狭い範囲ではあるけれども、人に何かを聞いてもらう権利を私が持つ、というようなことの根拠となる、私の学問的厳密さと正確さに基づいているのです。自分が知らない、あるいはあまりよく知らない問題について出しゃばるのは、私の学問への信頼を濫用することになるでしょう。

E　アンガージュマンの知識人というイメージは、フランスではドレフュス事件の時代に現われたものですが、そのイメージをあなたは好きではないのですね？

L＝S　十九世紀には、まだ何人かの知識人はヴォルテールの伝統の上に生きていました。たとえばヴィクトル・ユゴーなどという人間は、同時代のすべての問題を判断する能力があると信じていたものです。今は、それはもう不可能だと思います。世界はあまりにも複雑になりましたし、個別の問題においても、勘定に入れなければならない変数の数はたいへんなものです。ただ、あるタイプの問題に関する専門家になるというのならば話は別ですよ。たとえば、レーモン・アロンのように、現代社会についての専門家になるというように。その道を選ぶのは間違いではありません。しかし、アロンがやったことと私がやったことを両方やるというのは無理です。どちらかを選ばなければなりません。

E　しかしあなたは政治に関心はお持ちなのでしょう？　新聞を読み、テレビを見る、ということはなさっているのでしょう？

L＝S　テレビはほとんど見ません。テレビを見ていたら、本を読む時間などありませんよ。それを除けば、あなたのおっしゃったとおり、私はまっとうな人間が政治に関して持つ知識を持とうと努めています。日刊紙を二紙、週刊誌を三誌読んでいます。

E　ある評論家がこの問題に関して、最近、あなたをかなり激しく攻撃したことがあります。自分はそこに行ったことがないので、ニュー・カレドニアの問題に関して意見を表明することを拒否するというあなたの態度を、ドレフュス事件に際してゾラがとった行動と対比しています。彼の言うには、ゾラも専門家ではなかったが、しかしそれにもかかわらず、正義のために働いたのだ、というのです。(48)

L＝S　あれには驚きました。ドレフュス事件に関してゾラが専門家でなかった、というのですか？　事件を知らされたときにはもう彼は特等席にいたのです。彼の作品のすべては、同時代の社会を観察し、描写し、分析し、真理と正義の価値を擁護し、正しい人とそうでない人とを分けるということに捧げられているのです。ゾラがドレフュス事件に熱狂するお膳立てはみごとに揃っていたのです。実際に事件が起きなくても、ゾラなら小説の題材として、ドレフュス事件をでっち上げたでしょうよ。

さらに、無実の者を弁護することと、政治的・経済的な利害や、そのどれ一つとしてペン先で文字を消すような具合いにはいかない要求に分け入って判定を下そうという、忍耐を要求される困難な探求との間に、何か比べられるものがあるとでもいうのですか？　その探求は、その地域の人間についての、環境についての、そこで起きた似たような問題に対して今までに取られてきた解決策についての、深い認識に基づかなければなりません。

こういう問題は観念的に考えてはならないのです。自分の学問領域に近い問題については、民族学者はとくに注意深く振舞わなければなりません。私はニュー・カレドニアには一度も行ったことがありませんし、南洋諸島の他の島にも行ったことがありません。しかも私は、直接の観察を信条とする学問をやっているのです。もし当局がニュー・カレドニアについての私の考えを知りたいというのであれば、私は喜んでそこに出かけたでしょうね。もっとも、受け入れてくれるという保証がなければだめですがね。その場合、サモアで起きていること、フィジーで起きていること、メラネシア諸島で起きていることも見なければならない、ということになったでしょう。

実はですね、『悲しき熱帯』を出した後、マスコミが何か大きなルポルタージュの企画を持ってこないものかと、期待したことがあったのですよ。もしそれが本当にあったとしたら、私は、現代の問題のいくつかについては、今よりももっと明確な見解を持っていただろうと思います。

E　誰からも誘いがなかったのは残念ですね。

L＝S　残念ということはありません。もしそうなっていたら、私が書く本は別のものになっていたでしょう。いいか悪いか、それは判りませんがね。どちらにしろ違ってはいたでしょう。この問題についてはこれで終わりにしますが、一言言わせていただくと、私は自分がともかくも発言の資格があると考えている問題については、意見表明はよくしているのですよ。しかしそれを屋根の上にのぼって宣伝しようとは思いません。

E　たとえばどんなことですか？

L＝S　アメリカ・インディアンの文化の保護、などです。去年も、ギアナのことで、ある団体の代表団と一緒に海外県担当省に行ってきました。

E　アカデミー・フランセーズ入会演説のなかで、あなたはモンテルランの言葉を引用しています。「青年は思想の指導者を必要とはしていない。彼らが必要としているのは、行動の指導者である」という文句なのですが、あなたは「思想の指導者」には反対なのですか？

L＝S　思想の指導者というのは、結局は世間を欺くことになる役割なんです。聖者になれば別ですが、そうなるとまたね！

E　あなたは世間では、普通、思想の指導者だと思われてきました。

L＝S　むしろ、最近言われているのは、思想の指導者などもはや存在しない、ということではないですか。それは正しいと思います。

E　その他にも、あなたは、モンテルランは予言的な判断を示している、なぜなら彼は、青年を一個独立した実在のように考えたがために現代社会は高い代価を支払っている、と言っているからだ、とおっしゃっていますね。

L＝S　それは現在のジェネレーションが自分たちの価値に自信を失っている証拠です。彼らは一種引退しているのだ、と私は思いますね。

E　それらの価値を復興するために青年層に呼びかける、というのはだめなのですか？

L＝S　社会が維持され存続するのは、世代から世代へとその原理とか価値とかを伝えてゆく能力をその社会が持っているからです。何も伝えることができなくなったとき、あるいは何を伝えるべきか判らなくなって、来るべき次の世代を頼りにするようになったとき、その社会は病んでいると言っていいでしょう。

E　アカデミー入会演説の最後の部分で、あなたはこう言っています。つまり、モンテルランが抱いていたようなラディカルなペシミズムは、穏健なオプティミズムが力を得るための唯一の手段であろう、と。これはあなたの本当の気持ちを表現するものですか？

L＝S　それは何度も言ったことです。穏健な人間主義にチャンスを与えたいのなら人間は自分の自惚れを抑え、地球上の人類の生存にもいずれは終わりが来るのですから、好き勝手に振舞っていいわけではないのだ、ということを自覚する必要があります。

E　「〔最後に残るものは〕、つまり、無である」、という例の『裸の人』の最後の文、ということはつまり『神話論理』の最後の結論ということでもあるのですが、あの文はあれこれとずいぶん話題になりました。あなたの「ペシミズム」ということをめぐって、ですが。

L＝S　『裸の人』の最後の数頁のもとになっているのはゴビノーの『人種不平等論』の結論なのだということが、あれこれ言う人には判っていなかったようです。ここにその本がありますから、お見せしましょう。いいですか。「われら人類の最後の息が途絶える直前で立ち止まり、沈黙の世界と化した地球が、人類なしで、宇宙空間のなかをその非情の軌道を描き続ける時代、死に領されたその来るべき時代から目をそむけて、云々。」それを聞いて何も感じませんか？　私は、最後の文のなかにある「非情の」という語を括弧で括りたいぐらいです。それはゴビノーの「サイン」（昔の錬金術師の言う意味での「サイン」）だと思いますよ。私の本のなかには、ほかにも偽装された引用がいくらも入っています。

E　誰もそれに気付かなかったのは、ゴビノーを参照するというのが、いささか逆説的だから、ということもあるのではありませんか？　ゴビノーはあまりいいイメージでは見られていませんから。とくに、人種問題に関してはそうです。ゴビノーはあなたの好きな作家の一人、と考えていいのですか？

L＝S　一個の人間として見るとき、ゴビノーは人種的偏見が骨の髄まで染み込んだような人間だったでしょう。当時はそういう人間はたくさんいました。そしてやはり彼は当時の人々以上に、人種と文化の概念的区別を明確に行なっていません。ですから、偏見が反省的考察を凌駕している部分は忘れてみようではありませんか（別のところではその反対なのですからね。ゴビノーの人種主義というのは間歇的であって、思い出したように顔を出してくるものなのです）。そして彼が「人種」と書いてあるところを、すべて「文化」と読み直してみようではありませんか。そうすれば、『プレヤデス』や、『旅の思い出』や、『アジア短編集』や、『アジア滞在三年』などの著者である大作家の顔のほかに、一人のユニークで深みのある思想家の顔が見えてくるはずです。異なった時間スケールを使って歴史を読めば、その歴史解読は厚みを増すのではなく、相互に打ち消し合うということをもっともよく理解したのはゴビノーです。私は『野生の思考』の最後の章で、そのことを整理しておきました。

ゴビノーの思考システムは原初的諸文化（この原初的諸文化の存在は彼にとっては理論的仮説なのですが）、それが出発点において不平等であったと言っているのではありません。それらが異なっているだけで十分なのです。彼がよくやる手です。ただ当時の人の例に倣って、彼も西欧の歴史的成功を承認し、その歴史的事実を取り込むために、彼の出発点にあった直観を曲げてしまうのです。よくお考えになれば判ることですが、常にそれが彼の障害になるのです。文化相対主義がなかなか乗りこえられなかったのも、この障害なのです。

E　『神話論理』のような長大な著作を、人間の営みの最後に残るものは「無」である、というような覚めた確認で終わるのは、ほとんど哲学的信仰告白の表明と同じことです。この「無」のなかに、あなたの深い哲学の表現を見ようとする人がいました。

L＝S　私が言いたいのはそれとは違います。私が言っているのは、人間は、人間がいつまでもこの地上に存在し続けるのではないこと、この地球というものもいずれは存在しなくなるだろうということ、そしてその時には、人間が作りだしたすべてが消えて何も残らないだろうということを十分知ったうえで、それでも生活し、働き、考え、努力しなければならない、ということなのです。ですからそれは全然違っています。

あなたのおっしゃったように、私の「深い哲学」は、いま言った矛盾にぶつかり、それを承服するのです。その一方で、私は科学的認識に信を置いています。物理学者や生物学者から学んだものすべてが、私の心を熱くしてくれます。それ以上に私の思考を刺激してくれるものはありません。同時に、どんな問題もそれが解決されると、あるいは我々が解決されたと思うと、すぐに新しい問題を提起するものであり、これは永遠にそうだという風に私には思われます。ですから、我々人間の思考能力は現実の世界に適応していないし、これからもそれは変わらないということ、現実というものの奥底の本性は、それを表象しようとするあらゆる努力の手に届くものではないのだということを、我々は日々ますます確信するようになるのです。それを我々に最初に教えてくれたのはカントです。しかしカントは、二律背反（アンティノミー）のゆえに認識能力は決定的に不具であることは承認するけれども、道徳的生活に絶対的根拠を見出せると考えたのです。敢えて言えば超カント主義者である私は、道徳の問題も純粋理性の問題圏内に含まれている、と考えます。道徳もまた、克服し難いそれ自身のアンティノミーを持っています。いや、道徳のアンティノミーは純粋理性以上です。なぜなら、現在、科学的認識が無限大と無限小のことがらについて、パスカルが想像した以上に深い深淵を我々に描いて見せてくれていますが、それはとりもなおさず、我々人間の無意味さを示してくれているからです。人類が消滅し、地球が消滅しても、宇宙の歩みには何の変化も生じない。そこから究極のパラドクスが生まれてきます。我々の存在の無意味さを教えてくれるこの最後の認識が本当に有効であるのかどうか、我々はそれを確実に知ることができない、というパラドクスです。我々は自分の存在が無であること、あるいは大したものではないことを知っているのに、この我々の知が本当に知であるのかどうかは、もはや知ることができない。宇宙が思考よりはるかに大きなものであると考えることが、思考自体を疑問に付すのです。このパラドクスから抜けでる道はありません。

それでは、あなたがさきほど言いそうになっていたように、私は徹底した懐疑主義者であるか、というとそれも違います。なぜなら、たとえ現象から現象へと進むほかないということが我々の宿命であるとしても、どこかで停止することが賢明なことであると知ること、そしてその停止すべき地点を知ることは重要なことだからです。表面に現われる現象、そして意味の背後に意味を求めるあくなき探求——正しい意味は決して知られることがありません——、この両者の間に、人間が落ちついてもよさそうな中間的地点があるということを、何千年にもわたる経験から我々は教えられているのではないでしょうか。人間がもっとも多くの道徳的また知的な満足を見出し、快楽原則だけを物差しに使って測ったとしても、他の地点よりも居心地が良いか、あるいは居心地の悪さがより少ないと感じるような、そういう地点です。その地点が存在するレベルは科学的認識の、知的活動の、芸術的創造のレベルです。それでは、そこに留まろうではないか、ということなのです。そこに実際上の目的があるのだと、「振り」でいいから確信しようではないか、しかし時々は、冷静さを失わないために、我々の宇宙と我々自身を呑み込んでしまう「死のミサ」に知性の合図を送ろうではないか、ということなのです。

E　あなたに時々「反人間主義」というレッテルが貼られたことがありますが、それは理解できますか？

L＝S　正しい人間主義というのは自動的に始まるわけではない、とお答えしておきましょう。人間を世界の他のものから切り離したことで、西洋の人間主義はそれを保護すべき緩衝地域を奪ってしまったのです。自分の力の限界を認識しなくなったときから、人間は自分自身を破壊するようになるのです。強制収容所をご覧なさい。また別の平面では、環境汚染があります。これは強制収容所ほど目にはつきませんが、しかし人類全体に悲劇的結末をもたらすものです。

E　最近、何人かの批評家やジャーナリストが、主体の哲学の否認と反人間主義・全体主義の間には何らかの関係がありそうだと言っています。つまり、主体の哲学だけが人権に基づく政策を基礎付けることができる、という主張なのです。

L＝S　我々の前に立ちはだかっているのは、巨大な誤解の山です。その誤解を一つ一つ取り除くことはできません。そのためには、その種の反論がそれを正当化する以上の時間が必要でしょう。それに、私も『はるかなる視線』の最終章で、人権に関して少しばかりの考察を加えたことがあります。それはもともと、議会のある委員会に提出した報告書で、国民議会の議長に求められたものでした。主体の哲学ではありませんし、哲学ですらありませんが、構造主義はこの種の問題を考えることはできるのです。構造主義は、踏みならされた道を抜けでて、それ独自の答えを出すことが、多分、できるでしょう。

私の報告の内容はどういうものであったかと申しますと、それは、人間の諸権利というものの根拠を、アメリカ独立とフランス革命以来そうだと普通に考えられているように、人間というただ一つの生物種の特権的な本性に置くのではなく、人権というのはあらゆる生物種に認められる権利の一つの特殊事例に過ぎないと考えるべきだ、というものでした。その方向をとれば、狭い人権概念よりもいっそう広いコンセンサスを得られる場所に我々は立てるだろう、なぜならば、歴史的にはストア派の哲学と合致できるし、地理的には極東の哲学に追いつくことができるようになるだろうから、と言ったのです。さらに、民族学者の研究している、いわゆる「未開」の民族が自然に対してとっている、事象に即した実際的な態度と同じ平面に立つことさえできるのです。彼らはもちろんはっきり言説化された理論を持っているわけではありませんが、それと同じ効果を持つ原則を彼らは守っているのですからね。

E　つまり、あなたは人類が他の生物種より優れているということを認めない、ということですね。『裸の人』のフィナーレであなたが厳しく批判した、主体の哲学とか、意識の哲学、等々に見られる人間の自己自身との向かい合い、というものはダメだ、ということですね。

L＝**S**　あらためて私は他の人が私とは違った関心を持っていることがわかりました。記述とか分析とかは、さまざまなレベルで可能ですし、それぞれに正しさを持っています。この「主体」をめぐる論争のなかで私に耐え難く思われたのは、デカルトに淵源する哲学に忠実な人間の不寛容なのです。すべては主体から始まる、主体しか存在しない、等々。私は事柄を別の角度から見てみようとしたのです。その権利を私に認めないというなら、そのことが私には認められないことなのです。

E　当時、あなたは伝統的な哲学をそれまで以上に厳しく否認しましたね。

L＝**S**　それは伝統的哲学が独占権を主張するからですよ。それから陽の当たる場所を奪い取るためには闘う他なかったですからね。それが他にもたくさんある道筋の一つだ、ということに伝統的哲学が同意してくれればいいのです。そうすれば論争など消えてなくなりますよ。

第十七章　文　学

エリボン　文学を主題にしたあなたの文章を拝見すると、構造主義的文学批評というものに対して、あなたが距離を置いているようにみえますね。

レヴィ＝ストロース　構造主義的と自分で決め込んでいる文学批評、つまり、構造、という語に関して勝手な使い方をして、それをどんな商品にでもラベルのように貼り付けて得々としている文学批評に対しては、ですよ。よくあることなのですが、研究に値しないようなつまらない作品を研究対象に選んで、それを傑作だと持ち上げようというときには（ある作品が傑作なのはそこになんらかの教訓を求められるからなのです）、何か知的なごまかしにひっかかっているのです。

この自称構造主義は単に凡俗さのアリバイにすぎません。そのことに関しては、『裸の人』のフィナーレで説明しておきましたが。

E　作品には良い悪いのヒエラルヒーがあるとお考えですか？

L＝S　もし私が文学作品の構造分析をしようというのならば、シャンソニエ〔自作自演のシャンソン歌手。その歌は多く風刺的内容を持つ〕の作った歌詞ではなくて、ボードレールの詩を選びますね。

E　そこのところが面白いのですが、最近出た小さな本のなかでは、あなたは、文化的制作物の間のヒエラルヒーを廃棄する運動の推進者の一人だと言われているのです。(49)

L＝S　その本は読んでいませんし、ジャーナリズムがそれについて何と言っているのかも知りません。

E　あなたがヒエラルヒー廃棄のために貢献したという非難に関してはどうお考えですか？　それはあなたが文化相対主義について書いた文章のせいなのですが。

L＝S　文化という言葉の二つの意味を混同してはなりません。一般的な意味では、文化というのは、判断とか趣味とかの開明的な豊かさを意味しています。人類学の用語としては、文化という言葉は別の意味を持っています。タイラーの古典的定義によれば、私はタイラーの定義を暗唱できるぐらいなのですが、それほどに人類学者にとっては重要な定義なのです、「知識、信仰、技術、道徳、法、習慣、その他、人間が社会の一員として獲得したすべての能力・慣習」、それが文化というものです。文化のこの第二の意味においては、すべてが研究対象になります。第一の意味において、非常に優れた作品と考えられるものも、きわめて低劣だと判断される作品も、第二の意味では研究対象になるのです。文化相対主義の主張しているのは、どのような文化も、他の文化の産物に適用できるような絶対的な尺度の基準を持たない、ということ以上のものではありません。それと反対に、どの文化も、自己の文化に関する限り、そのような価値判断を為しうるし、為すべきなのです。なぜなら、その文化に属する人間は、同時に、当事者であり、また観察者なのです。

当事者としてなら、私はロック音楽とか劇画には魅力を感じません——私は婉曲に言っているのですよ。しかし、観察者としてならば、この二つのものの流行は、それに対する道徳的ないし美的判断がどのようなものであれ、研究に値する社会学的現象であると思います。「ロック文化」とか「劇画文化」を褒めそやすことは、文化の一方の意味をねじ曲げて、もう一つの意味の方に利用することです。知的な公私混同もよいところでしょう。しかしそれと反対のこと、つまり、民族学者がそのような研究対象があると指摘したり、指摘されたりしたということだけをもって、民衆の精神を堕落させたと言って非難するのは、程度の差こそあれ、生物学研究室で分析を行なっている——それは非常に重要な仕事なのですが——人々を、吸血鬼だとか糞便嗜好だとか言って非難するのと同じことですよ。

E　さっきボードレールの名前を出されましたね。ヤーコブソンとあなたが共同で行なったボードレールの詩の分析のことを考えておられたのですか(50)?

L＝S　そうです。ある日、パリに来ていたとき、ヤーコブソンが詩の構造分析についてのアイディアを私に話したのです。彼は英語とかロシア語、ドイツ語の例を挙げました。しかしフランス語の場合には困っている、ということを言ったのです。彼の考え方はとても魅力的だったので、フランス語の詩に適用できないはずがない、と私は考えました。彼がパリを離れてから、「猫」というボードレールの詩——それは私が覚えていた数少ない詩の一つでした——が、私の頭の中を徘徊し始めたのです。徐々に、ヤーコブソンが描いた解釈の線にそって、一つの解釈の輪郭が描かれてきました。そこで私は、余りにも単純で不器用なもので、とても言語学的とは呼べそうもないような分析にとりかかったのです。そして私の不器用な考察の結果をヤーコブソンに書き送ったのです。それで彼に火が付き――彼はよく火の付く人なのですよ――、私の分析のある部分は残し、ある部分は変更し、さらに多くを付け加えたのです。次に彼がパリに来たときに、この部屋のテーブルに、ある日の朝、二人で座りました。私がペンを持ち、二人で、一語一語検討を加えながら、原稿を仕上げたのです。まる一日かかりました。

E　その話はそれきりで終わったのですか？

L＝S　私は言語学者ではありませんから、一人でこの種の実験を続けることはできません。ヤーコブソンは、「猫」の場合と同じ精神で、その後も詩の分析を続け、成果を発表しています。

E　文学の話がでたのでお訊きしますが、あなたの好きな作家は誰ですか？

L＝S　まず、コンラッド。そのことは話しましたね。それから、バルザック、シャトーブリアン……。そしてもちろん、プルースト。そして、ルソーですかね。

E　シャトーブリアンを引かれるときには、『墓の彼方の回想』のシャトーブリアンですね。

L＝S　まずそれです。しかし、『キリスト教精髄』という、むらの多い、時には退屈な本からも引用しますよ。すばらしい観察がありますからね。

E　それからバルザックは、何ですか？『神話論理』のなかには、「個人生活の情景」とか「田園生活の情景」というようなタイトルが出てきますけれど……。

L＝S　バルザックは端から端までもう十ぺんぐらいは読んでいると思います。しかし私は記憶力がしっかりしてないので、読み返す度に、はじめて読む気がするのです。バルザックを読みかえさない年はないですね。

E　どの小説がお好きですか？

L＝S　『従兄ポンス』が好きな理由は百ほども考えられますが、『現代史の裏面』は大好きです。そういうバルザックはディケンズに近いです。ディケンズも私の好きな作家の一人です（『大いなる遺産』は私が読んだなかでもいちばんみごとな作品です）。ディケンズの場合もバルザックの場合も、とくに『現代史の裏面』の場合にそうなのですが、私がことのほか好きな音楽を聴く気がするのです。つまり、都会の幻想曲です。

E　ルソーについてですが、ルソーはむしろ、あなたに知的な影響を与えた作家、というべきではないでしょうか？

L＝S　ルソーについては、ダランベールと同じように、「彼の意見に賛成はできないが、しかし彼は私をひどく刺激する」という感じです。ルソーの政治思想にあまり共感は持てないのですが、文章の作り方はみごとなものです。私のルソー賞賛は、まず美的なものなのです。なんという文体でしょう！　私なら十五ぐらいの語を必要とすることを、彼は五個ぐらいで言ってしまうのです。それから、あらゆるものに関するあの込み入った考察。とても私には解きほぐすことができません。ルソーは民族学的研究の将来を予感した最初の人間の一人です。そして彼は自然科学と文学を接近させようとしました。類稀な運命が彼をして生き生きとした感受性をそなえた観察者にしたのです。彼の作品のなかで、彼は常に感覚的なものと知的なものとを結合させようとしています。それは私が、事柄を彼とは反対の側から捉えながら、彼とは違った方法でやろうとしていることなのです。私は、感覚にではなく、知性に優位を与えたいのです。しかし、ルソーの場合にも私の場合にも、両者を融和させたいというのは同じなのです。

対談の前のほうで、私は、マルクスはモデル的方法を人間科学に適用した最初の人間だということを言いましたが、その名誉はむしろ、『人間不平等起源論』のルソーに帰すべきかもしれません。そこで用いられたモデルはまだ現実からあまりにも遠くて、それをうまく捉えきれていない、ということはありますが。『告白録』は、私に、今は消えてなくなった社会を生き生きと再現してくれるものでした。シャルダンやドロリングの絵と同じような鮮烈さと秘められた抒情をもって、ルソーはその社会を描いています。それから『新エロイーズ』。この小説は、十全な意味で最初の現代小説なのですが、もうだれも読もうとしませんね（それに対してラファイエット夫人はある種の小説ジャンルの創始者であったにすぎない、と言うべきでしょう）。筋立てはこうです。良家の娘に恋人ができる。両親は彼女を年上の男に嫁がせる。彼女はその男にすべてを明かす。それを聞いた夫は急いで昔の恋人を家に住み込ませる。こうして登場人物すべての不幸が始まるのです。夫がなぜそんなことをしたのか、誰にもわかりません。サディズムか、マゾヒズムか、何やら知れぬ道徳観念か、あるいは単に馬鹿なだけなのか。作家と登場人物とのこの関係に注目してください。作家はもはや登場人物の糸を操っているのではなく、その関係は、現実生活におけるのと同じように曖昧模糊としているのです。それは後に、ドストエフスキーやコンラッドにおいて見るのと同じ関係です。そしてそこに、『孤独な散歩者の夢想』と同じように、強力な自然の感覚が染み通っているのです……。これでおわかりでしょう、ルソーが私をひどく刺激するわけが。

E　私はむしろ知的影響だろうと考えていたのですが、そのわけは、『構造人類学II』に収められた講演のタイトルが「人間科学の創始者ルソー」となっていたからです。

L=S　その題はそのときの事情によって少し無理をしているのです。ジュネーヴで開かれたルソーの生誕二五〇年記念式典のための講演でしたからね。しかし、嘘だというのではありません。

E　そこであなたが書いていることなのですが、「民族学者なら誰でも彼自身の『告白録』を書くものである」、と。自分を脱ぎ捨てるために、民族学者は自分を通らなければならないからだ、とおっしゃる。しかし、あなたはいままで一貫して、個人的な自己意識というか、自我意識というものを持たないと公言してきたのではありませんか?

L=S　二つが矛盾しているとは思いませんよ。個人的自己意識を持っていなければ、例外的な状況から出るときには、自分を自我として捉え直すのにさらにいっそう大きな努力が必要です。民族学的経験というものは、自分には理解できない何物かの実験的な探求なのです。もし私が、自分が何であるかをよく知っているとすれば、何もわざわざ知らない土地にまで行って自己の探求をすることなどないわけですからね。

E　あなたは自分が何者であるかを知らないのですか？

L＝S　ほとんどわかっていません。

E　それはあなたに限ってのことなのですか？　それとも人間普遍のことなのですか？

L＝S　私は自分の独自性を鼻にかける人間ではありません。私の考えでは、人間に個人としての自己意識を押しつけているのは社会だと……

E　そしてある一人の人間が自分の本に「アカデミー・フランセーズ会員、クロード・レヴィ＝ストロース」と署名するようにさせるのも、社会ですか？

L＝S　……そうです。あなたが誰かであることを要求するのも社会です。それは、その「ある人間」が行なったこと、言ったことに責任を持たせるためです。もし仮にこの社会の圧力がなかったとするならば、個人としての自己意識が大部分の人が現にそうだと感じているほど強かったかどうか、わかりません。

E　ルソーにもう一度戻りますが、一時期、噂では、あなたはルソーに関する本を書く計画があったということなのですが。

L＝S　ありました。しかし、その計画は何度か温めたのですが、すぐに諦めました。理由は二つあります。まず何よりも、ルソーに関する膨大な文献が私が学生であった頃から今までの間に書かれています。大きな間違いをしないためにも、あるいはすでに行なわれたことを繰り返さないためにも、私は過去五十年間に刊行された数十冊の著作を調べてみなければならなかったでしょう。そう思っただけで後込みしましたね。

第二の理由。私とルソーとの関係は曖昧なものでした。マルクスとかフロイトは私を考えさせます。しかしルソーを読めば私は熱くなるのです。ですから、私が見ているものにおいて、主観的なものと客観的なものとをうまく分けられなかったに違いないのです。それにルソーに対する私の態度も時間とともに変化しています。というより、ルソーの作品が私の生活において占めている位置というものが変化した。少なくとも、ある面において、たとえば彼の政治思想がそうなのですが、社会党の闘士だった頃に比べると、私はルソーから離れてしまったのです。

E　その理由は何でしたか?

L=S　『社会契約論』はむずかしい本です。多分あらゆる政治思想の著作のなかでいちばん難しいでしょう。私に理解できた範囲で言えば、ルソーが打ち立てようとした個人と集団との直接の対面という考え方、両者を介在するどのようなものも否認しようとする彼の考え方、それから私は離れました。私にとっては、その中間的な介在物こそが社会生活の血肉となるべきものでしたからね。

第十八章　絵画の内容

エリボン　『神話論理』は、最初から最後まで、デッサンとか、版画とか、クロッキーなどが挿入されていて、楽しい本なのですが……

レヴィ＝ストロース　それにも二種類あります。それらの神話には西欧の読者の見慣れないさまざまな動物・植物が登場します。それらを読者に図示する必要がありました。たいていの場合、私は、動物学や植物学が民話の世界と縁を切っていない時代の古い版画を利用しました。その方が詩的だと思われたし、神話の見たものをいっそう生き生きと再現してくれると思ったからです。

その一方で、私は非常に錯綜した形態の変化を解明しようとしたのですが、その形態の変化を頭に思い描くのに、頭だけでなく手も使ってあれこれ工夫しなければなりませんでした。ボール紙や普通の紙、紐などを使って、私は三次元の模型を作りました。私の描いた図式は大部分が、その模型の平面への投影にすぎません。ある模型などは、高さが一メートル近くもあったのですが、何カ月もの間、それが壊れてしまうまで、社会人類学教室の天上に吊り下げられていましたよ。まるでカルダーのモビールのようでした。

E　『神話論理』の最終巻の表紙にはポール・デルヴォーの絵が使われていますね。

L＝S　昔からデルヴォーの絵は好きだったのです。神話を研究しながら、デルヴォーならばこれをどんなふうに表現するだろうかと考えたことも、一再ならずありました。人を介して彼に『裸の人』の表紙に絵を描いてもらいたいという希望を伝えたところが、彼はこころよく引き受けてくれたのです。どうしてなのかわかりませんが、本の内容が彼にとてもきれいな、しかし非常に具象的な絵を描かせてしまったのです。彼の個人神話は、おそらく、アメリカ・インディアンの神話とうまく波長が合わなかったせいでしょう。

E　これはもう話題になったことですが、あなたは絵画とは縁が深くていらっしゃる。それは家族ぐるみの縁と言ってもいいものです。しかし今お訊きしたいのは、数年前、あなたの「失われたメチエ」が発表されたときに持ち上がった論争についてです。そのなかで、あなたは現代美術に対して不満を述べていらっしゃる。[51]

L＝S　不満ではありませんよ。絵画のある状態は私の教養の一部になっているし、私の人生とも深く結び付いています。私に美的な感興を呼び起こし、私の思考を揺り動かしてくれるのは、ある時代の絵画の状態なのです。その絵画というのは十八世紀に出現し、二十世紀まで続きました。その後に現われた絵画は別の絵画です。私が言っているのは、この後の時期の絵画は私をめったに、あるいはまったく感動させない、ということだけです。その理由が何かを考えてみようとしたのです。

E　ボードレールがマネについて言った言葉、「彼は彼の芸術における頽落の最初の画家である」、という言葉を引用しておられるけれど、そう思ってのことなのですか？

L＝S　マネは偉大な芸術家でした。彼にはすばらしい作品があります。と同時に、彼の絵のなかには、ある種の混乱があるのです。なにか十分に目標に届いていないような感じがするのです。いずれにしろマネはある時代の終り、次の時代の始まりを印付けています。

E　あなたの絵画に関するこの宣言を知らなかったとするならば、あなたは印象派の画家たちが好きだろうな、となんとなく想像してしまうように思うのですが……

L＝S　もちろん印象派は好きですよ。貧血症にかかりそうになっていた絵画芸術に生気を与え直したのは印象派の画家ですから。さらに彼らはたいへん偉大な画家でした。画家というものが何であるかを彼らはよく知っていました。にもかかわらず、伝統的な絵画に対する彼らの不寛容、彼らと同じ腕も能力も持たないたくさんのエピゴーネンたちに振りまかれた彼らの賛辞、そういうものはやはり悪い影響を残したのです。彼らの業績は彼らが存在していた間しか続きませんでした。つまり三十年ほどです。

E　その時に画家の「メチエ」は失われた、というお考えなのですか？

L＝S　彼ら自身がそう言っているのです。マネは鳥が歌うように描かなければならない、と言いました。こうして彼らは、彼らの後に来る者たちに画家の「メチエ」を忘れるように、無視するように、軽蔑するようにさせたのです。

E　あなたは先ほどあなた自身の個人史を話されましたが、その時は、現代美術が好きだとおっしゃった。

L=S　大好きですよ。今でも思い出しますが、戦争の期間をヴェルサーユで過ごした後、一九一八年にパリに戻ったとき、父が画廊では何が展示されているか見たがりました。十八世紀、十九世紀の伝統に忠実な父は、画廊を見て回ってがっかりしたようでした。キュビストの絵がどういうものであるか話してくれたのですが、当時やっと十歳ぐらいだった私にとっては、それは一種の啓示でした。何かの具象物を再現しなくても絵は描けるのだ！　この考えに私は我を忘れるほどでした。父のアトリエに転がっていたパステルで、私は自分がキュビスムの絵だと思うものを描き始めました。本当のキュビスムとはまったく違うものでしたがね。今でも当時の幼い絵を思い出すことができます。すべて二次元の平面で、立体感を出そうという配慮はまったくありません。ただ一つ確かなことは、それが何も具象的なものを表わしていなかった、ということです。

それからしばらくして、今度は自分でラ・ボエシ街をうろつくようになりました。青年時代を通じて、画廊のウインドウに飾られた新しいピカソの作品を見に行くことは、私にとって、いわば聖地巡礼のようなものでした。信仰を捧げに行っていたのです。当時、非常に権威のあった批評家で、私の父の友人でしたが、家にもよく遊びに来ていたルイ・ヴォーセルが、今度小さな美術雑誌を始める（あるいは復刊だったかも知れません）のだが、どうだ、君も一つ何か書いて美術批評に乗り出して見ないか、と言ってくれたのです。最初の主題として私は日常生活に見られるキュビスムの影響というのはどうでしょう、と言ったのですが、それはヴォーセルの趣味には合わなかったようです。彼はキュビスムの不倶戴天の敵でしたからね。しかし記事の方は引き受けてくれました。そこで私はまずフェルナン・レジェにインタビューに行きましたよ。彼が好きでしたから。とても親切に会ってくれました。その記事が雑誌に載ったかどうか、それは忘れました。

それからさらに後のことですが、一九二九年から三〇年の頃、《ドキュマン》誌がピカソのための特別号を出したことがあります。そこにはジョルジュ・モネという人の文章が載っています。社会党の代議士で、私は彼の秘書をしていました。その記事は、実は、私が書いたものです。モネは書く暇がなかったか、書く気がなかった。そこで私に任せてくれたのです。

E　何が理由で、あなたは現代美術から離れたのですか？

L＝S　ピカソの天才には私は今も変わらず感服しています。しかし今になって考えてみますと、彼の天才は、絵画が今も存在しているという幻想を我々に与えるという点に、とくにあったように思います。ある光景が目に浮かびます。絵画という名の難破船が我々を海岸に打ち上げている。ピカソがそこで流れ着いた漂着物を拾い集め、それで何かを作っている、という光景です……

E　ピカソの絵を見ても、もう感動はないのですか？

L＝S　ピカソの作品は数が多く、出来不出来があります。驚くほど良くできた絵もたくさんありますが。

E 構造主義とキュビスムとの間に親近関係はないのですか？

L＝S 確かに——このことはもうすでに話したことですが——、キュビスムは、たとえばヤーコブソンの場合にそうであったように、構造主義への接近の道であり得たのです。しかし、私に関して言えば、関係ないですね。遠近法の効果と明暗の効果の差、あるいは色彩のヴァルールの違い、そういうものすべてを同じレベルに置くことで、キュビスムは従来の表現方法を変えたのです。しかし結局のところ、一つの約束ごとを別の約束ごとに取り替えるという以上のものではありませんでした。

E 絵画の内容は絵画そのものの外にあるべきものだ、ということを書いておられる。そしてその一方で自然の無限の豊かさを褒め称えておられる。とすると、あなたは非具象的な絵画はだめである、というお考えなのですか？

L＝S それは多分シュールレアリストたちの影響でしょう。ブルトンは非具象絵画を決して認めなかったですからね。

E 画家のピエール・スラージュが、あなたの「失われたメチエ」についての主張を、かなり冷淡に反駁しています。彼はあなたの主張は、要するに、具象絵画宣言であると言っているようです。(52)

L＝S 同感です。

E 画家のメチエは何かを再現することにあるのではなく、色彩で何かを作ることにある、というのが彼のあなたに対する反論です。

L＝S 私に言わせれば、画家のメチエは何かの再生産ではなく、現実の再創造にあるのです。十

六、十七世紀のオランダの画家たちが静物を実に精密に描いていますが、それは、一切れのチーズの材質、ガラスの透明さ、果物のけばなどを表わすためであったし、その効果は自然物の与える印象と画家の仕事に含まれる知的操作の間に、ある等価性が成立するというところから生まれているのです。画家はこうして感覚世界の知的レプリカを提供しているのです。そうすることで感覚世界を内側から理解する道を画家は我々のために開いてくれるのです。

E　スラージュはこうも言っています。つまり、あなたが良いと言って薦めているのは十九世紀のマイナーな画家である、と。

L＝S　それはちょっと不正確ですね。と言いますのも、私は『野生の思考』のなかで、私にとって、大文字のPで始まる画家〔画家のなかの画家、の意味〕、すなわち一切の創造者であり、それ以後の絵画は彼が創り出した資本の利子で生きているにすぎないほどの恩顧を我々が蒙っている画家は誰かといえば、それはヴァン・デル・ウェイデンである、とはっきり書いているのですからね。他にもいますが、私は彼に、私が自分でできる以上に現実というものを見せてくれることを、世界の光景を見て私が感動するものが何であるかを理解できるように助けてくれることを、私に感覚と認識の能力を補ってくれることを、求めるのです。あるいはまた、かつては現実であり、今ではもはや存在しない世界の超現実的レベルに私を導いてくれるように頼むのです。私にはマックス・エルンストを称えた文章もあります。それを見ても、私が現代美術に偏見を抱いているのでないことはわかると思いますよ。

ジョルジュ・シャルボニエとの対談で[53]、私は例として海洋画美術館にあるジョゼフ・ヴェルネの連作を挙げています。それはどうしてもマイナー絵画とは言えないでしょう。技術は素晴らしいものがありますし、構成についても同じことが言えます。絵画独自の手段によって、我々は過去の消え去った世界に連れて行かれるのです。さらに驚くべきことには、その世界はひょっとしたら存在したことがないかもしれないのです。なぜなら画家は自分が見たものをそのまま忠実に再現しているのではなく、その構成要素を再構成し、抒情に染められた一つの全体世界を創り出しているからです。ヴェルネの一枚の港の絵は、プルーストが見たオペラの夜の光景に非常に似たものなのです。

E　さらに激しい言葉を使って、スラージュはあなたの絵画観は全体主義国家の絵画観と似たものだ、と言っています。なぜなら、あなたが現代美術をデカダンスだと非難しているから、と言うのですが。

L＝S　全体主義というなら、むしろ、巨大な商業的・政治的機構を宣伝組織として持つ、いわゆる前衛絵画の方がそうでしょう。

E　あなたの言っていることがヒトラーの取り巻きたちが言っていたことと同じだと言われて、何とも感じないのですか？

L＝S　一九八七年の夏に、ある夕刊紙の連載記事のなかで、こういうのを読んだことがあります。その趣旨は、要約して言うと、こういうことです。当時ロダンのバルザック像が批判されていた。それゆえ、ビュランの円柱は美しい。この種の知的テロリズムに私は屈服したくありませんね。ロダンの作品が公共の記念物となることがふさわしいかどうかを疑うことは、当然、許されるとしても、権柄ずくの議論は裏から見ようと表から見ようと、私には痛くも痒くもありません。政治的イデオロギーからナチスは前衛芸術を禁止し、私には不快でしかないような建築や、彫刻や、絵画を推賞しました。しかし逆に、ヒトラーがベートーヴェンやワーグナーを愛好したからといって、私も彼らを嫌わなければならないでしょうか?

私が前衛美術から離れたのは、そういうのとは別の理由からです。つまり私が他のものに置き換え難いある技術性に執着するからなのです。その技術は、過去何千年かの間に創られた技術のなかでももっともすばらしいものの一つで、しかもそれは宇宙のなかの人間の位置に関するある考え方に結び付いているのです。他の問題もそうなのですが、芸術の問題も一筋縄でいくものではありません。

E　聞いていると、先ほど人権についておっしゃったことを思い出します。現代絵画は、人間を人間自身と向かい合わせ、その対面のなかに閉じこめてきた一つの流れの到達点である、ということでしょうか。

L=S　そうです。つまり、人間が自分のなかから、自然の創造物と同じ、あるいはそれ以上の価値を持つものを創造することができる、という考えです。すでにゴーギャンの同時代人であるセリュジエがモーリス・ドゥニに手紙でこういうことを書いています。自分の頭のなかにあるものに比べれば、自然は小さく平凡に見える。ところで私の考えでは、人間はこの世界のなかではごく小さな場所を占めているのだということをよく自覚しなければなりません。自然の豊かさは人間を超え、どのような美術作品も、一つの鉱石、一匹の昆虫、一本の花の見せてくれる豊かさに匹敵することは決してできないのだということを人間は自覚しなければなりません。一羽の小鳥、一匹の甲虫、一匹の蝶は、我々がティントレットの絵、レンブラントの絵に捧げるのと同じ熱い眼差しを誘って然るべきものなのです。しかし我々の目はその最初の新鮮さを失い、我々はもはやそれらを見るすべを忘れてしまっているのです。

第十九章　音楽と声

エリボン　『神話論理』の「序曲」のなかで、神話分析の父祖であり創始者であるとして、ワーグナーの名を出しておられますね。あれは芸術としての音楽に対するあなたのオマージュだったのですか――事実、『神話論理』四巻は音楽に捧げられています――、それとも、あれはとくにワーグナーに対するオマージュで、ワーグナーとあなたの仕事との間のより親密な関係を表わすものだったのでしょうか？

レヴィ＝ストロース　ワーグナーは私の知的形成に、また神話に対する嗜好という点で、最重要な役割を演じた人です。もっとも、それを自覚したのは、両親に連れられてオペラに通っていた子供の頃よりずっと後のことですが。ワーグナーはオペラ作品を神話に基づいて書いたというだけではなく、神話を切り分けるということを提唱したのです。それはライトモチーフの使用を見ればすぐわかることです。彼のライトモチーフは神話素（mythème）の先駆形態です。さらに、ライトモチーフと詩の対位法が一種の構造分析となっているのです。と言いますのもね、ライトモチーフがあることによって、普通ならば時間軸の上にただ継起するだけの筋立ての要素が、ずれたり動いたりして、重なり合うからです。ある場合には、音楽的要素であるライトモチーフと文学的要素である詩が一致し、ある場合にはライトモチーフが、いま現に演じられている場面と構造的関係にあるものとして、類比的にあるいは対比的に、別の場面を喚起するのです。

そのことがわかったのは後になってから、神話分析を始めたときよりもずっと後になってのことでした。当時私はもう、ワーグナーの音楽とはすっかり縁を切っていたと思っていましたから、言ってみれば、私は何十年間もワーグナーという卵を抱いていたことになりますね。

E　音楽との関係は『神話論理』全体を通じてみられますね。第一巻の冒頭には「序曲」、そして最終巻の終りは「フィナーレ」です。第一巻の各章は「フーガ」とか「シンフォニー」の形で構成というか、作曲されています。

L＝S　音楽との関係は二つのレベルに見られます。まず第一のレベルは、いまあなたが注目したように、各章の構成のレベルです。その下のさらに深いところで、この本全体が、音楽と神話という二つの表現方法の間の関係という問題を提起しているのです。

E　もう少し詳しく説明していただけますか？

L＝S　西欧文明のある時期に、神話的思考は科学的思考と小説的表現によって弱められ、消滅しました。その分裂が起きたのは十七世紀のことです。ところで、それと時期を同じくして、この現象と深く結び付いていると私が考えているもう一つの現象が観察されます。つまり音楽の大様式と呼ばれているものの誕生です。この音楽の大様式が、私の考えでは、神話的思考の構造を回復するのです。現実の表現に関する思考様式は、使われなくなったとはいえ、無意識のレベルでは常に存在し続けていて、新しい形で使われることを求めていたのです。その思考様式は今度はもはや意味ではなく、音を分節するのです。しかしその古い使用方法から、この新しい音の分節が我々にとってある意味を持つ、という結果が生じるのです。

E　あなたがそのシステムを再構成しようとした北米・南米の神話は、音楽的性格の強い神話なのですか？

L＝S　今、西欧文明を例にとって歴史的な経過としてお話した神話から音楽への移行が実際に起こり得たのは、神話的構造が潜在的な形で音楽的形態をあらかじめ構成していたからでしょう。ですから、遡及的方法によって、音楽を参照しながら神話をよりよく理解することができるのです。音楽の形式として誕生する前に、「フーガ」とか「ソナタ」という形は神話のなかにすでに存在していたのです。

E　つまり、あなたにとっては、この著作が音楽的に構成されているのは、当然そうなるべくしてなったのだ、ということですね。しかし、その音楽的構成も、第二巻になると少し影が薄くなるようなのですが……

L＝S　全然、そんなことはありません。

E　章のタイトルという形では少なくとも姿を消しますよね。

L＝S　本当ははっきり見せたかったのです。しかし一度使った効果は、二度と使うことはできません。わざとらしいし、もたもたした感じを与えたかもしれませんからね。しかし「フィナーレ」でもう一度音楽の問題を取り上げ新しい展開を見せたということは、音楽と神話との対応関係という考えが四巻全体を貫いているということの証拠です。もっとも、ある神話の「フーガ」形式が論証されるのは最終巻になってからです。

ときどきは面白い結果が出ることもありました。『生のものと火を通したもの』を書いているときに、私は行き詰まってしまいました。私には確実だと思われた神話の一変化形の構造に対応する音楽的形態を見つけ出せなかったのです。しかし最初の仮定が正しいのならば、かならず、それはあるはずだったのです。私は思いあまって、非常に親しくしていたルネ・レーボヴィッツに相談しました。彼の答えはこうでした。自分が知る限り、そのような形式は音楽で用いられたことはないけれども、しかしそれが不可能だというわけではない。それから数週間後、私の妻と私への献辞付きの作品を彼は持ってきてくれました。それは私が大筋を説明していた線に沿って作曲された作品だったのです。

それとちょうど逆のケースですが、あなたもご存じのように、ベリオは「シンフォニア」を作曲するときに『生のものと火を通したもの』を使っています。そのテクストの一部が朗唱されて、音楽に添えられているのです。そこの部分がなぜ選ばれたかは私にはわかりませんでした。あるインタビューで、音楽学者からその点について質問されたことがありました。私は、その本は最近出版されたばかりで、作曲家は多分それを手元に持っていたので使ったのでしょう、と答えておきました。ところが、数カ月前にベリオから、ベリオとは私は知り合っていませんでしたが、非常に不満であるという内容の手紙が来たのです。私のインタビューを数年遅れで読んだのです。彼の言うには、彼の作曲したシンフォニーの問題の箇所は、私が解明した神話的変形の音楽的対応物だというのですね。彼はそれを論証したある音楽学者の著作[54]を一緒に送ってきましたよ。私の音楽の知識が十分でなかったことが原因で起きたことで、私の誤解であったと謝っておきました。しかし、これには驚きましたね。

E　いつだったか、指揮者になりたかった、というようなことをおっしゃいましたね。

L=S　作曲家になれないのならば、ということでした。音楽的創造という現象に私は常に心を惹かれてきました。大部分の人が、男でも女でも音楽に対する感性を備え、音楽に感動し、音楽がわかると信じている。一方、ごく一部の人間しか音楽的創造を行ないえない。この問題がずっと頭にあるのです。（同じような現象は他の分野には見られません。誰でも子供のとき、あるいは青年時に、詩を書いた経験を持っているものですし、美術について言えば、「文字を書ければ、誰でも絵は描けます」という宣伝文句があるほどですからね。）子供の頃、私はこの少数の人間の仲間に加わりたかったのです。オペラ座でヴィオラを弾いていた人についてヴァイオリンを習いました。その人は臨時に教えていたのですが、奥さんはピアニストでした。私は、この小さなトリオのために曲を作りました。彼らは嫌な顔もせず演奏してくれました。まことに大胆不敵なことなのですが、当時、私は確かオペラの作曲をやっていましたよ。プレリュードより先には行きませんでしたがね。

E　いかにもルソー崇拝者らしい！

L＝S　ただ違いは、ルソーにはできたけれども、私はだめだったということです。

E　音楽はあなたの人生において重要な意味を持っていますか？

L＝S　非常に大きな意味を持っています。私はいつも音楽を聴いていますし、音楽のなかで仕事をしています。そう言えば音楽マニアの反感を買うかもしれません。音楽をバックグラウンドの音にしてしまっているといって彼らに叱られるかもしれない。しかし事柄はそう単純ではないのです。私の仕事と音楽の関係を説明するのは難しいのですが、比喩を使えばうまく説明できるかもしれません。どうして裸体は絵画においてあれほど大きな位置を占めているのでしょうか？　それは人間の体に固有の美しさのためだ、と人は考えるかもしれませんが、本当の理由はそうではないと私は思います。モデルにポーズを取らせることに、たとえうんざりするほどに慣れた画家でも、美しい肉体を見れば、かならずやあるエロティックな興奮を感ずるはずです。この軽い興奮が彼を刺激し、彼の感覚を鋭敏にするのです。それで彼はいつもよりはうまく描けるのです。意識的にしろ無意識的にしろ、画家はこのような至福の状態を求めています。私と音楽の関係もそれに似ています。私は音楽を聞くことによってうまく考えることができるのです。ある種の対位法的関係が音楽の音の流れと私の思考の糸の間に成立してくるのです。あるときは互いに協和し、あるときは互いに離れていくのですが、それが最後にはふたたび出会う、という具合いなのです。何度も気付いたことなのですが――と言っても後になってですが――ある曲を聴きながら、ある考えが浮かんでくると、もう音は聞こえなくなるのです。この一時的な音楽との離別のなかで私の思考は自律的になるのですが、その後には、ふたたびその曲につながるのです。それはあたかも、思考の流れがしばらくの間音楽の流れにとって代わりながら、それでもそれとの共犯関係を維持していたかのようなのです。

E　コンサートにはよく行かれますか？

L=S　若い頃にはコロンヌとかパドルーのコンサートは毎週聴きに行きました。他のコンサートにも行きました。今はもう行きません。狭いところが嫌いになってしまって、一列に並んだ座席に囚人のように繋がれるかと思うとぞっとするからです。ラジオを聴きます。

E　レコードはお好きではないのですか？

L=S　レコードには別の種類の面倒があるのです。コンサートのように空間的なものではなくて、今度は時間的な面倒です。レコードが傍らで回っていて、やがて終りに近くなる。そうすれば立ち上がってレコードを換えなければならない。そう思うと……

E　しかしあなたの後ろに、ワーグナーの『四部作』の箱が見えていますね。

L=S　二つもありますよ。ベームとフルトヴェングラーです。めったに聴きませんが。

E　オペラがお好きなのは、人間の声に感動するからですか？

L=S　声と、それ以上に声の組合せ、声の結合、です。オペラ作品のなかには、私を圧倒し、私を陶然とさせるアンサンブルがいくつかあります。たとえば、「フィデリオ」の第一幕の四重唱、「ルチア・ディ・ラメルモール」の六重唱、「マイスタージンガー」のクィンテット、「バラの騎士」の最後のトリオ、などです。

E　とくにお好きなオペラ歌手はいますか？

L＝S　もちろんですとも。シュヴァルツコプフならひざまずきますよ。

E　カラスではだめですか？

L＝S　カラスもいいです。とくに、ベルリーニ、ドニゼッティ、プッチーニを歌うカラスはいいですね。私の家ではプッチーニを嫌っていました。あまりに写実的だ、大げさだ、低俗だ、等々の理由で。私がプッチーニのメロディの独自性（リヒャルト・シュトラウスもそうですが、最初の三拍を聴けば、もう彼だとわかりますからね）、彼のオーケストレーションの細やかさ、繊細さを理解したのは後になってからです。その反対に、ヴェルディは、私はいやですね。勿体ぶった感じで、装飾的です。

E　ここまでという時期を正確に定めることができるとしての話ですが、あなたにとっては、音楽はドビュッシーまで、ということですか？

L＝S　ちょっと時期が早すぎますね。若い頃はストラビンスキーはどれでも大好きでした。今ならもう少し作品を選ぶでしょうね。それでも、「ペトルーシュカ」、「結婚」、「管楽器のための八重奏」などは、今でも、音楽の大傑作だと思います。ストラビンスキーの後の音楽も私の関心を惹き、考えさせるものがあります。時には音の味わいでいい気持ちにさせてくれるものもあります。しかし、私に語りかけるものはもうないですね。

エピローグ

エリボン　一冊の論集に『はるかなる視線』という題を付けておられますが、それは、あなたがあなたの生きていらっしゃる社会に対して一定の距離を取っていることを明らかにしたい、という気持ちがあってのことですか？

レヴィ＝ストロース　それは日本語から借りてきたタイトルなのです。能の創始者である世阿弥を読んでいて思いついたのです。よい演技者であるためには、観客の目で自分自身を見ることができなければならない、と世阿弥は言っています。そこで彼は「遠いまなざし」〔世阿弥自身の言葉は「離見の見」〕という表現を使っているのです。この表現は自分自身の社会を見る民族学者の態度をとてもうまく表わしていると思ったのです。その一員としてではなく、時間的にも空間的にもその社会から遠くにいる別の観察者が見るかのように、民族学者は自分の社会を見るのですからね。

E　あなたはよく、自分は十九世紀の人間である、と言っておられますが、それはどういう意味ですか？

L＝S　それは私の考えではありません。数年前のことですが、アメリカの若い民族学者が私を主題にして一冊の本を書いたのです。(55) その中で彼は、私をサンボリストやその他の十九世紀の作家たちの伝統に身を置くものとして描いているのです。魔女が魔法の杖を使って、私の二十世紀の人間の意識を失わせることなく、どこかに移すとすれば、確かに十九世紀というのは、私がいちばんまごつかなくてすむ世紀でしょうね。二十世紀の大発明の胚種がそこでは見つかるでしょう。しかしまだその進歩が、本質的には、それ固有の欠陥を治癒するところまでは行っていない。

しかしあまり根拠のない夢想に重要性を付与するのはやめましょう。どこかでスタンダールが書いていたように、ギリシアの復興を熱心に望むことはできる。しかしアメリカ合衆国（つまり近代国家ということです）にそれと似たようなものを見つけることはできるけれども、ペリクレスの時代はもう戻ってこない、と彼は書いています。古い時代において我々がもっとも賞賛するもの、つまり芸術とか文学、は人間たちを幸せにしたものではありません。自分以外のものを知れば、人間は変わろうとします。その証拠が、開発途上国といわれている国々です。

それとは逆の方向で、ルイ十五世治下にフランス精神のもっとも麗しい作品を創造した職人たちが、自分の気晴らしをするためにダミアンの処刑に殺到した者でもあった、ということを考えると、私は本当に困惑を感じます。それが我々の時代に近いだけに、この事例は私には典型的なケースのように思えます。芸術の洗練と風俗の凶暴さが決して両立できないものではなかった時代の、それが唯一のケースというのでは、全然ありません。そこには人間について何かを考えさせるものがあるとは思いませんか？　それを考えるのが人類学者の役目だ、とおっしゃるかもしれません。残念ながら——あるいは、幸運にも、と言うべきでしょうか?——人類学が何にでも答えを用意しているというわけではないのです。

二年後に

エリボン　今は一九九〇年の六月です。私たちが『遠近の回想』を仕上げたときから数えてちょうど二年が経っています。いくつかの補足的な質問をさせていただきたいのですが、いずれも二年前の対談で取り上げた話題に関係するものです。まずはそもそもの始まりから。ちょっと気が向いて、あなたが大学入学資格試験を受験されるまで住んでおられた、プーサン街のお宅を見てきました。あれは要するに、端正なブルジョワ風邸宅、と言っていいですか？

レヴィ＝ストロース　そうです。切り石造りの建物で、階段は、よくあることですが、絨毯敷きでした。階段室の明りとりには当世風のステンドグラスの窓という趣向でしてね……。私の記憶では、第一次世界大戦のあとでもまだ、この種の建物には一階に電話器が一台あるきりでした。管理人が電話を受け、専用の特殊な呼び鈴で住人に知らせるのです。私たちは六階に住んでいましたので（バルコニーからはあの大観覧車〔一九〇〇年のパリ万博開催に合わせて「スイス村」に隣接して建設されたが、一九三七年に解体された。一九七〇年代以降にその跡地全体が再開発され、現在のヴィラージュ・シュイス（スイス村）地区となる〕が見えていました。今はスイス村がある場所です）、階段を転がるように走り降りたものです。通話が終わると、また同じ階段をかけ上らなければならないのですがね。二、三年後に、政界絡みがうわさされていた業者が一儲けしようと、その建物を買い取りました。家賃を上げ、エレベーターを取り付けました。そして私たちも電話を持つ時代になりました。

もう一つ思い出すのは、私がそこに住んでいたころのことですが、夜遅く帰ったときには、管理人室の前で自分の名前を大声で呼ばわらなければなりませんでした。そうでないと管理人が飛び起きてきて、私たちを階段の途中まで追いかけてくるわけですよ。

こういう日常生活の慣わしをあれこれと思い出しますね。たとえば、毎年元旦にはわが一族の親戚一同がそろって私の父方の祖母のところに集まっていました（その折に祖母の客間の家具を一年のあいだ覆っていたカバーをとりはずすのです。クリストが梱包したポン・ヌフ〔一九八五年九月、「梱包」アーティストのクリストがパリのポン・ヌフ橋を布で梱包した〕を見たとき、私は思いがけず祖母の家の客間の日常の情景を思い出しました。他の人はそれを美しいとは思わなかったようですがね）。同じ日に、私の父と叔父の二人が墓地をまわったり、彼らが恩義を感じていた人々の家を訪問して角を折った名刺を置いてくる、などというのも慣わしになっていました。そんなことをあれこれ思い出しますとね、私の子供時代というのは、まだまだ十九世紀の趣が残っていた時期だったように思います。当時私はこういう慣わしを自分には関係ないというような、不愉快だというような目で見ていましたが、それは間違っていたと今では思います。今日では、過ぎ去った時代のこの上なく大切な証言だったように思われます。同じ思いを抱く人は多くなっているようで、その証拠には、せっせと美術館や博物館を造って、そこにありとあらゆる種類のものを集めていますからね。激しい変化に苛まれている社会が、その渦に巻き込まれて動顚し、わけもわからず自分自身の保存庫になりたいと願って、後の世代が評価してくれそうな――その保証はありませんがね――ものは何一つ取りこぼしたくないと必死になっている、まるでそんな印象を受けます。これは私の若いときの無関心と同じくらい批判されるべき態度です。私たちよりはずっと自分に自信を持っていた古い世代の人々に、こういう迷いはなかったはずです。

*

E　あらためてあなたにお聞きしたい点がいくつかあります。政治に関することです。二年前の対談で、私はあなたがマルクス主義に共鳴し、SFIOに参加していたことに言及しました〔本書二一頁、参照〕。私が今回お聞きしたいのは、共産党に参加しようと思われたことはなかったのか、ということです。

L=S　あなたの質問を聞いて、以前に話したことでひとつ正しておきたい点があります。まったく瑣末なことなのですが、そのことを二人の著作家が指摘していますのでね。二人というのは、『知的ジェネレーション』[56]の著者ジャン＝フランソワ・シリネッリと「建設的革命」運動をテーマに大部のすばらしい博士論文を提出したステファーヌ・クルエです[57]。この「建設的革命」運動に私は参加していました。シリネッリもクルエも、ともにジョルジュ・ルフラン〔フランスの社会主義者。労働組合、労働運動の歴史に関する著作を多く出している〕と私とのあいだの明らかな見解の違いについて言及しています。私がいつ社会主義者になったかという問題に関して、です。実際には、簡単なことだったのです。ルフランを知ったときに、哲学的にというか、信条的には、私はすでに社会主義者だったのです。マルクスや主要な人物の著作はとっくの昔に読んで知っていました。ただ、政治的立場をとるかどうかに迷っていたのです。純粋で確固たるマルクス主義を体現していると思われていた共産党に私は惹かれていました。ＳＦＩＯに加わるように私を説得したのはジョルジュ・ルフラン本人です。ルフランも言っていたように、彼はみごとに私を社会主義者にしたのです。ただしそれは「活動家」として、ある政党の一員として、という意味においてです。

E　まさにその「建設的革命」グループのことをお尋ねしたかったのです。このグループの運動にあなたは非常に積極的に参加していました。彼らは社会党の思想的革新を、そしてとくに労働者階級やその組織化にもっと取り組むべきことを主張していました。あなたはこの運動の宣言文書の執筆者の一人でした。

L＝S　ステファーヌ・クルエの論文は、まさに集大成的な著作で、「建設的革命」運動に関する多くの事実、多くの情報を集めています。私にはその一つ一つを思い出すことはとてもできません。一言で簡潔に言いましょう。私がすでに言及したように、ベルギー労働党とその野心的主張、つまり労働組合や、人民の家、協同組合などを通じて、資本主義的世界のなかに社会主義的社会の胚子を作り出そうという主張が、私自身の思想構築に大きな役割を果たしました。何人かの仲間が集まって、私たちはこの主張をさらに推し進め、それを理論化し、そこから一つの教義を引き出そうとしました。もし毎日倦むことなく社会主義的精神にふさわしい制度を建設してゆけば、その優越性ゆえに、これらの制度は、資本主義という繭のなかで蛹のように少しずつ成長し、最終的にはこの繭は枯死した皮膜のようになって剝落してゆくだろう。これが私たちの考えでした。それは、もちろん、近代社会の経済、その複雑さ、そのダイナミズムに私たちがまったく無知だったということです。しかし少なくとも、私たちは経済学の用語で考えようと努力はしたのです。私たちが目指した目標に照らせば何の役にも立たないものでしたが、この学習活動がまったく無益だったわけではありません。その証拠に、このグループに属した二人のメンバー、ロベール・マルジョランとピエール・ドレフュスは、その後、フランスや国際的な経済活動の場で重要な役割を演じましたからね。いずれにしろ、私たちのグループは自分たちの幼稚さ、未熟さにすぐに気がつきました。自発的にグループは解散されました。

E　あなたが社会主義運動に参加していたことに関しては、二年前の対談でも、私たちはあなたの最初の著作を話題にしました。グラックス・バブーフを論じたあの小冊子です〔本書二一頁、参照〕。それとは別に、「社会主義学生」誌に連載された一連の記事もあります。例えばあなたの署名のある「社会主義と植民地支配」と題された文章、そのほかにもセリーヌを論じたもの……。

L＝S　「社会主義学生」は、確か一九二八年から一九三三年まで不定期に出された雑誌でしたが、そこに寄稿した文章で私が言いたかったのは、あらゆるかたちの前衛はそれぞれの分野で革命的であるべきだという命題を擁護しよう、ということでした。たとえば私たちが政治において前衛であるように、というわけです。そのことによって、当時左翼の活動家に多かったのですが、キュビスムやシュールレアリスムなどはブルジョワ的退廃の表現であると考える人たちと、私は一線を画したのです。セリーヌの『夜の果てへの旅』は私を夢中にさせてくれました。当時社会主義者たちの間では、レオン・ドーデがこの作品を見出し、それを傑作だと賞賛していたのに反撥して、唾棄すべき作品だと言う人が多かったものですからね。その点についてしっかりと自分の考えを述べておきたかったのです。これはドーデの言ったとおり、傑作ですよ。

E 今でも変わらずセリーヌはお好きなのですか?

L=S 『夜の果てへの旅』はあれ以来読んでいないと思います。『なしくずしの死』もいい作品ですが文句なしというわけではありません。その後に続く著作はひどいものですが、そのなかにだって、すばらしい箇所はありますよ。

*

E よろしければもう少し政治の話を続けたいのですが、アニー・コーエン=ソラルがサルトルについてこう書いています。「百二十一人宣言」(アルジェリア戦争を忌避する権利の宣言)の主唱者たち、ジャン・プイヨンはその一人でしたが、彼らはあなたがその宣言に署名しなかったのは驚きだと言っていました。あなたが署名しなかった理由は何だったのか、覚えておられますか? もう三十年も前のことですが。

L=S 私だけじゃないですよ。メルロ=ポンティもやはり署名を拒否しましたし、ほかにも何人かいました。自分自身は動員される年齢を過ぎているのに、若い軍人に不服従を説教しようなんて、私にはそれがショッキングでしたね。それに加えて、ある種の混乱に妥協したくはなかったのです。何よりも人類学者たる者がその混乱に欺かれてはならないと考えました。私たち人類学者は、小さな伝統的社会集団を正しく理解することに情熱的関心を抱いています。そのような社会集団の多くは、数十年前までは、孤立することによって文明社会のもたらす災難から守られていたのです。文明世界から遠く離れて、彼らが望んでいたのはただこれまで続けてきた生活をこれからも続けたいということだけでした。伝統的生活を続けたいと願う彼らの願望と、それとは反対に国際社会に同等の権利をもって参加し、産業社会の一員になりたいと当然のごとくに願い、自分たちが産業社会に対して遅れをとっているとしか感じていない人々の願望とを混同してはならないのです。

ある民族が独立を要求するということに対して、私たちはその要求を尊重しなければなりません。なぜなら、今から二百年前に諸民族独立の原則が姿を現わし、結果の良し悪しは別にして、それが強力な歴史の推進力となったからです。歴史が証明しているように、どのように支配的な国家であっても、たとえ連邦国家という形をとるとしても、その原則に逆らうことはできないのです。しかし同時に民族主権の要求は私たちをのぼせ上らせるものであってはなりません。民族主権というのは、それ自体が善なるものではないのです。それをどのように使うか、すべてはそこにかかっています。あるいはこう自問してみることもできるでしょう。つまり、隷属がすっかりなくなることは好ましいことなのか、あるいはまた隷属の上に隷属を重ね、出る釘を打つような真似をするのではなく、隷属相互の間にはある種の遊びがあるべきではないのか、と。

E　しかし、『知識人とフランス愛国主義』のなかでジャン＝フランソワ・シリネッリが指摘しているところに拠れば(58)、一九五八年にあなたはアルジェリア休戦のための呼びかけに署名したということですが。この文書に署名したのは、なかでも、フランソワ・モーリヤック、ロジェ・マルタン＝デュガール、アンドレ・ブルトン、ジャン＝ポール・サルトル、ジャン・コクトー、ジャン・ロスタン……。

L＝S 私が終始一貫していないとおっしゃりたいのですね。しかし本当のところ、それに署名したことはまったく覚えていません。私は本当に署名したのですか？ 何らかの圧力に屈したか、その場の成り行きに流されたのでしょうかね？ 今となっては何ともいえません。いずれにしろ、私の無意識がそのような出来事を記憶からさっさと消してしまったところをみれば、私がその署名をしたとしても、それをすぐに後悔して、そんなことをした自分自身に不満だったということでしょう。

E 『遠近の回想』が最初に出版されたとき、あなたが文化相対主義に関して書いたことに対して、幾人もの人が奇妙な反論を発表しました。[59]「もしあるひとつの文化が別の文化について何も判断できないというなら、全体主義よりも民主主義を選ぶということをわれわれに禁じるということになりかねない……」、彼らの言い分は要するにこういうものでした。おもしろいのは、こういう評者が言っていることは、それを自覚しているわけではないでしょうが、〔一九〕五〇年代に共産主義者があなたに差し向けた反論を、ほとんど逐語的に、反復しているということです。彼ら共産主義者たちはこう言っていました。「文化相対主義を受け入れるということは、よりよい社会を目指して闘うということを自ら禁ずることを意味するだろう。」今日この議論を振りかざしている人たちは、あなたの論敵であった共産主義者たちに対するあなたの断乎たる応答を、どうやらまったく知らないらしいのです。この批判者たちに対して、かつての〔共産主義者に対する〕応答を、あなたは一語も変えることなく返せるだろうと思うのですが。[60]

L = S　文化と政治体制を混同してはいけません。あなたが話された〔民主主義や全体主義という〕体制は私たち西欧の文化のなかで、その文化のなかから生まれたものです。気に入ろうが入るまいが、それらの体制は私たちの文化の潜在的可能性を表現しています。この文化に属している私たちは、この文化をその内側で生きているのであって、そのどちらかを選ばざるを得ません。それを回避することはできません。私たちの歴史、私たちの信仰、私たちの利害が私たちにそういう体制を課してくるのです。そのことと、一つの文化を他の多くの文化との関係のなかに客観的に位置づけることができないということとはまったく別のことです。多くの文化のどれか一つの特徴を規定するために用いられる基準は、その基準が自分の文化に由来している場合には客観性を欠いているし、それが別の文化に由来しているならば、その事実そのものによって、判断の基準たり得ないのです。一つの文化に関して有効な判断を下すためには、いかなる文化の磁場からも身を引き離す必要があるのです。

先に述べた二つの場合は極端な例ですが、実は、両者の中間的な立場もあります。しかしたとえ判断基準が私たちに起因するある種の混交に由来する要素を一部含んでいたとしても、自分の文化であるがゆえに生まれながらに、そして宿命的に私たちが持ちうるのと同じ確信をもって、まったく異なった社会の政治体制を判断することはできないのです。

E　しかし、こういう反論が予想されますよ。民主主義はどんな社会にも望ましいことであり、同様に「人権」もすべての社会にとって望ましいことだ、と。この点に関してあなたに異論があるとは思えませんが。

L＝S　ユークリッド幾何学について使われるやり方で、そのことを説明することにしましょう。私たちの神経・感覚器官との関係で言えば、あなたが西欧文明の地平に身をおいて持ち出された民主主義とか人権については、それがもっとも、というより唯一好ましい選択でしょう。しかし尺度を変えるだけで、無限小の尺度から無限大の尺度に、あるいは時空間においての異なる距離尺度にかえれば——あるいはまた、あなたが関心をお持ちの事柄に即して言えば、歴史的、文化的かつ社会的な大きな差異という尺度に照らしてみれば——、民主主義とか人権という基本的概念の輪郭はかすんでくるのです。その確実性を失うのです。私たち西欧の伝統のなかでそれらの概念が持つのとはすっかり異なる別の意味内容を持つようになるのです。

E　ほかの論者たちがあなたを西欧文明を否認しているといって批判する場合にも、問題になっているのはやはり常に文化相対主義だというわけですね。ある新聞などは、あなたは西欧文明を嫌悪している、などと書いています。[61] あなたの著作を読んだり、あるいはあなたと話している場合などには、私はむしろあなたの書くこと、話すことのすべてが西欧の伝統に結びついているという印象を受けてきたのですが。

L＝S　その記事は確かに誠実ではありませんね。西欧文化が私をつくり、私はその産物です。西欧の著作家たち、思想家たち、音楽家たち、画家たち、そして西欧の諸言語——まず第一に私が話し、読み、書いているフランス語——、そういうものすべてが私を養う糧です。ひとつ思い出話をしてもいいですか？　一九四四年の終わるころ、私は〔亡命先のアメリカ合衆国から〕フランスに帰国しました。アメリカ海軍の艦隊に乗せられてね。上陸させられたのはイギリスの海岸、〔ウェールズの〕カーディフだったと思います。ロンドンまでは鉄道を使わなければなりませんでした〔本書九〇頁、参照〕。鉄道の駅に行くのに、私は夜の町を通り抜けました。大部分は崩れかかったような背の低い住宅の間の狭い曲がりくねった道を辿ったのです。この道行きは私に今まで経験したこともないような深い印象を残しました。ここはヨーロッパなのだ、ついに我が故郷に戻ってきた、新世界の南アメリカで、それから北アメリカで過ごした幾歳月がこれで終わったのだ……。

後になって、私がしばしば考えたのはこういうことでした。もう五十年も前のこと、アメリカ・インディアンの小部族が西欧文明の来襲に押しつぶされる惨状に私は立ち会ってきた。それらの部族こそ、緊急に西欧文明から守るべきなのだ、とそのとき私は自分に言い聞かせました。しかし、過去の数十年間にわたって西欧文明の上に振りかかった壊滅的破局を見て、今や西欧文明が危機に瀕しており、ぜひとも守らなければならない状態にあると私は思いました。外から来る危険から守るというのはもちろんですが、同時に内からやってきて私たちの文明を蝕んでいる危険からも守らなければならない、こう考えたのです。二十年前すでに、私はそのことをユネスコの招待講演のなかで話しています。それは以前に対談のなかでも触れたことですが、その一節を引用します。「現代の人類は全体的に見た場合、自分自身の資産を接収しようとしているのではないか、ますます小さくなるこの惑星のうえで、かつて人類の一部の者たちがアメリカ大陸やオセアニア地域で不運な部族たちに押し付けたのと同類の状況を、わが身の犠牲のうえに、再び作り出そうとしているのではないか？[62]」この警告はもちろん〔西欧文明への〕憎しみから生まれたものではありません。西欧文明に対して、内部と外部の力が西欧文明を導こうとしているこの状況をもっとよく認識してほしいという趣旨でした。

*

E　今あなたは南アメリカ大陸の部族のことを話されましたが、戦争前にあなたはその部族のなかにいらっしゃった。一九八五年の短いブラジル滞在の機会に、あなたはその部族を再訪しようとされたようですね。

L＝S　私が再訪しようとしたのではありません。ブラジルのある大新聞社が、ルポルタージュ記事を書くために、私をその部族のところに連れて行きたいと申し込んできたのです。わたしは二つ返事で引き受けました。早朝におんぼろの小型飛行機に乗り込んで出発しました。パイロットを別にして、一行は四人でした。妻と、ブラジル人の女性研究者、新聞記者、それに私の四人でした。まず、ボロロ族の居住区域に隣接する小さな町に着陸しました。パイロットはどこにボロロ族が住んでいるかまったく知らなかったようです。彼はその場所に行けば案内できると言う現地人を一人乗り込ませました。それから低空での迷走飛行が続きました。やがてボロロ族の村が一つ見えてきました。円形に配置された住居でそれとわかりました。その近辺にある長方形の開墾地、それが運を天に任せた着陸地になりました。何回か超低空飛行を試みた後にパイロットが言うには、着陸はできるが離陸は無理だ、長さが足りない。ほかの村でも同じ不運がくり返されました。ブラジリアに引き返すしかなかったのですが、嵐含みの真っ暗の雲のなかで、飛行機はさんざんに揉まれましたよ。

後から考えてみれば、危うく命を失うところだったのです。五十年来、私はこの地域でそんな命の危険に遭ったことはありません。移動は馬か、丸木舟か、徒歩でしたからね……。ブラジリアに到着するや、現代のブラジルの縮図ともいうべきことですが、一息入れる暇のあらばこそ、そのまま私の妻は夜会服に着替え、私はタキシードを着込んで、ブラジルを公式訪問中のフランス大統領がブラジル大統領のために主催する晩餐会に駆けつけなければなりませんでした。

＊

E　政治に関することはこれぐらいにして、次はあなたの自然への愛惜についてお訊ねしたいと思います。あなたは、ブルゴーニュとシャンパーニュの境あたりに別荘を一軒お持ちで、しばしばそこに行っておられる。とても美しい地方で、二年前の対談の方々で、自然の景色を眺めるのが好きだと話しておられますね〔たとえば本書一六七頁など〕。一年のうちに数カ月を田舎で過ごされるというのは単純に感覚的な喜びのためなのですか？　つまり、目の楽しみのためだけなのですか？

L＝S　目の楽しみ、という側面は大きいですよ。余事を以っては換えがたい瞬間というものがあります。とくに、冬から春への季節の変わり目（春の訪れはあのあたりではパリよりも一カ月遅れです、ラングル台地の気候は厳しいですからね)。たった一日で、よく晴れた日などには一時間でも、自然は姿を変えます。どの植物も、どの木の葉も、どの花も、少し注意深く観察すれば、どれもこれも奇跡ともいうべき傑作ばかりです。

E　あなたの生活のいわば隠された部分ですね。森の中の長い散策、茸狩や植物観察をして過ごす午後のひと時……。

L＝S　先ほど私たちは西欧の文明を脅かす危険について話しましたね。人口の爆発的増加がなかでも最たるものです。人口増加は緩やかになっている、やがて止まるだろう、むしろ減少に転じるかもしれない、と言って私たちを安心させようという人もいます。だからと言って、一度弾みのついたこの趨勢では、世界全体の人口は、今から十年あるいは二十年もすれば、さらに倍になっているのではないでしょうか。この人口爆発は人類全体を襲うものです。しかし日本も含めて、西欧文明はその影響をこうむることになるでしょう。日本も西欧も人口爆発の引き金を引いたわけではないのです(医学の普及によって間接的に、というなら別ですが)。

これを言うのは、私と妻が一年のうちの数カ月を、私の記憶違いでなければ一平方キロ当たりの人口密度が九人という田舎で過ごすことの特別の幸福を感じてほしいからです。そこでは、いわば過去に向かって時間を巻き戻したような風景があります。大きな農地はかなり以前から放棄されて、まるで野生に帰ったようなのです。行き当たりばったりに、道なき道に分け入って、時にはアマゾン流域の密林のなかを歩くように難渋するのですが、アマゾンのよりも慎ましい木々の間を進んでゆく。コルヌーイエ（ミズキ）、ネルプラン（クロウメモドキ）、メリーズ（野生のサクランボ）、アリジエ（ナナカマド）など、どれも昔のガリアを思い起こさせるような名前を持つ植物たちです。

さらに焦点距離を望遠に替えますと、自然の平原の中に、遠い異国の土地に見るような神秘と異国情緒をたっぷりと見つけることができます。すべての樹木、すべての野草がそれぞれに謎をかけてきて、〔私という〕素人植物学者はその謎を解くために、彼が好んで助けを求める古い書物を片手に、何時間ものわくわくするような時間を過ごすのです。あの七十二巻の事典がなくとも、名前は忘れましたが十九世紀初めに出版された博物学の小さな事典を私は田舎の家に持っていて、それが私の枕頭の書になってくれるのです。そんな風に、私は一日のうちで何度もその小事典を開くのですよ。

先ほどあなたがおっしゃったように、私は茸狩の趣味があります。茸を食べるというのが楽しみではないのです。私にとっては、ドゥルオー館での競売で買い物をするのと同じようなもので、どちらの場合も、あれこれ探求した後で、対象をそれと認知し、時には同定することができたときの喜び、とくにその素晴らしさを自分の目で鑑賞できる喜び、これが大事なのです。なぜなら、地面の上に生えているままの茸は、見るだに素晴らしいもので、どの茸も、芸術作品がそうであるように、それぞれ固有の様式を持っているのですからね。

E　あなたがドゥルオー館の熱心な客であることは周知の事実です。骨董品や美術作品を好んで「おっかけ」している……。

L＝S　一週間に二、三度ですかね、ドゥルオー館の展示室をざっと見てまわります。昔はかなり買い物もしましたよ、それに骨董屋巡りもね……。でも今はもうしていません。従兄ポンス〔本書二九八頁、参照〕のことを思い出してください。あの「博識の蒐集家シュナヴァール」のように、ポンスは、たとえそれが巨匠の作品でも、五十フランの値でなければ、絵画作品を見ても楽しめない。けちだからというのではなく、安い値段でなければ新しい発見をしたことの証にならないからです。つまり、ますます狭くなる世界にも、今なお何らかの新大陸を隠している何らかの自由の地平が存在しているということの証にならないからです。現在では考えられないことです。なにしろ、美術史の五年の期間ごとに一人または複数の専門家がいる時代ですからね。

とにかく私は小さな工芸品が大好きなのです。とくにドゥルオー館で今でも見られるように（いずれなくなるでしょうが）乱雑に展示されているようなのが、ね。なかには我が友のようなものもあって、見れば即座にその時代と様式がわかります。他にも私に問いかけ、私の知り合いのなかにいることはわかっていても確かに思い出せないものを思い出させてくれるものもあります。こんなにうれしいことはありません。そういう小さな工芸品は自律的な存在です。それ自体のために創作されたもので、何かの役に立つことを目的（少なくとも主たる目的）にはしていません。

小さな工芸品に対する信仰（私は子供のころからその信者でしたが）は近代社会のなかに一種のアニミズムを復活させるものです。このアニミズムは人間の作り出した多くの作品を神聖化することです。ちょうど日本の神道が多くの存在や事物を神聖化するのに似ていますが、神道の場合は神聖化されるのが自然のなかに存在するものであるという点は違っています。しかし、昔あった「珍宝展示室」

(cabinets de curiosité) なら神道と似ているかもしれませんよ。そこに集められていたのは、鉱物、貝殻、蝶などの標本、動物の剝製、草本の押し葉標本などで、めずらしさや美しさにおいて人間の手で作られた作品に劣らない、あるいはそれよりも優れた自然の産物が中心でしたからね。

E　あなたがそういう工芸品を非常に愛好していらっしゃるのはわかりましたが、なかでも宝飾品は特別にお好きなのではないかと思いますが。

L＝S　それが、カイヨワが私と似ている点です（彼とのあいだに、あれこれといざこざがあったことはすでに申し上げたとおりです）〔本書一五八―一六〇頁〕。彼自身がそう言ったのです。あれは確かワイラーの映画「コレクター」についてのインタヴューでしたか、そのなかで私はこういうことを言いました。あの映画のなかに描かれているのとは違って、何かを蒐集することに熱中するのは知的にもっと健全なことであって、それが近代絵画であろうが、蝶のように実在するものであろうが、美女のような自然美であろうが変わりはない、と。(63) カイヨワはまず蝶の蒐集から入りました。それから宝石に移ってゆきました。自然が好きだというなら、一方では木の葉や草花のように壊れやすい自然の産物に、もう一方では同じように完成されたものなのですが鉱物のように堅固なものに、どうして特別の愛着を感じないでいられましょうか？

ドゥルオー館を別にすれば、ルーブル美術館の地下の骨董市場ほどに私が足しげく通って楽しいひと時を過ごした場所はありません。あそこには宝飾品の中古を売る骨董商が集まっていました。それらの宝飾品は、多分、ヴァンドーム広場の有名宝石商にある品物ほど値が張るものではありませんでした（と言っても安いというわけでもありませんが）。ただこの骨董市場では、品揃えが偶然に委ねられていて、その点が私には魅力的でした。まるで、寄せては返す波に運ばれてたまたまどこかの海岸にうち捨てられた小石や貝殻や木片のように、時代も品質もさまざまなこれらの宝飾品も、個人や集団の歴史の過ぎゆく時間に運ばれてこの展示ケースの中に置かれているのです。十七世紀から二十世紀に作られたもので（圧倒的に多いのは十九世紀のものです、職人技が過去から伝承された技術の総仕上げをしたのが十九世紀でしたからね）、それこそ世界中から集まっていました。それらを前にして夢想にふけっていると、あっという間に長い時間が過ぎてしまいます。私が惹かれるのは世界一大きな宝石でも、極めつきの純度でもありません。業界言葉で言えば「霜降り」とか「疵もの」といわれるような小さな瑕があるもの、つまりそこに大地の歴史が刻まれているような宝石なのです。それを台に取り付ける技法、周りに施される金銀の細工などには、〔背景にある〕それぞれの社会階層が反映されています（田舎風があるかと思えば、都会風のもの、またフランスの伝統を感じさせるものや、舶来された異国の宝飾品など）。また、近現代のある時期を映すもの、ある様式を感じさせるもの……。扱いが簡単で、身につけるために作られたこれらの宝飾品は、自然と人間を一期一会において結びつけるわかりやすい小宇宙のように思われます。自然と人間が互いに協力してつくり出したもっとも繊細で稀少なもの、もっとも長持ちがして、もっとも壊れやすいものを、これらの宝飾品は私たちに手渡してくれるのです。これらの小さなオブジェは、その値段の輝きも添えられて、別種の神秘を後光に背負う世界のなかにあらためて芽吹いてくるのです。

＊

E　最後になりますが、現在あなたが執筆中の書物について何かニュースがありますか。二年前の対談をしたとき、『やきもち焼きの土器つくり』に続く著作はどこまで進んでいるのかをお訊ねしました。あれはもう書きたくない、というお返事でした。だのにその後、あなたはそれを書き続け、今はもうほとんど終わっているとのことですが。

L＝S　おっしゃるとおりです。あの対談の後、私はそれを書きつづけようと決心しました。多分あなたが話題にしてくれたおかげで、その本が私にとっていっそう現実味を持つようになったのでしょうね。何よりも、それをなんとか書き終えるまでの二年間、毎日の規則的な仕事が私に規則的な生活をさせてくれる、その規律がなければ私は方向を見失うかもしれない、そう感じていました。その本は、一九九一年には出ると思います〔*Histoire de lynx*, Plon,1991. 邦訳『大山猫の物語』(未刊)〕。残念ながら寄る年波のせいで短気になっていたのか、論旨をうまく展開するという私の好みと能力を失っています。そういうわけで、大著ではないのですが、この本は筋が一貫せず読むのに難儀すると思います。というのも、この本は気まぐれな道筋をたどることになるのですが、私はその曲折を説明するという配慮を欠いていますからね。まず私は非常に専門的な分析からこの本を始めています。『神話論理』の一節にしてもいいような文章です。次いで、アメリカ大陸の神話とフランスの民話の比較を行なうのですが、そこにモンテーニュについての議論が絡んできます。最後は大胆な予言で終わっています（しかし、願わくは、『ヴァレンヌの内なる灰色の服をまとった黒い修道士』〔*Le Moyne noir en gris dedans Varennes* というノストラダムスの四行予言詩の一節を表題にしたジョルジュ・デュメジルの著作、一九八四年刊。なお Varennes は一般には地名とされているが、普通名詞として王の所有する「禁猟区」をも意味している〕の著者がそれを否認しないように願っております）。この予言は最晩年のデュメジルの歩みに歩調を合わせる内容です。私も私の最晩年にさしかかっていますからね……。

注

1 Lévi-Strauss Claude, *Tristes tropiques,* Paris, Plon, 1955.（レヴィ＝ストロース『悲しき熱帯』全二冊、川田順造訳、中央公論社、一九七七）

2 Malinowski Bronislaw, *Journal d'ethnographe*. Traduit de l'anglais par Tina Jolas, Paris, Seuil, 1985.

3 Lévi-Strauss Claude, *Le Totémisme aujourd'hui*, Paris, PUF, 1962.（レヴィ＝ストロース『今日のトーテミスム』仲沢紀雄訳、みすず書房、一九七九）

4 de Beauvoir Simone, *Mémoires d'une jeune fille rangée*, Paris, Gallimard-Folio, 1972, p. 411.（ボーヴォワール『娘時代——ある女の回想——』朝吹登水子訳、紀伊國屋書店、一九六一）

5 《Discours de Claude Lévi-Strauss》 in *Discours de réception de Fernand Braudel à l'Académie française et réponse de Maurice Druon*, Paris, Arthaud, 1985, pp. 91–99.

6 レヴィ＝ストロースのフィールドワークについては『悲しき熱帯』を参照。

7 《New York post et préfiguratif》 in *Le Regard éloigné, Paris, Plon,* 1983.（レヴィ＝ストロース「ニューヨーク・あと追いと予示の町」『はるかなる視線』2　三保元訳、みすず書房、一九八八）

8 《La Vie familiale et sociale des Indiens Nambikwara》 in *Journal de la Société des Américanistes*, Paris, 1948.

9 ERNST Jimmy, *L'Écart absolu*, Paris, Balland, 1987.

10 JAKOBSON Roman, *Six Leçons sur le son et le sens*. Préface de Claude Lévi-Strauss, Paris, Éd. de Minuit, 1976. （ヤーコブソン『音と意味についての六章』序 レヴィ＝ストロース、花輪光訳、みすず書房、一九七七）

11 LÉVI-STRAUSS Claude, *Les Structures élémentaires de la parenté*, Paris, PUF, 1949. Deuxième édition, Mouton, 1967. （レヴィ＝ストロース『親族の基本構造』全二冊、馬淵東一・田島節夫監訳、番町書房、一九七七、一九七八）

12 *Les Temps modernes* nº 49, novembre 1949.

13 LÉVI-STRAUSS Claude, *Paroles données*, Paris, Plon, 1984, p. 258.

14 *Le Regard éloigné, op. cit.*, p. 354. （『はるかなる視線』2 前掲）

15 LÉVI-STRAUSS Claude, *Race et histoire*, Paris, UNESCO, 1952 (réédition, Folio-essais, 1987). （レヴィ＝ストロース『人種と歴史』荒川幾男訳、みすず書房、一九七〇）

16 HAUDRICOURT André-Georges et DIBIÉ Pascal, *Les Pieds sur terre*, Paris, Éd. Métailié, 1987.

17 LEROI-GOURHAN André, *Les Racines du monde*. Entretiens avec Claude-Henri Rocquet, Paris, Belfond, 1982, p. 109. （ルロワ＝グーラン『世界の根源』蔵持不三也訳、言叢社、一九八五）

18 LÉVI-STRAUSS Claude, *Anthropologie structurale*, Paris, Plon, 1958. （レヴィ＝ストロース『構造人類学』荒川幾男ほか訳、みすず書房、一九七二）

19 *Anthropologie structurale, op. cit., chap.* XVI. （前掲）

20 *La Sociologie au XXe siècle*, sous la direction de G. GURVITCH et W. E. MOORE, Paris, PUF, 1947.

21 GURVITCH G., 《Le concept de structure sociale》 in *Cahiers internationaux de sociologie*, vol. 19, 2e année, 1955.

22 MAUSS Marcel, *Sociologie et anthropologie*. Avec une introduction de Claude Lévi-Strauss et une préface de

Georges Gurvitch. Paris, PUF, 1950.（モース『社会学と人類学』全二冊、有地亨訳、弘文堂、一九七三）

23 REVEL Jean-François, *Pourquoi des philosophes ?*, Paris, Éd. Julliard, 1957.

24 *Le Totémisme aujourd'hui, op. cit.*（レヴィ＝ストロース『今日のトーテミスム』前掲）

25 LÉVI-STRAUSS Claude, *La Pensée sauvage*, Paris, Plon, 1962.（レヴィ＝ストロース『野生の思考』大橋保夫訳、みすず書房、一九七六）

26 *Claude Lévi-Strauss* (Paris, Gallimard, 1979) の最後の部分。

27 ROUDINESCO Élisabeth, *La Bataille de cent ans*, tome II, Paris, Seuil, 1986.

28 *Paroles données, op. cit.*, p. 11-12.

29 ARON Raymond, *Mémoires*, Paris, Éd. Julliard, 1983, p. 494.（『レーモン・アロン回想録』全２冊、三保元訳、みすず書房、一九九九）

30 *Le Nouvel Observateur* n⁰ du 21 octobre 1983, pp. 96-97.

31 *Discours de réception d'Alain Peyrefitte et réponse de Claude Lévi-Strauss*, Paris, Gallimard, 1977, p. 57.

32 《Diogène couché》 in *Les Temps modernes* n⁰ 195, Paris, 1955.

33 DUMÉZIL Georges, *Le Nouvel Observateur* n⁰ du 7 septembre 1984, pp. 74-76.

34 LÉVI-STRAUSS Claude, *Du Miel aux cendres*, Paris, Plon, 1966, p. 244.

35 POUILLON Jean, 《L'œuvre de Claude Lévi-Strauss》 in *Les Temps modernes*, Paris, n⁰ 126, juillet 1956.（ジャン・プイヨン「クロード・レヴィ＝ストロースの業績」レヴィ＝ストロース『人種と歴史』（前掲）に収録）

36 LÉVI-STRAUSS Claude, 《Le Dédoublement de la représentation dans les arts de l'Asie et de l'Amérique》 in *Renaissance*, New York, vol. II-III, 1944-1945.（レヴィ＝ストロース「アジアとアメリカの芸術における図像表現の

分割性」『構造人類学』（前掲）第十三章）。FEBVRE Lucien, 《Emprunts, ou fonds commun d'humanités ?》 in *Annales*, Paris, 1951, pp. 380-381.

37 BRAUDEL Fernand, *Écrits sur l'histoire*, Paris, Flammarion, Collection Champs, 1969, p. 58.

38 CHARBONNIER Georges, *Entretiens avec Claude Lévi-Strauss*, Paris, Union générale d'Éditions, 1961. Réédité dans la collection 10/18. Paris, Plon-Julliard, 1969.（シャルボニエ『レヴィ＝ストロースとの対話』多田智満子訳、みすず書房、一九七〇）

39 《Anthropologie, histoire, idéologie》 in *L'Homme*, juillet-décembre 1975, pp. 177-188.

40 LÉVI-STRAUSS Claude, *La Voie des masques*, Paris, Plon, 1979, pp. 145-148.（レヴィ＝ストロース『仮面の道』渡辺守章訳、新潮社、一九七七）

41 LÉVI-STRAUSS Claude, 《Exode sur *Exode*》 in *L'Homme*, XXVIII, 106, 1988.

42 PETITOT Jean, 《Approche morphodynamique de la formule canonique du mythe》 in *L'Homme*, XXVIII, 106, 1988.

43 BAUDELAIRE Charles, 《Richard Wagner et *Tannhaüser* à Paris》 in *Œuvres complètes*, Paris, Pléiade, pp. 1211-1214.（ボードレール「リヒアルト・ヴァーグナーと『タンホイザー』のパリ公演」『ボードレール全集』4 阿部良雄訳、筑摩書房、一九八七）

44 レヴィ＝ストロース『人種と歴史』前掲、*Anthropologie structurale deux*, chap. XVIII, Paris, Plon, 1973 に再録。

45 LÉVI-STRAUSS Claude, 《Race et culture》. Repris dans *Le Regard éloigné*, chap. I, Paris, Plon, 1983.（レヴィ＝ストロース「人種と文化」『はるかなる視線』1 三保元訳、みすず書房 一九八七）

46 ARON Raymond, *Mémoires*, Paris, Julliard, 1983, p. 520.

47 JACOB François, *La Statue intérieure*, Paris, Éd. Odile Jacob, 1987.（ジャコブ『内なる肖像』辻由美訳、みすず書房、一九八九）

48 LÉVY Bernard-Henri, *Le Figaro-Madame* n^0 13300 du 5 juin 1987.

49 FINKIELKRAUT Alain, *La Défaite de la pensée*, Paris, Gallimard, 1987.（フィンケルクロー『思考の敗北あるいは文化のパラドクス』西谷修訳、河出書房新社、一九八八）

50 《"Les Chats" de Charles Baudelaire》 *L'Homme*, II, 1, 1962. JAKOBSON R., *Questions de poétique*, Paris, Seuil, 1973, pp. 401-419 ; *Selected Writings*, III. The Hague-Paris-New YorK, Mouton, 1981, pp. 447-464, 783-785. DELACROIX M. et GEERTZ W., *《Les Chats》 de Baudelaire. Une confrontation de méthodes*, Paris, PUF, 1980.

51 『はるかなる視線』2（前掲）に第19章「ある若き画家へ」として後に収録される一文の、抜粋につけられた題（*Le Débat*, n^0 10, mars 1981）

52 SOULAGES P., 《Le prétendu métier perdu》 in *Le Débat* n^0 15 de sept.-oct. 1981.

53 CHARBONNIER Georges, *op. cit.*（シャルボニエ、前掲）

54 OSMOND-SMITH D., *Playing on Words. A Guide to Luciano Berio's Sinfonia*, RMA Monographs I, London, Royal Musical Association, 1985.

55 BOON James A., *From Symbolism to Structuralism. Lévi-Strauss in a Literary Tradition*, Oxford, Basil Blackwell, 1972.

56 SIRINELLI Jean-François, *Génération intellectuelle : Khâgneux et normaliens dans l'entre-deux-guerres*, Paris, Fayard, 1988, pp. 390-391.

57 CLOUET Stéphane, *Révolution constructive, un groupe d'intellectuels socialistes des années trente*, thèse soutenue le 3 février 1989, Université de Nancy-II, 2 vol., pp. 39–40.

58 SIRINELLI Jean-François, *Intellectuels et Passions françaises*, Paris, Fayard, 1990, p. 199.

59 FERRY luc, *L'Express*, 26 août 1988, pp. 94–96 と, FINKIELKRAUT Alain, *Le Figaro Littéraire*, 20 septembre 1988, p. 3 を参照せよ。

60 *Anthropologie structurale*, op. cit., pp. 366–368.（レヴィ＝ストロース『構造人類学』前掲）

61 TODOROV Tzvetan, *Nous et les Autres*, Paris, Le Seuil, 1989 と, BRUCKNER Pascal のこの著作に関する書評（*Le Nouvel Observateur*, 12 janvier 1989, p. 88）を参照せよ。

62 *Le regard éloigné*, op. cit., p. 44.（レヴィ＝ストロース『はるかなる視線』1　前掲）

63 *Anthropologie structurale deux*, p. 328.（邦訳未刊）

訳者あとがき

本書『遠近の回想』は、一九八八年にエディシオン・オディール・ジャコブから刊行された Claude Lévi-Strauss/Didier Eribon : *De près et de loin* (Éditions Odile Jacob) の翻訳である。レヴィ＝ストロースと、《ヌヴェル・オプセルヴァトゥール》の文芸記者であり批評家でもあるエリボンとの対談という形にはなっているが、エリボンは、対談相手のレヴィ＝ストロースから話を引き出し、あるいは話題を発展させるという役割に徹していて（しかし、実際には、よほど相手の仕事に通じ、相手のものの考え方をよく知っているひとでなければ、そういう役割に徹することはできない）、本来的な意味での対談者として発言しているわけではない。したがって、本書は体裁こそ二人の対談になっているが、実質的には、レヴィ＝ストロースがエリボンの短い、しかしながら核心をついた言葉の挑発ないし誘惑に乗りながら繰り出す回想と思索のモノローグである、といえるだろう。

その限りで、本書は、レヴィ＝ストロースの著作（これをも著作と言えるとしての話だが）のなかでは『悲しき熱帯』にきわめて近い性格をもったものとなっている。レヴィ＝ストロース自身、本書のなかでも言っていることだが、『悲しき熱帯』は、彼の他の著作を特徴付ける学問的正確さという要請からは一応離れたところで、彼自身の〈思想の原型〉とでもいうべきものを自由に言説化したものであった。だからこそそれは、書物としては、ゴンクール賞選考の対象になりかけたほどに創作的エクリチュールの性格を持っていたのであるし、それを織りなす言葉は人間レヴィ＝ストロースの存在の深みに深く結びついてもいたのであった。本書もまた、しかし今度は書かれた言葉においてではなく、語られた言葉において、レヴィ＝ストロースという、おそらくは二十世紀という時代をもっとも深く生きた人間が、自分の生きてきたその軌跡を自由に、のびのびと言説化したものであるといえるだろう。したがって当然のことながら、レヴィ＝ストロースの他の著作の基本的なトーンである重厚な構成感とは違った、自由闊達さと、そして時には生々しさが、本書の最初から終りまでの変わらぬ基調となっている。

この対談はレヴィ＝ストロース自身の書斎で何回かにわたって行なわれたらしいが、そのような打ち解けた雰囲気のなかで、一九〇八年のブリュッセルでの誕生から始まって、時には後戻りし、あるいは横にそれながらも、現在にいたるまでほぼ実際に流れた時間軸に沿って、レヴィ＝ストロースの生涯の経歴がレヴィ＝ストロース自身によって語り出されている。その点から言えば、本書は、自分自身について語ることのきわめて少ないこの人類学者の自伝として読むことも可能で、その点だけから見ても実に興味深いエピソードにも富んでいる。とくに、八十年に及ぶその人生のなかで出会った人物との交友を語る部分は、本書のもっとも魅力的なハイライトと言えるかもしれない。ニューヨークでのアンドレ・ブルトンやマックス・エルンストなどをはじめとするシュールレアリストたちとの交友、フランスに戻ってからのヤーコブソンやラカン、あるいはメルロ＝ポンティなどとの交友を語る部分には、レヴィ＝ストロースの眼を通して、彼ら交友相手の人物の我々には知られない側面が生き生きと描き出されている。

本書の全体は三部より構成されている。

第一部「ドン・キホーテの帰還」では、自分の生涯の節目となった出来事、ブラジルでの生活、対独戦争、ニューヨークの亡命生活、パリへの帰還、コレージュ・ド・フランス教授就任、アカデミー入りなどが、多くの思い出話を交えながら軽快なタッチで語られる。第二部「精神の法則」では、文化人類学者としてのレヴィ＝ストロースの足跡が、その最初の著作『親族の基本構造』（一九四九年刊）から『やきもち焼きの土器つくり』（一九八五年刊）にいたるまで、自己評価と自己弁明を交えながら興味深くたどられていて、レヴィ＝ストロースにとって人類学研究の学問的営為とはいったい何であったのか、ということに関心を持つ読者には見逃せない部分だと思う。そして第三部「複数の文化、単一の文化」の各章は、レヴィ＝ストロース自らが語る彼の学問論であり、文明論であり、芸術論であり、何よりも現時点における彼のトータルな思想の自己表現である。時には暗示にしか過ぎないような短い言葉の背後に、深く大きな思想の営みが感じられる。政治を語り、文学を語り、絵画を語り、音楽を語るレヴィ＝ストロースの背後には、少し大げさに言えば人類と宇宙に注がれる叡知の眼差しが開かれているのである。

これら三つの部分が互いに他を補い合い、照らし合いながら、レヴィ＝ストロースという二十世紀ヨーロッパが生んだ特異な精神の姿を明らかにしてゆく。この精神の歴史的形成過程そのものに関心を持つひとには、第一部が貴重なドキュメントを提供してくれるだろうし、その精神が生みだした作品の深い動機なり意図なりを知りたいと思うひとには、第二部の各章が他の著作では得難いヒントを与えてくれるだろう。

しかしそれらの関心は、むしろ、レヴィ＝ストロースという人間の示す無数の断面の一つ一つの具体相に関わることである。つまり、ある一つの大きな全体の、時間的にも場所的にも限定された個別的局面でしかない。もちろんそれらの一つ一つが、結局は、その全体、つまり生きて活動するレヴィ＝ストロースの精神につながっていて、その精神の活動がある場所、ある時間に現象した映像のようなものである以上、ひとは自らの精神を研ぎ澄ますことによって、その個別相を通じて全体の消息を伺うことは常に可能であろう。インドの不二一元論の哲学者が言うとおり、精神とは自らを決してそのままでは見ることのできない光であるなら、我々はその光が照らし出すものを通じてしか、その光の何であるかを知ることはできないはずなのである。

だがそれにしても、その光がもう少し一般的なことがら、我々がよく知っていると思うことがら、あるいは我々の多くの者にとって共通の関心事であるようなことがらに当たってくれれば、われわれはもう少し容易にその光の、つまりその精神の性格を知ることができるのではないだろうか。第三部はまさにそのような一般的なことがらを主題としている。「複数の文化、単一の文化」と題されたこの第三部では、すでに述べたように、政治・文学・絵画・音楽というような、人間という存在の活動のもっとも普遍的な側面に話題のレベルが設定されているのである。

たとえば「人権と政治」という章では、現代の人類社会にとってもっとも重要かつ緊急な問題の一つである人種差別の問題、あるいは民族と文化の同化と対立の問題、さらに進んで人間の基本的人権（それ自身は近世ヨーロッパの発見したものであるが）の問題など、要するに現在の我々が生きている世界の現下の問題群に対して、レヴィ＝ストロースがどのような態度で臨んでいるかという視点がエリボンによって立てられ、それにレヴィ＝ストロースが自らの考えを対置させながら、いかにも彼らしい率直さと辛辣さで、現代世界にはびこる思考の怠惰と偽善を批判するという形になっている。エリボンの問とレヴィ＝ストロースの答は緊張をはらみながら、現代の諸問題に強い光を投げかけている。そして重要なことは、ここでも、このレヴィ＝ストロースという人間は決して、時代の思潮に媚態を見せることも、また孤高の見栄を張ることもしないという点だ。

その例を一つだけあげてみよう。

「人間の諸権利というものの根拠を、アメリカ独立とフランス革命以来、普通にそうだと考えられているように、人間というただ一つの生物種の特権的な性格に置くのではなく、人権というのはあらゆる生物種に認められる権利の一つの特殊事例にすぎないと考えるべきだ……」（本書、二九二頁）

レヴィ＝ストロースがこのように考えるのは、単に「デカルトに淵源する哲学に忠実な人間の不寛容」を告発するためだけではない。むしろ彼は、人間を人間自身に内向させることなく、より広い生命の地平に解き放つことによって、狭い人権概念よりもいっそう広いコンセンサスを得られる場所に出ることを提案しているのである。そして、その「より広い場所」が、歴史的には「ストア派の哲学」と、あるいはとくに地理的には「極東の哲学」と合流する場所であると言われているところをみれば、そこにはまたレヴィ＝ストロースの日本に対する、日本人の読者に対するメッセージが込められているようにも思われる。レヴィ＝ストロースが「極東の哲学」という場合、それは、理想化され、理念化された仏教哲学のことであるはずだ。たとえば、中央公論社版『悲しき熱帯』巻頭に載せられているレヴィ＝ストロースと川田順造の対談中に、彼の仏教哲理に対する関心が明示的に述べられていることを考え合わせていただきたい。来日する前のラフカディオ・ハーンのそれにも似た、「極東の哲学」に対するこのユートピア的憧憬に対して、我々はただ日本人的微笑をもって答えるだけで満足してはなるまい、と私は思う。

いずれにせよ、あらゆる生物のなかで人間だけを選ばれた存在とする西欧の長い人間主義の伝統を踏み越えて、レヴィ＝ストロースが生命というより広い場所に出ようとしていることだけは確かなことであろう。そのために彼は「反人間主義」という批判も敢えて甘受しようとさえする。中村元によれば、人間を生命の一部として考えることはインド古代哲学の人類思想に対する最大の貢献なのであり、その源から流れ出た思想である仏教もまたそれを根本原理の一つとしている、ということである。したがって、レヴィ＝ストロースの「反人間主義」には、『野生の思考』で我々の見た、近代西欧の思考のなかに巣喰う西欧＝近代中心主義の徹底した批判者のなお潑溂たる自己批判精神が脈動しているばかりではない。今度はその批判精神が、所謂「発展途上国」をも含めて、いまや地球規模にまで広がった「人間中心主義」に向けて発揮されていることを見落してはなるまい。そして、彼の「反－人間中心主義」が、意外なことに、「極東の哲学」と深く共鳴していることに、私は新鮮な驚きを感じるのである。

レヴィ＝ストロースを読むことの楽しみは、あるいは本書の場合のように活字を通じてではあっても彼の声を聴くことの楽しみは、何よりもこのような新鮮な驚きを随所で経験できるということであろう。それは『悲しき熱帯』以来変わらぬレヴィ＝ストロースの魅力であった。とくに人類学を専門としない者にとってレヴィ＝ストロースが、それでもたえず次の著作が待ちのぞまれる「作家」であり続けたのは、結局、その楽しみを彼が与え続けてくれたからである。そして本書もまた、あるいは本書はとくに、そのような深く新鮮な驚きをふんだんに味わわせてくれるものであることはうけあってもよい。

エリボンという聞き上手を得ての対談ということもあって、ここでのレヴィ゠ストロースは、彼の著作に固有のあの構成的意志を放棄して、気楽な気持ちで言葉を発しているように思う。おそらくそのためであろう、本書は、レヴィ゠ストロースという人間に関する意外な新発見にも満ちている。彼にしてみれば、ついうっかり話してしまった、ということもあるいは含まれているのではないか、だから後で、しまった、と思っていることもあるのではないか、と読みながらついにやにやさせられるようなところすらも少なくはないのである。しかし、そのようなことも含めて、この本の提供してくれる発見のおもしろさをここでこれ以上にあげつらうことは、読者の楽しみをそれだけ奪うことになり、翻訳者越権の科をこうむることにもなろう。

ただ最後に、翻訳者としてではなく、一個の読者として私としてはどうしても見過ごせないことが一つあるので、それについてだけ感想めいたことを書かせていただく。それは、敢えて言えば、レヴィ゠ストロースの宗教感情に関わることである。

言うまでもなくレヴィ゠ストロースは徹底した無神論者であり、また実践理性さえも純粋理性に従属させようとする過激な「超カント主義者」である。したがって、どこから見ても、「信仰」と呼ばれるものが彼の思索に影を落とすということはない。私が言うところのレヴィ゠ストロースの「宗教感情」とは、そのような近代的自我に直結した「信仰」の問題とはまったく別のトポスに起きている問題であることを最初にまず言っておきたい。つまり「宗教」という言葉で、私はなんらかの絶対的超越者に対する信仰とか帰依とかを意味しているのではない。そうではなく、その語で、ある文化が持つ本来的な意味でのドグマ、つまり概念的に把握されたその文化の基本的信条、というふうなものを理解したいのである。すなわち「神」という空虚な実体概念を放棄した上で、それでもある人間集団の生命的活動の指針となるような規範なり信条のことである。もしそのように考えることが許されるならば、レヴィ＝ストロースについても、その「宗教」感情というものを考えてみることは可能であろう。

たとえば本書二九〇頁で、レヴィ＝ストロースは、彼自身の「深い哲学」に言及しているが、その「深い哲学」とは次のようなことを内容とするものである。

「私が言っているのは、人間は、人間がいつまでもこの地上に存在し続けるのではないこと、この地球というものもいずれは存在しなくなるだろうということ、そしてその時には、人間が作りだしたすべてが消えて何も残らないだろうということを十分に知ったうえで、それでも生活し、働き、考え、努力しなければならない、ということなのです。」（本書、二八九頁）

この考えは、『神話論理』第四巻の『裸の人』の最後のところでも言われていることで、直接にはゴビノーに由来している考えだとレヴィ＝ストロース自身は言っている。しかし、そのことがどうであれ、ここに私が先ほど言ったような意味での「宗教」的信条の告白を見ることは、それほど無理ではあるまい。さらには、ここから一歩進んで、我々は無神論者レヴィ＝ストロースの宗教思想をも語ることができるように思う。ただ問題は、これがどのような文化の、どのような人間集団の宗教思想であるか、ということである。

この極めてペシミスティックな色調を持つ宗教思想が、その外観に反して決してペシミスティックでもなければ、虚無的でもないことはまず言っておかなければならないが、私がこれを引用したのは、この言表がもつ宗教的色調の故ばかりではない。何よりも、先にも触れた「極東の哲学」とそれが微妙に交錯しているように思われたからである。その「極東の哲学」も人間という存在の一切が根源的には無‐根拠であることを確信したうえで、しかしながらここでのレヴィ＝ストロースのように、なおいっそうの努力を説いてやまない。究極的には一切が無であることを知りつつ、それを知るが故に探求の努力を続けよ、という死を直前にした釈尊の最後の教えに、それはどこかで響き合っているように私には思える。

一切無の知識に怯むことのない意志、それがレヴィ＝ストロースという人間の生涯の努力の根底に潜んでいるものであるなら、我々はかれの人類学者としての偉大な功績のほかに、その学問的営為の根底に、新たな危機を迎えている人類文明に新しい方向を示唆することのできる偉大な思想家（それこそが本来的な意味での「宗教者」である）の姿を発見できるのではないか。つまり、彼の宗教思想が、未だ実現してはいないが、しかしやがて来るはずの人類社会を志向する原理を含んでいると考えられるのではないか。その人類文化はもちろん多様な複数の文化の集合体であるだろう。しかしその全体が、人類を一つに結び合わせるものであるならば、さらに深い一つの原理に支えられたものでなければならない。そのような深さにおいて、人類全体に有効な新しい原理が発見されなければならない。レヴィ＝ストロースの文化研究者としての眼差しはもうすでにそこまで届いているのではないか、という気がする。

翻訳はできる限り平易を旨とし、また原テクストの言いたいことをできるだけ多くまた正確に汲み取ることを旨とした。書き直しがあるとは言え、もともと話された言葉であることを、私としてはむしろ意識的に出したつもりである。本書にはすでに私の知る限り、英語訳、ドイツ語訳がある。今回の翻訳には、時間的余裕が私自身のほうになかったこともあって、それらの外国語訳を参照することはしなかった。私の思い違い、あるいは無知によって、思わぬ誤解をしているところがあるかもしれないが、それは読者諸賢の叱責を待ちたい。

本書の翻訳をみすず書房から依頼されたのは原著が刊行されるよりも前のことであった。私としても半年ぐらいで翻訳を了える予定であったが、その後さまざまな理由で文字どおり身辺多忙を極め、すでに三年近い時間が経過してしまった。その間、訳者の側の勝手な、そして繰り返される約束の先送りを辛抱強く耐えてくださったばかりか、そのつど、貴重な助言と温かい励ましとで答えてくださった担当の栗山雅子さんにはなんともお詫びとお礼の言いようがない。こうして何とか本の形になったのはひとえにその辛抱強い忍耐と励ましのおかげである。最後になったが、そのことを記して、心より感謝申し上げたい。

一九九一年十月

竹内信夫

増補新版への訳者あとがき

レヴィ＝ストロースが、昨年白寿の齢を踏み越え、今年の十二月には百歳の誕生日を迎えるという。『遠近の回想』の原書が刊行されたのは一九八八年で、そのとき著者は八十歳であった。それから数えてもすでに二十年が経過したことになる。

人類学者としてのレヴィ＝ストロースは、その総仕上げとなる大著『神話論理』の刊行を一八七一年（著者六十三歳、現在の私の年齢である）に終え、翌々年（六十五歳）にアカデミー・フランセーズ会員に選出されているから、普通の人ならばそこで「あがり」となる。この時期から、私の印象では、レヴィ＝ストロースの消息は年を追って少なくなる。「あがり」を世間の人々も承認したということであろうか。実際には世界各地への旅行とその地での講演があり、人類学的小品ともいえそうな著作やエッセーのような著作を間遠に出し続けてはいる。自らについて語ることの少ない人物との評が定着するのもこの時期であっただろう。

その評を覆したのが本書の刊行であった。対談の記録であるから著作とは言えないかもしれない。しかし、本書によって、この人類学者を鼓舞してきた内面の深い思索や情念が何であったかを知る機会が読者に与えられたのは事実であろう。そのことは旧版の「訳者あとがき」に書いた。

今回、著者の百歳を記念して本書をあらためて出したいとの要望がみすず書房の栗山雅子さんから私に伝えられた。必要な補正を行なって新しい版を作りたいとのことであった。

必要な補正とは次のことである。訳文の修正を行なうことと、「エピローグ」の後に「二年後に」という短い章を追加することである。この追加は文字通り、『遠近の回想』の対談より二年後、一九九〇年六月に行なわれた補足的対談の記録である。

この補足は、私の知る限り、一九九六年三月に同じオディール・ジャコブ書店から刊行された本書の文庫版に初めて載せられたもののようである。しかし、現在発行されている版には載っていない。経緯の詳細は不明である。

本書の刊行に際して、旧版の「訳者あとがき」に書こうとして、私自身がなお確信を持てなくて、書くことを控えた点を一つだけ追加しておきたい。それはレヴィ＝ストロース自身が彼のなかに生涯にわたって生き続けてきたと言明する「ドン・キホーテ的精神」のことだ。そこに人間レヴィ＝ストロースの真髄が現われていると考えるからである。

「ドン・キホーテ的精神」とは何か。それは「不正を正すことへの、抑圧された者の希望の星たらんとすることへの偏執狂的情熱」であり、「現在の背後に過去を見つけ出そうという執拗な欲望」である。将来、自分がどういう人物であったかを知ろうとする物好きな人が現われたならば、この「ドン・キホーテ的精神という鍵」を渡そうと思うと、私の敬愛するこの老大家は宣言している（本書、一七六頁）。

そうであってみれば、本訳書を通じてレヴィ＝ストロースという人物の生涯を貫くこの「ドン・キホーテ的精神」を読者の手に手渡すのは、訳者の果たすべき名誉ある責務である。人類学者としての業績はいずれ乗り越えられよう。すべての学知のそれは宿命である。事実、「レヴィ＝ストロースはもう古い」という人類学者は少なくない。しかし、その心中に生き続けた「ドン・キホーテ的精神」を乗り越えることは誰にもできない。

今回新たに加えた「二年後に」の対談のなかにも、いくつかの興味深いエピソードが語られている。レヴィ＝ストロースが青年時に社会主義者であったことはよく知られているが、それが彼自身の自発的な選択であったことを述べる段や、民主主義や人権という誰もが疑いを容れない西欧的理念の絶対視を戒める段などには、この老大家のうちに「ドン・キホーテ的精神」が今なお灼々と燃え続けていることを教えてくれる。

ドン・キホーテの旗幟の永遠ならんことを祈念しておきたい。

二〇〇八年十月六日

訳　者

クロード・レヴィ＝ストロース
ディディエ・エリボン

遠近の回想

増補新版

竹内信夫訳

2008年11月20日　第1刷発行
2016年3月10日　第2刷発行

発行所　株式会社 みすず書房
〒113-0033 東京都文京区本郷5丁目32-21
電話 03-3814-0131(営業) 03-3815-9181(編集)
http://www.msz.co.jp

本文印刷所　精興社
扉・表紙・カバー印刷所　リヒトプランニング
製本所　松岳社

Printed in Japan
ISBN 978-4-622-07432-8
[えんきんのかいそう]

著者略歴

(Claude Lévi-Strauss, 1908-2009)

ベルギーに生まれる．パリ大学卒業．1931年，哲学教授資格を得る．1935-38年，新設のサン・パウロ大学社会学教授として赴任，人類学の研究を始める．1941年からニューヨークのニュー・スクール・フォー・ソーシャル・リサーチで文化人類学の研究に従事．1959年コレージュ・ド・フランスの正教授となり，社会人類学の講座を創設．1982年退官．アカデミー・フランセーズ会員．著書『親族の基本構造』（番町書房1977-78，青弓社2000）『人種と歴史』（みすず書房1970）『悲しき熱帯』（中央公論社1977）『構造人類学』（みすず書房1972）『今日のトーテミスム』（みすず書房1970）『野生の思考』（みすず書房1976）『生のものと火を通したもの〈神話論理I〉』（みすず書房2006）『蜜から灰へ〈神話論理II〉』（みすず書房2007）『食卓作法の起源〈神話論理III〉』（みすず書房2007）『裸の人1・2〈神話論理IV-1・2〉』（みすず書房2008）『仮面の道』（新潮社1977）『神話と意味』（みすず書房1996）『構造・神話・労働』（みすず書房1979）『はるかなる視線』（全2冊，みすず書房1986，1988）『やきもち焼きの土器つくり』（みすず書房1990）『大山猫の物語』（みすず書房2016）『レヴィ＝ストロース講義——現代世界と人類学』（平凡社ライブラリー2005）『みる　きく　よむ』（みすず書房2005）『ブラジルへの郷愁』（みすず書房1995）他．

(Didier Eribon)

1953年フランスのランスに生まれる．パリ大学ソルボンヌで哲学を専攻．現在，哲学，文学，政治，ジェンダー（とくに同性愛）をテーマに旺盛な著作活動を行なっている．著書『ミシェル・フーコー伝』（新潮社1991）『デュメジルとの対話——言語・神話・叙事詩』（共著，平凡社1993），*Reflexions sur la question gay* (Fayard 1999).

訳者略歴

竹内信夫〈たけうち・のぶお〉1945年生まれ．東京大学名誉教授．東京大学文学部助手，明治学院大学専任講師，東京工業大学助教授，東京大学教養学部教授，東京大学大学院総合文化研究科教授を歴任．フランス近代詩，とくにマラルメの専門的研究にしたがう傍ら，19世紀西欧の東洋学史を比較文化学的視点から研究．空海および日本悉曇学史にも関心をもつ．上気の研究分野における研究論文の他に，著書として『空海入門——弘仁のモダニスト』（ちくま新書，1997），訳書として，メショニック『詩学批判——詩の認識のために』（未來社1982，1998）バンゲ『自死の日本史』（筑摩書房1986）ルイ・デュモン『インド文明とわれわれ』（共訳，みすず書房1997）レヴィ＝ストロース『みる　きく　よむ』（みすず書房2005）他がある．

人名索引

ア

アダマール，ジャック Jacques Hadamard 102-103
アリストテレス Aristote (Aristoteles) 185
アルキエ，フェルディナン Ferdinand Alquié 26
アロン，レーモン Raymond Aron 113, 148, 151-153, 156, 271, 281-283
アンリ四世 Henri IV 144
イザール，フランソワーズ Françoise Izard 123
イザール，ミシェル Michel Izard 123
ヴァネッティ，ドロレス Dolorès Vanetti 65
ヴァルドベルグ，パトリック Patrick Waldberg 64-65, 67
ヴァン・デル・ウェイデン，ロヒール Rogier van der Weyden 309
ヴェガン将軍 le général Weygand 31
ヴェルディ，ジュゼッペ Giuseppe Verdi 320
ヴェルナン，ジャン＝ピエール Jean-Pierre Vernant 137, 245
ヴェルネ，ジョゼフ Joseph Vernet 309-310
ヴェーユ，シモーヌ Simone Weil 26-27, 102
ヴェーユ，アンドレ André Weil 102-103
ヴォーセル，ルイ Louis Vauxcelles 306-307
ヴォルテール Voltaire 283
ウージェニー皇后 l'impératrice Eugénie 14
ウンガレッティ，ジュゼッペ Giuseppe Ungaretti 40, 49
エスカラ，ジャン Jean Escarra 99
エリチエ＝オジェ，フランソワーズ Françoise Héritier-Augé 146, 193
エルンスト，ジミー Jimmy Ernst 73
エルンスト，マックス Max Ernst 63-70, 73, 98, 309
オージェ，マルク Marc Augé 226
オッフェンバック，ジャック Jacques Offenbach 12
オドリクール，アンドレ＝ジョルジュ André-Georges Haudricourt 125-126

カ

カイヨワ，ロジェ Roger Caillois 158-160, 345
ガデンヌ，ポール Paul Gadenne 30
カミュ，アルベール Albert Camus 95
カラス，マリア Maria Callas 320

ガリマール，ガストン　Gaston Gallimard　130
カリントン，レオノーラ　Leonora Carrington　63
カルダー，アレクサンダー　Alexander Calder　63, 304
ガルダン，ジャン＝クロード　Jean-Claude Gardin　228
カルリュ，ジャック　Jacques Carlu　93
カロ＝デルヴァーユ，アンリ　Henry Caro-Delvaille　14, 56
カント，イマーヌエル　Immanuel Kant　20, 35, 90, 199, 245, 289
カーンワイラー，ダニエル・アンリ　Daniel Henry Kahnweiler　14
ギメ，エミール　Émile Guimet　122
ギュルヴィッチ，ジョルジュ　Georges Gurvitch　133-134
グッゲンハイム，ペギー　Peggy Guggenheim　64
グッディ，ジャック　Jack Goody　277
クラストル，ピエール　Pierre Clastres　123
クラックホーン，クライド　Clyde Kluckhohn　107
グラネ，マルセル　Marcel Granet　183-184
グラネ，ジョルジュ　Georges Granai　126
グリオール，マルセル　Marcel Griaule　99, 262
クリス，エルンスト　Ernst Kris　94
クリスト　Cristo　330
グルー，ピエール　Pierre Gourou　124-125
クルエ，ステファーヌ　Stephane Clouet　331-332
クルトネー，ボドゥワン・ド　Baudoin de Courtenay　207
グレゴワール，アンリ　Henri Grégoire　80
クレッソン，アンドレ　André Cresson　23
クローバー，アルフレッド・ルイス　Alfred Louis Kroeber　76, 78, 108
ゲーテ　Goethe　207-208
コイレ，アレクサンドル　Alexandre Koyré　81, 89, 104
コーエン＝ソラル，アニー　Annie Cohen-Solal　334
ゴーギャン，ポール　Paul Gauguin　311
コクトー，ジャン　Jean Cocteau　336
ゴドリエ，モーリス　Maurice Godelier　226
ゴビノー，ジョゼフ＝アルチュール・ド　Joseph-Arthur de Gobineau　266, 279, 287-288
コント，オーギュスト　Auguste Comte　39, 42-43
コンラッド，ジョゼフ　Joseph Conrad　171, 297, 300

サ

サルトル，ジャン＝ポール　Jean-Paul Sartre　29, 65, 94-95, 115, 152-153, 211-216, 217, 334, 336
サン＝シモン　comte de Saint-Simon　35
シヴァ，イザック　Isac Chiva　123-124
ジャコブ，フランソワ　François Jacob　137, 278
シャトーブリアン　Chateaubriand　297
シャノン，クロード　Claude Shan-

non　60–61
シャルグラン　Chalgrin　143
シャルダン，ジャン・シメオン　Jean Siméon Chardin　299
シャルボニエ，ジョルジュ　Georges Charbonnier　224, 309
シャンソン，アンドレ　André Chamson　154–155
シュヴァルツコプフ，エリザベート　Elisabeth Schwartzkopf　320
シュトラウス，リヒャルト　Richard Strauss　320
ジュヌヴォワ，モーリス　Maurice Genevoix　155
ジョックス，ルイ　Louis Joxe　99
ジョーラン，ロベール　Robert Jaulin　123, 276
ジョレス，ジャン　Jean Jaurés　22
シリネッリ，ジャン＝フランソワ　Jean-François Sirinelli　331, 335
スーステル，ジャック　Jacques Soustelle　36, 60, 88
スタール夫人　Mme de Staël　165
スタンダール　Stendhal　324
ストラビンスキー，イゴール　Igor Stravinski　320
ストロース，イザーク　Isaac Strauss　12
スピノザ　Spinoza　26
スマジャ　Smadya　59–60
スラージュ，ピエール　Pierre Soulages　308–310
セイリグ，アンリ　Henri Seyrig　92
セイリグ，デルフィーヌ　Delphine Seyrig　92
セゲルス，アンナ　Anna Seghers　58
セバーク，リュシアン　Lucien Sebag　123, 211, 228
セリーヌ，ルイ＝フェルディナン　Louis-Ferdinand Céline　333–334
セリュジエ　Louis-Paul-Henri Sérusier　311
セルジュ，ヴィクトル　Victor Serge　58–59
ソシュール，フェルディナン・ド　Ferdinand de Saussure　77, 131, 237–238
ソシュール，レーモン・ド　Raymond de Saussure　94
ソフォクレス　Sophocle (Sophokles)　175
ゾラ，エミール　Emile Zola　283

タ

タイラー，エドワード・バーネット　Edward Burnett Tylor　295
ダヴィ，ジョルジュ　Georges Davy　99–100
タニング，ドロテア　Dorothea Tanning　63
ダランベール　d'Alembert　205, 298
タンギー，イヴ　Yves Tanguy　63
チョムスキー，ノアム　Noam Chomsky　209
デア，マルセル　Marcel Déat　22, 154
ディケンズ，チャールズ　Charles Dickens　298
ディドロ，ドゥニ　Denis Diderot　205
ティントレット　le Tintoret (il Tintoretto)　312
デカルト，ルネ　René Descartes　35, 90, 205, 249, 293
デュシャン，マルセル　Marcel Du-

champ　63
デュテュイ，ジョルジュ　Georges Duthuit　64-65
デュマ，ジョルジュ　Georges Dumas　33, 39, 43
デュメジル，ジョルジュ　Georges Dumézil　97-98, 100, 106, 120, 137, 163-164, 178, 233, 236, 348
デュモン，ルイ　Louis Dumont　128
デューラー，アルブレヒト　Albrecht Dürer　207-208
デュルケーム，エミール　Emile Durkheim　35, 42-43, 151, 187, 220
デルヴォー，ポール　Paul Delvaux　304
ドゥニ，モーリス　Maurice Denis　311
ドゥレー，ジャン　Jean Delay　96
ドガ，エドガール　Edgar Degas　59
ド・ゴール　Charles André J. M. de Gaulle　60, 88, 93, 105, 281
ドストエフスキー　Dostoïevski　300
ドーデ，レオン　Léon Daudet　333-334
ドニゼッティ　Gaetano Donizetti　320
ドビュッシー，クロード　Claude Debussy　320
トム，ルネ　René Thom　246
トムソン，ダーシー・ウェントワース　D'Arcy Wentworth Thompson　206-208
ド＝ラ＝ブラシュ，ヴィダル　Vidal de la Blache　125
ドリュオン，モーリス　Maurice Druon　155
トルベツコイ，ニコライ・セルゲーヴィッチ　Nicolaï Sergueïvitch Troubetzkoy　131
ドルメッソン，ヴラディミール　Wladimir d'Ormesson　155
ドルメッソン，ジャン　Jean d'Ormesson　155
ドレフュス，ピエール　Pierre Dreyfus　32, 333
ドロリング　Drolling　299

ナ

ナポレオン三世　Napoléon III　12-13
ニザン，ポール　Paul Nizan　37-38
ニーダム，ロドニー　Rodney Needham　69, 189
ヌンベルク　Nunberg　94

ハ

バイエ　Bayet　99
パスカル，ブレーズ　Blaise Pascal　290
パーソンズ，タルコット　Talcott Parsons　106-108, 110
バタイユ，ジョルジュ　Georges Bataille　72, 113
バタイヨン，マルセル　Marcel Bataillon　98, 144
パラン，ブリス　Brice Parain　130
バブーフ，グラックス　Gracchus Babeuf　21, 333
バルザック，オノレ・ド　Honoré de Balzac　297-298
バルト，ロラン　Roland Barthes　136, 139
バレス，モーリス　Maurice Barrés　19
バンヴェニスト，エミール　Emile Benveniste　98-100, 120, 124-125, 131, 137, 208

ピエロン，アンリ Henri Piéron 97
ピカソ，パブロ Pablo Picasso 306-307
ヒトラー，アドルフ Adolf Hitler 40, 310-311
ビュラン，ダニエル Daniel Buren 310
ファラル，エドモン Edmond Faral 97-98, 116
プイヨン，ジャン Jean Pouillon 115, 123, 129, 199, 334
フェーヴル，リュシアン Lucien Febvre 121, 124, 218, 220, 222
フォコネ Fauconnet 25, 35
フォシヨン，アンリ Henri Focillon 80
ブーグレ，セレスタン Célestin Bouglé 25, 33-35
フーコー，ミシェル Michel Foucault 130, 136-138, 204
プチト，ジャン Jean Petitot 246
フッサール，エドムント Edmund Husserl 82
プッチーニ，ジャーコモ Giacomo Puccini 320
プラトン Platon 219
フランクラン，アルフレッド Alfred Franklin 221
ブランシュヴィック，レオン Léon Brunschvicg 24, 38, 152
ブランショ，モーリス Maurice Blanchot 113
フランソワ一世 François I 142
プリニウス Pline (Gaius Plinius Secundus) 205
プルースト，マルセル Marcel Proust 151, 221, 297, 310
ブルデュー，ピエール Pierre Bourdieu 190
フルトヴェングラー，ヴィルヘルム Wilhelm Furtwängler 319
ブルトン，アンドレ André Breton 58, 63-65, 67-70, 308, 336
プルードン，ピエール・ジョゼフ Pierre Joseph Proudhon 20
ブレイエ，ルイ Louis Bréhier 25
フレイザー，ジェイムズ・ジョージ James George Frazer 259-260
ブレーム，ルートヴィッヒ Ludwig Brehm 205
フロイト，ジグムント Sigmund Freud 196-198, 249, 302
ブローデル，フェルナン Fernand Braudel 43, 47-48, 119-121, 140, 158, 213, 219, 222
フンボルト Wilhelm von Humboldt 207
ヘーゲル Georg Wilhelm Friedrich Hegel 20, 199
ベジャール，モーリス Maurice Béjart 96
ヘッセル，ヴィティア Vitia Hessel 80
ベートーヴェン，ルートヴィッヒ・ヴァン Ludwig van Beethoven 12, 311
ベネディクト，ルース Ruth Benedict 75-76, 78
ベーム，カール Karl Böhm 319
ペラン，ジャン Jean Perrin 80
ベリオ，ルチアーノ Luciano Berio 316-317
ペリクレス Périclès 324
ベルクソン，アンリ Henri Bergson 21, 151, 213
ベルジェ，ガストン Gaston Berger 96-97, 110, 115
ベルトロ，マルスラン Marcelin Berthelot 145

ベルナール，クロード Claude Bernard 144
ベルノ，リュシアン Lucien Bernot 123-124
ペールフィット，アラン Alain Peyrefitte 154
ベルリオーズ，エクトール Hector Berlioz 12
ベルリーニ，ヴィンチェンツォ Vincenzo Bellini 320
ボアズ，フランツ Franz Boas 71-78, 206, 232
ボーヴォワール，シモーヌ・ド Simone de Beauvoir 27-29, 95, 101, 194
ボガトイリョフ Bogatyrev 82
ボードレール，シャルル Charles Baudelaire 167, 254, 295-296, 305
ボナパルト，マリ Marie Bonaparte 94, 197
ボワヴァン，ピエール Pierre Boivin 22

マ

マクオルラン，ピエール Pierre Mac-Orlan 113
マチルド，皇女 la princesse Mathilde 13
マッソン，アンドレ André Masson 63
マッタ，ロベルト Roberto Matta 63
マネ，エドゥワール Edouard Manet 305
マリタン，ジャック Jacques Maritain 80
マリノフスキー，ブロニスラウ Bronislaw Malinowski 7, 87, 218
マルキン＝ゲツェヴィッチ，ボリス Boris Mirkine-Guetzévitch 80-81
マルクス，カール Karl Marx 19-20, 34, 198-199, 299, 302
マルクス，ジャン Jean Marx 158, 331
マルジョラン，ロベール Robert Marjolin 333
マルタン＝デュガール，ロジェ Roger Martin du Gard 335
マルロー，アンドレ André Malraux 67
マローリ，ジャン Jean Malaurie 112
マンデス＝フランス，ピエール Pierre Mendès-France 111
ミショー，ジャニーヌ Jeanine Micheau 91
ミストラル，フレデリック Frédéric Mistral 187
ミッテラン，フランソワ François Mitterrand 49
ミード，マーガレット Margaret Mead 29, 76, 128, 221
ミュザール，フィリップ Philippe Musard 13
ミュレール，シャルル Charles Muller 139
メトロー，アルフレッド Alfred Métraux 50, 56, 71, 87, 108, 116, 118, 278-279
メルロ＝ポンティ，モーリス Maurice Merleau-Ponty 27-28, 90, 115-120, 139-141, 211, 215-216, 334
メンデルスゾーン，フェリックス Felix Mendelssohn 12
モース，マルセル Marcel Mauss 106, 119, 134, 160, 183, 205
モネ，ジョルジュ Georges Monnet 23, 105, 307

モーリヤック，フランソワ　François Mauriac　335
モロー，ギュスターヴ　Gustave Moreau　69
モーロワ，アンドレ　André Maurois　96
モンテーニュ，ミシェル・ド　Michel de Montaigne　347
モンテルラン　Montherlant　155, 157, 285-286
モンベーグ，ピエール　Pierre Monbeig　43

ヤ

ヤーコブソン，ロマーン　Roman Jakobson　74, 81 - 84, 100, 103, 131, 183, 206, 208, 296-297, 308
ユゴー，ヴィクトル　Victor Hugo　283

ラ

ライプニッツ　Gottfried Wilhelm Leibniz　35
ラカン，ジャック　Jacques Lacan　67, 83, 104, 116, 136, 139-141
ラカン，シルヴィア　Sylvia Lacan　83, 116
ラザレフ，ピエール　Pierre Lazareff　64-65
ラビッシュ，ウジェーヌ　Eugéne Labiche　175
ラファイエット夫人　Mme de Lafayette　299
ラポルト，イヴ　Yves Laporte　96
ラポルト，ジャン　Jean Laporte　25, 38
ラム，ウィルフレード　Wilfredo Lam　63
リヴィエール，ジョルジュ＝アンリ　Georges-Henri Rivière　45-46, 104, 125
リヴェ，ポール　Paul Rivet　74-75, 104, 114
リヴォー，アルベール　Albert Rivaud　25
リントン，ラルフ　Ralph Linton　75, 78
ルイ十五世　Louis XV　324
ルイ十八世　Louis XVIII　144
ルイ＝フィリップ　Louis-Phililppe　12, 144
ルヴェル，ジャン＝フランソワ　Jean-Francois Revel　133-134
ルージュモン，ドゥニ・ド　Denis de Rougemont　64
ルソー，ジャン＝ジャック　Jean Jacques Rousseau　297-301, 318
ルーディ，イヴェット　Yvette Roudy　162
ルディネスコ，エリザベート　Élisabeth Roudinesco　141
ルナン，エルネスト　Ernest Renan　144
ルブー，ポール　Paul Reboux　139
ルフォール，クロード　Claude Lefort　188-189
ルフラン，ジョルジュ　Georges Lefranc　22, 331-332
ルベル，ロベール　Robert Lebel　65
ルロワ＝グーラン，アンドレ　André Leroi-Gourhan　104, 125-128
レー，アベル　Abel Rey　25
レヴィ神父　abbé Lévi　16
レヴィ＝ストロース，ディナ　Dina Lévi-Strauss　51
レヴィ＝ストロース，モニック　Monique Lévi-Strauss　83,

104
レヴィン，クルト Kurt Lewin 108
レーヴェンシュタイン，ルドルフ Rudolf Loewenstein 94
レジェ，フェルナン Fernand Léger 307
レッドフィールド，ロバート Robert Redfield 107
レーボヴィッツ，ルネ René Leibowitz 316
レリス，ミシェル Michel Leiris 72, 101, 104, 113, 116, 263
レーンハルト，モーリス Maurice Leenhardt 105
レンブラント Rembrandt 312
ローウィー，ロバート Robert Lowie 37, 50, 56, 71, 76, 78, 271
ロジエ，アンリ Henri Laugier 89, 92, 97, 99
ロスタン，ジャン Jean Rostand 336
ロダン，オーギュスト Auguste Rodin 310
ロダンソン，マクシム Maxime Rodinson 133
ロバン，レオン Léon Robin 25, 38
ロビ，ガブリエル Gabriel Roby 14
ロマン，ジュール Jules Romains 95-96

ワ

ワイラー，ウィリアム William Wyler 345
ワーグナー，リヒャルト Richard Wagner 176, 311, 313 - 314, 319
ワロン，アンリ Henri Wallon 26